KB018313

인디고 서원에서
행복한 책읽기

열일곱 살 청소년들이 또래 친구들에게 자신있게 추천하는
문학, 역사·사회, 철학, 예술, 교육, 생태·환경 분야의 좋은 책

# 인디고 서원에서 행복한 책읽기

인디고 아이들 지음

궁리
KungRee

세상에는 정말 많은 책들이 있습니다. 하루에도 셀 수 없을 만큼의 새로운 책들이 쏟아져 나오죠. 우리는 그런 책들의 홍수 속에서 살아갑니다. 그러나 그만큼 우리가 책을 많이 읽느냐, 라고 묻는다면 긍정적인 대답은 할 수 없습니다. 어째서 현대인들은, 그리고 청소년들은 '책'을 멀리하게 되는 것일까요?

그 이유는 정말로 좋은, '청소년들에게 꼭 맞는 책'들을 찾을 수가 없었기 때문이라고 생각합니다. 너무도 많은 책들이 있기 때문에 그 책들 중에서 자신에게 꼭 맞는 책들을 찾아낼 수 없는 것입니다. 게다가 보통 서점에 나와 있는 '청소년이 꼭 읽어야 할', '한 번쯤은 꼭 봐야 할'이라는 제목을 달고 나오는 책들의 대부분은 평소 책을 접하지 않은 청소년들이 읽기에는 너무 어려운 고전문학 종류입니다. 그렇기 때문에 책을 읽으면 읽을수록 '어렵다'라고 생각하게 되고, 점점 더 책에서 멀어지는 것입니다. 실질적으로 그런 책들은 '청소년들에게 꼭 맞는 책'과는 거리가 멉니다. 그 책들이 정말로 '명작'이고 '훌륭한 책'일 수도 있습니다. 그러나 오늘날 청소년들에게 꼭 필요한 책은 공감할 수 있고, 미래에 대한 희망을 주며, 삶의 길잡이가 되어줄 수 있는 그런 책이어야 합니다.

'두 개의 빛나는 날개'라는 뜻을 가진 저희 '두빛나래'는 학교도, 사는 곳도, 모두 다른 고등학교 1학년생들로 이루어져 있습니다. 인디고 서원과 아람샘 소행성 B612호라는 공간에서 지난 2년 반 동안 수많은 책들을 접했고 그에 대해 토론해왔습니다. 그곳은 성적이라는 기준에 의해 보이지 않는 차별을 받아야만 하는 청소년들에게 탈출구와 같은 곳입니다. 어떠한 편견도 없고, 서로의 다름을 인정받으며, 차별이라는 것이 존재하지 않는, 우리가 주체가 되는 공간이었습니다. 그곳에서 우리는 때론 한 가지 주제를 두고 몇 주 동안 토론하기도 하고, S통신, R통신이라는 인터넷상의 토론방에서 갑론을박을 벌이기도 했습니다. 이곳에서 우리가 배운 가장 큰 가르침은, '독서는 공부의 연장이 아니라 내 마음을 살찌우고 나를 풍요롭게 하는 것'이라는 사실이었습니다.

우리를 이렇게 풍요롭게 해주는 책들을 우리만 보고, 우리만 즐기기에는 너무 아깝다는 생각이 들었습니다. 우리가 읽고 토론한 수백 권의 책들 중에서 교육부나 학교에서 권해준 도서목록과 일치하는 책은 열 권도 채 되지 않았기 때문입니다. 그래서 우린 생각했습니다. 전문가들이나 어른들의 시각으로 선정한 책이 아닌, 우리가 읽고 우리가 추천하는 책 목록이 필요하다는 것을 말이죠.

때마침 인디고 서원의 인문주간 프로젝트의 하나로, 우리에게 이런 책을 쓸 수 있는 기회가 왔습니다. 하지만 우리 역시 다른 아이들처럼 입시라는 제도에 얽매여 있기는 마찬가지였고, '중간고사, 기말고사, 모의고사와 같은 시험을 치면서도 계속 글을 쓸 수 있을까, 성적이 떨어지지는 않을까' 하는 불안을 안고 있었습니다. 그러나 우리는 그 많은 불안과 시간과의 싸움 속에서도 이 책을 쓰는 일을 멈출 수 없었습니다. 이 일은 우리가 수많은 청소년들과 우리가 소통할 수 있는 유일한 기회였을 뿐 아니라, 시간이 지날수록 '두빛나래' 친구들의 책에 대한 애착이 점점 더 커졌기 때문이었습니다.

그런 우여곡절 끝에, 세상에 우리의 자랑스러운, 일명 '두빛나래의 인디고 프로젝트'를 알릴 기회를 성공적으로 가지게 되었습니다. 그렇기에 이 책이 청소년들이 좋은 책을 찾아 떠나는 여행의 길라잡이 역할을 할 수 있기 바랍니다. 광부가 광산에서 보석을 찾을 때 앞길을 밝혀주는 등불처럼, 이 책이 수 많은 책들 속에 숨겨진 '청소년에게 꼭 맞는 책'이라는 보석을 찾을 때 앞길을 밝혀주는 등불이 되기를 바랍니다.

몽도를 사랑하고, 우리 곁에서 또 다른 모리가 되어주셨던 아람샘. 묵묵히 지켜봐주시고 믿어주셔서 감사합니다. 바쁜 일과를 쪼개어 원고를 쓰고, 수정 하고 다듬기를 수없이 해낸 우리 두빛나래 친구들 모두 사랑합니다.

두빛나래 친구들과 함께
송상근

# 차례

**문학**

# 문학과 함께 삶을 살다

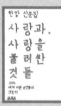

문학. 듣기만 해도 거창하고 어렵게 느껴집니다. 문학에 대해 어렵다, 지적이다, 고상하다, 지루하다, 짜증난다 등의 감정을 가지고 있는 학생들이 대부분이고, 아름답다, 생각의 폭을 넓힌다 등의 긍정적인 느낌을 받는 사람들은 몇 없습니다. 학교에서 배우는 시, 문학, 고전시가, 수필 등에서 배우는 지문들은 어려운 것들이 많기 때문입니다. 많은 청소년들은 학교 교과목인 '국어' 시간에 단지 수능이라는 큰 관문을 통과하기 위해 배운다는 생각으로 참여합니다. 그리고는 "수능 끝나면 내가 책을 다시는 펴나 봐라"라는 식으로 책들에 대해 큰 적대감을 품고 사는 학생들도 있습니다.

특히 '문학'은 청소년들이 많은 거리감을 가져 가장 큰 위기를 맞은 분야입니다. 이미 학교에서 교육을 받을 때 국어와 문학은 동일한 단어로 취급하고, 많은 학생들은 시, 소설, 수필 등만을 '문학'이라고 한정해버립니다. 우리는 '문학'이라는 것을 공부해본 적도 없고, 또 가르쳐주는 시스템도 미약합니다. 따라서 만인과 소통할 수 있는 인터넷, 책 등의 대중매체들을 통해 '문학'을 접해봐야 합니다. 하지만 인터넷은 너무 다양한 자료들이 많으며 그 속에 음란물들도 포함되어 있습니다. 그리고 아직 우리들은 그 자료가 좋지 않다, 좋다라고 판단하기엔 너무 어렵습니다. 그렇지 않나요? 그래서 가장 적합한 것이 바로 '책' 입니다. 그 이유를 설명하기 위해 간단한 예를 하나 들어볼까요? 만약 여러분들에게 슬픈 일이 생겼다고 가정합시다. 그 슬픈 일을 털어놓을 부모님이나 마땅한 친구가 없습니다. 그때, 좋아하는 음식, 색깔, 물건, 사람 등을 떠올려봅시다. 아마 대다수 사람들의 입가에 미소가 번질 것입니다. 이와 유사하게 책은 사람들에게 행복을 가져다주는 역할을 합니다. 많은 책들을 읽어놓으면 그 속에 나와 있는 행복한 말이나, 인생에 힘이 되어주는 구절들을 많이 떠올릴 수 있습니다. 이처럼 책은 우리에게 좋은 것들을 생각나게 하고, 생각하게 합니다. 그와 동시에 그 속에서 '문학'이라고 하는 것을 접할 수 있게 됩니다.

또, 대부분이 교과서와 관련하여 '문학은 재미없고 지루하다'라고 생각했습니다. 하지만 문학은 우리가 배우는 교과목에서만 한정된 것이 아닌 삶의 일부입니다. 한 사람 또는 여러 사람들의 얼이 담겨 있어서 우리는 책을 통해 그들의 정신세계를 일부나마 파악할 수 있게 됩니다. 더 나아가, 그들과 소통하고 싶어지는 계기를 만들 수 있고 눈에 보이지 않는 상상력으로 소통할 수 있습니다. 우리나라는 아직 작가와 직접 만나서 이야기를 나눌 수 있는 기회가 부족한 상태이지만, 자라나는 우리가 많은 책을 통해 문학에 대한 지식을 쌓아서 그런 소통의 장을 많이 만든다면 이후의 청소년들에게 우리가 겪었던 불신을 낳지 않게 할 수 있습니다. 우리 청소년들은 그런 소통의 장을 여는 일을 해낼 수 있고 또, 그럴 만한 자격이 있습니다.

그런 문학의 깊은 의미를 담고 있는 여덟 권의 책을 소개하겠습니다. 이오덕 선생님이 쓰신 『고든박골 가는 길』은 어린 꼬마가 쓴 듯한 느낌을 주지요. 선생님의 시는 획일적인 잣대만으로 시를 배워온 요즘 청소년들에게 '시'에 대한 색다른 가르침을 줍니다. 『백석 시 바로 읽기』는 '백석' 시인의 시와 산문들을 모은 책입니다. '백석'이라는 인물의 감성적인 시를 더욱 깊고 넓게 접할 수 있고, 그의 인간적인 면모를 알 수 있는 좋은 책이지요. 『가자에 띄운 편지』는 전쟁이 일어나고 있는 상황 속에서 편지를 주고받은 소년과 소녀의 이야기입니다. 그 책을 통해 우리는 '평화' 의 필요성과 소중함에 대해 깨닫게 될 것입니다. 우리에게 잘 알려진 『돈키호테』를 통해서는 '정의' 에 대해 생각해 볼 수 있답니다. 원작이라 약간 길긴 하지만, 고생해서 읽은 만큼 얻는 것 또한 클 것이라 생각합니다.

『어린 여행자 몽도』의 주인공 '몽도' 는 행복을 가져다주는 아이지요. 몽도를 통해 잊혀져 있던 순수함을 되찾는 계기가 될 것입니다. 『정재서 교수의 이야기 동양 신화』는 우리가 평소에 무관심했던 '동양 신화' 에 대한 이야기를 들려줍니다. 서양 신화에만 익숙해진 우리에겐 참으로 유익한 책이지요. 그리고 우리의 정체성, 나아가 '동양의 정체성' 에 대한 생각도 해볼 수 있습니다. 소설가 한강 선생님이 쓴 『사랑과 사랑을 둘러싼 것들』은 수필집입니다. 그녀가 일상 속에서 만났던 많은 사람들을 글로 스케치해놓은 책이죠. 이 책을 읽고 자신을 스쳐갔던 많은 사람들, 그 사람들과 과연 '진정한 만남' 을 가졌는지에 대해 생각해볼 수 있습니다. 또 '사랑' 이라는 감정을 좀 더 깊게 생각해 볼 기회가 될 것입니다. 『내 생애 단 한번』이라는 책도 수필집인데 장영희 선생님이 쓰셨답니다. 그녀의 삶 전체를 이야기로 표현해놓은 책이죠. 이 책은 '문학' 이라는 것에 좀더 관심을 기울이게 되고, '문학' 의 진정한 의미를 다시 한번 생각할 수 있게 해줍니다. 읽고 나면 '정말 아름다운 책이었다' 라는 느낌이 가슴에 와닿을 것입니다.

많은 청소년들이 문학은 꿈이나 이상에 지나지 않는다고 알고 있지만 그렇지 않습니다. 문학의 의의는 감수성이나 지식을 풍부하게 해주는 데 그치는 것이 아니라, 그 감수성을 통해 우리가 현실에서 실천할 수 있는 것이 무엇인지에 대해 다시 한 번 생각해보는 데 있습니다. 그러기 위해서는 책이라는 매체를 통해 다양한 상상력을 키워야 합니다. 그리고 그것들을 바탕으로 실천할 수 있는 교훈들을 지켜가며 인생을 살아간다면 더욱 멋진 삶이 될 것입니다.

# 평범한 일상에서 시를 찾다

『고든박골 가는 길』, 이오덕 지음, 실천문학사

윤동주, 정지용, 김영랑. 이 시인들의 시들은 많이 알려져 있습니다. 그리고 세월이 훨씬 지난 지금도 문학적 가치를 인정받으며 교과서에 수록되어 있습니다. 어느 날 한 친구가 우리에게 와서 이렇게 말합니다.

"내가 시를 썼는데 한번 읽어볼래?"

그 순간 우리들은 '쳇, 뭐야', '쟤가 무슨 시를. 보나마나 뻔하지 뭐' 이런 생각들을 하게 됩니다. 왜 그럴까요?

사람들은 흔히들 잘 적은 시, 못 쓴 시 등으로 분류하려고 합니다. 유명한 작가의 시는 모두 완벽하고 이름 없는 작가의 것은 읽기 싫어하고. 저항시는 좋고 서사시는 싫고. 그러나 잘 적고 못쓴 시를 구분하는 태도는 좋지 않습니다. 시에는 한 사람의 많은 가치가 들어 있고, 그것들 하나하나는 모두 소중합니다. 화자가 시를 쓰도록 만든 계기가 된 소재와 화자의 의도가 중요하기 때문입니다. 만약 우리가 많은 시 작품들을 접하지 않게 된다면 타인의 다양한 가치를 수용하지 못하게 될 수도 있습니다.

시인이라는 직업은 대부분의 사람들이 선호하지 않는 직업 중 하나로 꼽힙니다. 시를 쓰는 일이 매우 어렵고 돈벌이도 안 된다는 이유이시요. 침 이이 없는 사실이지만 세상 사람들은 다 그렇게 알고 있습니다. 하지만 시인은 우리가 살아 있다는 것을 일깨워주는 희망찬 존재입니다. 만약 세상에 시가 없다면 어떻게 될까요? 우리의 섬세한 감정들을 함축해주는, 거기서 공감을 느낄 수 있는 시가 없다면 세상을 무슨 재미로 살아갈까요. 그런 의미에서 시는 굉장히 중요하고 큰 의의를 가지고 있습니다.

이오덕 시인은 평범한 것들을 소재로 시를 쓸 수 있다는 새로운 시각을 보여주십니다. 과연 그야말로 진정한 '시 분야의 혁명가'가 아닌가 싶습니다. 그는 아주 소박하고 가벼운 소재와 단어들로 시를 아름답게 만드신 분입니다. 또, 그의 시에는 어린아이의 깨끗함과 맑음이 잘 묻어납니다. 그의 시를 한번 같이 읽어볼까요?

하느님.
세가 오늘 학원 안 가고
가지랑골 가서 딸기 따먹고
놀았어요.

그래. 하고 싶은 말 있거들랑
더 해 봐라.

엄마 말 안 듣고 돌리빼기했으니
죄 지은 거지요. 부디 용서해 주셔요.

작년 여름 우리 선생님 따라
시골 가서 뻐꾸기 소리 듣고 꾀꼬리 소리도 듣고
딸기 따먹고 놀았지요.
그래 어제는 이웃 사는 방구 아저씨가
가지랑골 가면 딸기가 억수로 있다 하잖아요.
그 말 듣고 용식이랑 의논해서 갔어요.

그래 딸기 많이 있더냐?

있다뿐입니까. 얼마나 새빨갛게 잘 익었는지
불 같았어요. 딸기나무에 불이 붙은 것 같았어요.
또 얼마나 달고 맛이 있는지 한 움큼 따서 입에 넣고
또 한 움큼 따서 입에 넣고 또 따서 넣고,
그런데 그 맛있는 딸기를 아무도 따먹지 않아요.
하느님, 어제 학원 안 가고 돌리빼기한 것

용서해 주시는 거지요?

용서하다뿐인가. 내일도 가서 따먹어라!

뭐라구요? 내일 또 돌리빼기하라구요?
엄마 말 듣지 말라구요?

그래, 엄마 말이라고 무엇이나 다 들어야 하는 것
아니다. 잘못된 말은 안 들어도 된다.

그러면 딸기 따먹고 노는 건 잘한 거네요!

잘한 거다. 그렇게 산과 들에 가서
열매도 따먹고 새 소리도 듣고,
나무하고 벌레하고 친한 사이가 되는 것이
진짜 공부를 하는 것이란다.

새소리 듣는 게 공부라고요? 딸기 따먹는 거,
나무하고 풀하고 벌레들하고 같이 노는 거,
그게 공부라고요?

이 세상에 그만큼 좋은 공부가 없다.
그런 공부를 해야 깨끗하고 바른 사람
건강한 사람이 되지.
나는 네가 오늘 그 산골에 가서
몇 시간 공부한 것이 너무 반가워

너에게 상을 주고 싶었단다.
상을 주신다고요!
정말입니까?

정말이다.
그런데 나는 벌써 너에게 상을 주었단다.

상을 주셨다고요'?
무슨 상을 주셨습니까?
저는 받지 않았는데요.

분명히 너는 내가 주는 상을
받았다.
자, 네 오른손을 내어 보아라
네 손등에 찔린 가시 자국,
네 손목, 팔뚝에까지 할퀸
딸기나무 가시 자국 새빨간 그 피의 흔적
그리고 네 옷자락에 물든 새빨간 딸기물,
네 입술 네 두 볼에 묻은 빨간 딸기물,
그게 바로 내가 준 상장이고 내가 준 상이란다.

히야아! 이게 하느님이 주신 상장이라고요!
세상에 이런 희한한 상이 있다니!

그렇다. 너는 그 상장으로 이제부터 정말 훌륭한
우등생이 된단다. 부디 그 상장을

앞으로도 자주 받도록 해라.

히야, 이 가시 자국이
하느님께 우등에 뽑혔다는 상장이라니!
얼씨구 좋구나 얼씨구 얼씨구.
내일도 모레도 우리 모두
산으로 가자. 들로 가자.
2001. 7. 1.
-〈하느님과 이야기하기〉, 이오덕

우리는 '이게 정말 시일까?' 라고 생각합니다. 하지만 이오덕 시인은 평생을
이런 단순한 시를 통해 어린이들의 동심을 훼손하지 않는 '살아 있는 시' 를 쓰
셨습니다. 사람들이 잘 생각해내지 못하는 어린이들의 더럽혀지지 않은 감정
까지 세밀하게 관찰하셨고, 우리들의 시에 대한 진부하고 편협한 시각을 깨
주신 분이라고 할 수 있겠죠. 아마 이 시인의 서민적인 시를 읽어보면 '시가
시가 아니다' 라고 느끼는 동시에 '이런 것이 시의 참신한 표현이 아닐까?' 라
는 생각을 가지게 됩니다. 또 '자연' 으로부터 생명의 아름다움을 존중하고 요
즘 감성이 메마른 청소년들을 깨우쳐주는 그분의 시에서, 그분의 삶에서 배울
점이 많다고 생각합니다. 따라서 그런 순수하고 소박한 감성을 잃어버린 채
살아간다면 우리들의 삶은 칼날과 같이 날카롭게 바뀔지도 모릅니다. 이오덕
시인의 순박한 인생을 『고든박골 가는 길』이라는 책을 통해 접해보시길 바라
면서 그분의 위대한 자연관이 잘 드러난 감미로운 시를 또 한 번 마음으로 낭
송해봅니다.

산에 오면
모두가 내 친구

소나무도
참나무도
벗나무도
조그만 참꽃나무도
칡넝쿨도
다래넝쿨로
바윗돌도
친구 아닌 것 하나 없구나.

아직도 어디서 쉴 새 없이 울어 대는
뻐꾸기도
산비둘기도
쪼르르 나무를 타고 올라가는
다람쥐도
모두 모두 내 친구.

아, 저기 저 지는 해가
불그레한 노을을 남기고
포로무레한 하늘빛을 그려 놓고
눈물같이 따수한 빛을
보내주는구나!
-2001. 6. 8
-〈내 친구들〉, 이오덕

**박나원**

**나의 생각 수첩에서** ·······················································································

· 시는 사람의 입에서 나오는 가장 단순하고 가장 절실한 노래이다.

· 내가 반해버린 시 풍경을 입으로 읊조려보았다.

# 시는 '시'일 뿐입니다

백석詩집총금의 상세한 풀어, 완벽한 작품분석!

## 백석 시
## 바로 읽기

백석 대표시 해설·고형진

**H**
현대문학

『백석 시 바로 읽기』, 고형진 지음, 현대문학

아람샘 : 지난 시간에 숙제가 뭐였지?

두빛나래 일원① : 『백석 시 바로 읽기』라는 책을 읽고 그 중에서 자기가
    마음에 드는 시 하나를 이야기로 바꾸어보는 것이었어요.

아람샘 : 아 그래? 오늘 숙제 발표를 진행할 사회자는 누구니?

두빛나래 일원②(사회자) : 제가 오늘 사회를 맡았어요.

아람샘 : 자, 그럼 진행해볼까?

사회자 : 네. 모두 숙제는 다 해왔죠?

두빛나래 일원 일동 : 당연하지.

사회자 : 자기가 오늘 해온 숙제를 친구들에게 들려주고 싶다고 생각하는
    사람은 자발적으로 발표해주세요.

두빛나래 일원③ : 제가 먼저 해보겠습니다. 저는 백석의 〈나와 나타샤와
    흰 당나귀〉라는 시를 〈한 남자의 일기〉로 풀어보았습니다. 먼저 시를
    읽어드릴게요.


가난한 내가
아름다운 나타샤를 사랑해서
오늘밤은 푹푹 눈이 나린다

나타샤를 사랑은 하고
눈은 푹푹 날리고
나는 혼자 쓸쓸히 앉어 소주燒酒를 마신다
소주燒酒를 마시며 생각한다
나타샤와 나는
눈이 푹푹 쌓이는 밤 흰 당나귀 타고
산골로 가자 출출이 우는 깊은 산골로 가 마가리에 살자

눈은 푹푹 나리고
나는 나타샤를 생각하고
나타샤가 아니올 리 없다
언제 벌써 내 속에 고조곤히 와 이야기한다
산골로 가는 것은 세상한테 지는 것이 아니다
세상 같은 건 더러워 버리는 것이다

눈은 푹푹 나리고
아름다운 나타샤는 나를 사랑하고
어데서 흰 당나귀도 오늘밤이 좋아서 응앙응앙 울을 것이다
-〈나와 나타샤와 흰 당나귀〉, 백석

저는 이 시를 읽고 사랑, 이별, 슬픔, 그리움 등의 감정이 떠올랐습니다. 그리고 이것을 글로 바꿀 때 이 소재들을 사용해서 써보았습니다.

가난한 나는 아름다운 나타샤를 사랑한다. 그래서 오늘밤에 눈이 푹푹 내리나 보다. 하지만 나는 그래도 나타샤를 사랑한다. 눈이 푹푹 내리는 밤 나는 사랑하는 나타샤를 생각하며 혼자 쓸쓸히 앉아 소줏잔을 기울인다. 아, 혼자 마시는 소주는 왜 이리 쓴지 모르겠다. 생각하지 않으려고 연거푸 소줏잔만 기울이는데 이 생각이라는 놈, 또 내 마음속에서 속삭인다. 나타샤와 함께 흰 당나귀 타고 산골로 가서 살면 정말 좋을 텐데. 출출히 우는 깊은 산골 마가리에 가서 둘이서 살면 돈 걱정도 없이 정말 좋을 텐데. 눈은 계속해서 내린다. 나도 계속해서 나타샤를 생각한다. 아, 역시 나타샤다. 나를 찾아오지 않을 리가 없다. 나타샤가 내 속에 고조곤히 어느새 와서 이야기한다. 산골로 가는 것은 세상에 지는 일이 아니라고, 속세의 세상이 더러워 버리는 것이라고…… 눈은 아직 내리고 있다. 아름다

운 나타샤는 나를 사랑한다. 그리고 또 흰 당나귀는 우리의 이런 밤이 좋아서 응앙응앙 울고 있을 것이다.

잘 못 믿으시겠지만 이 수업의 모습은 제가 지어낸 것이 아닌 실제로 '아람샘' 과 함께하는 우리의 수업을 보여드린 것입니다. 혹시 여러분 중 '아람샘' 과 '두빛나래' 공동체에서 이루어지는 수업이 학교에서도 진행되었으면 좋겠다는 생각을 해본 적 있으세요? 시를 소리내어 쭉 읽어보고, 시를 읽고 나서의 느낌을 적어보고, 시를 이야기로 옮겨 써보고, 시인에 대해서 더 알아보기 위해 조사도 해보고, 그러면서 그 시인에 대해 알아가고…… 정말 좋은 시간이 될 것 같지 않나요?

　시는 단지 '시' 일 뿐인데 많은 친구들이 그저 언어영역 문제 하나 더 맞추기 위해, 시험을 좀 잘 치기 위해 시를 공부하고 읽습니다. 그런 모습들을 지켜보면 너무나 안타깝습니다. 조금만 방법을 바꿔서 시를 진지하게, 의미 있게 읽으면 제대로 된 시에 대한 감상을 할 수 있는데 말입니다. 뿐만 아니라 시에 나온 좋은 구절을 잘 보이는 곳에 적어놓고 자주 보면서 자신의 삶에 비추어 본다면, 앞으로 우리가 나아갈 때 큰 원동력이 되어줄 수도 있습니다. 그렇기에 시를 좀더 바르게, 정확하게 읽는 방법을 이 책을 통해서 알아보았으면 하는 바람으로 위와 같은 사례를 제시하였습니다.

　저는 대한민국 고등학생으로서 시험문제를 풀기 위해 시를 감상하고 느낀다는 것은 옳지 않다고 봅니다. 시에서 느끼는 감정과 시 속에 들어 있는 작가의 깊은 의도를 자기 힘으로 알아내려는 자세, 그런 마음가짐을 가진 감상태도를 갖추어야 합니다. 이것이 바로 책을 읽어야 하는 이유임과 동시에 시를 바로 읽는 방법입니다.

　입시라는 커다란 벽 앞에 서서 진정으로 문학과 시를 느끼지 못하는 친구들에게 말하고 싶습니다. 시는 머리로 외우는 것이 아니라고. 시를 마음으로, 진심으로 느끼면 누구보다 그 시를 올바르게 받아들인 것이라고 말입니다. 교과서 이외의 백석시를 감상하고 싶다면, 여러분의 마음을 잔잔히 울려줄 시가 필요하다면, 『백석 시 바로 읽기』를 추천합니다. 아무런 필기도 되어 있지 않은, 빨간색 별이 그려져 있지 않은 시를 한번 읽어보세요. 아마 확연히 다를 겁니다.

나는 이 세상에서 가난하고 외롭고 높고 쓸쓸하니 살아가도록 태어났다.
그리고 이 세상을 살아가는데
내 가슴은 너무도 많이 뜨거운 것으로 호젓한 것으로 사랑으로 슬픔으로
가득찬다.
그리고 이번에는 나를 위로하는 듯이 나를 울력하는 듯이
눈질을 하며 주먹질을 하며 이런 글자들이 지나간다.
하늘이 이 세상을 일 적에 그가 가장 귀해하고 사랑하는 것들은 모두
가난하고 외롭고 높고 쓸쓸하니 그리고 언제나 넘치는 사랑과 슬픔 속에
살도록 만드신 것이다.
초생달과 바구지꽃과 짝새와 당나귀가 그러하듯이
그리고 또 프랑시스 쨈과 도연명과 라이너 마리아 릴케가 그러하듯이
-〈흰 바람벽이 있어〉, 백석

**임하람, 박나원**

**나의 생각지도** ······························································································

· 짧지만 어려웠던 시의 실타래를 풀어내다.

· 시가 흐른다. 길고 긴 사연으로······

# 평범한 소녀로부터 시작된 평화의 기적

『가자에 띄운 편지』, 발레리 제나티 지음, 이선주 옮김, 낭기열라

하루에 하늘을 몇 번 올려다보는가? '평화(Peace)'라는 단어를 얼마나 자주 생각하는가? 우리의 세상에는 아직도 많은 전쟁, 폭력, 부조리, 대립과 어마어마한 무기들로 가득 차 있다. 이렇게 폭력이 일상화된 세상 속에서 우리는 살아가고 있는 것이다. 9시 뉴스에서는 끊임없이 전쟁과 폭력의 현실이 보도되고 있다. 하지만 나는 이제 뉴스에서 나오는 끔찍한 소식들에 더 이상 별로 놀라지 않는 나를 발견한다. 그리고 이런 폭력이 나에게 일상화되었다는 것과, 나에게 결핍된 평화에 대한 절박함이 나에게 전쟁과 폭력에 대해 내성을 심어주고 있는 것이라는 사실에 새삼 놀란다.

"피난길에 두 아이를 잃었어. 미군은 우리에게 대피하라고 해놓곤 사막마저 봉쇄했지. 사막에 꼬박 하루 갇혀 있었는데, 아이들은 물을 찾다가 결국 죽어갔지. 한 아이가 여섯 살이고, 다른 아이는 두 살이었어. 우리뿐 아니라 도망쳐 나오던 많은 사람들이 죽어갔어. 어떤 가족은 차를 타고 있었는데, 미군이 차를 세우고 총으로 쏴 일가족을 몰살시키는 끔찍한 장면도 보았어. 가족들은 모두 네 명이었어. 이건 학살이야. 모스크도 파괴됐고, 너무 많은 사람이 죽었어."

—윤정은, 『슬픔은 흘러야 한다』에서

이 이야기를 듣고 무슨 생각이 드는가? 우리는 이미 너무도 많은 전쟁을 겪었고, 전쟁은 우리에게서 너무도 많은 것을 가져가버렸다. 무고한 민간인들의 희생, 전쟁터에서의 학살, 소년병, 강간, 마약남용, 재산탈취 등 수많은 전쟁 범죄의 폭력 또한 커다란 문제이다. 그 나라 국민이고, 그 공동체의 소속되어 있다는 이유로, 평화를 갈망하는 개인이 너무도 쉽게 이유 없이 죽어가고 있다. "전쟁의 승자는 없다"라는 말을 들어본 적이 있을 것이다. 실제로 전쟁에 참가한 군인들은 전쟁 후유증에서 벗어나지 못한다. 게다가 무기구입으로 인한 엄청난 전쟁자금이며, 죽어나가는 사람들 등을 포함한다면 전쟁에는 어마

어마한 피해가 뒤따른다. 그러나 지금 이 순간에도 지구 반대편의 사람들은 폭격을 당하고, 가족을 잃고, 테러에 의해 희생되며 일상을 파괴당하고 있다.

하루아침에 테러로 우리의 가족이 죽고, 내 친구들이 내 앞에서 죽어가고, 사랑하는 사람이 총을 맞는다면? 한 치 앞도 바라볼 수 없는, 그래서 내일을 약속할 수 없는 날이 된다면? 내일 당장 총격을 받아 죽을 수도 있는 운명이 나에게 주어졌다면? 우리에겐 상상도 하기 싫은 비극이다. 하지만 이런 비극은 지금 전쟁 중인 많은 곳에서 실제로 일어나고 있으며 인정하기 싫은, 불편한 사실들이다.

하지만 이렇게 전쟁의 폭력성만을 나열하기 전에 우리의 무관심에 대해 생각해보자. 우리는 우리 앞의 문제가 아니기 때문에 머리로만 평화를 생각한다. 나는 우리 모두가 전쟁의 실체를 머리가 아닌 마음으로 느끼기를 원한다. 그래야만 비로소 우리는 평화에 대해 절박함을 느끼고 지구 공동체의 일원으로서 지구 반대편의 전쟁과 폭력의 희생자들을 위해 손을 들어주는 용기를 가질 수 있게 될 것이기 때문이다. 또한 이 전쟁이라는 폭력의 씨앗은 우리에게 멀리 있는 것이 아니다. 바로 우리나라에도 6.25라는 잊을 수 없는 피의 역사가 있었다. 지금도 휴전 상태이다. 그래서 우리는 평화에 대한 진정함과 절박함을 느끼고 우리를 위해서, 세계를 위해서 전쟁과 폭력의 씨를 이제는 그만 거두어야 할 것이다.

『가자에 띄운 편지』 표지에는 샴페인 병 속에 편지가 들어 있는 그림이 있다. 이는 『가자에 띄운 편지』가 대치 중인 이스라엘의 소녀 '탈'과 팔레스타인의 청년 '나임'이 이메일을 주고받으며 서로 평화에 대해 이야기하는 내용이기 때문이다. 이스라엘의 소녀 탈은 자신의 눈앞에서 테러가 일어나고 있는 상황을 보며, 팔레스타인의 누군가에게 이런 폭력과 전쟁에 관해서, 평화에 관해서 편지를 쓰고, 놀랍게도 팔레스타인의 청년 나임이 편지를 받고 또 답장을 계속 보낸다. 둘은 처음에는 잘 맞지 않는 부분도 있었지만 놀랍게도 서로에게 연락을 끊지 않고 메일을 계속하며 나중에는 적이 아닌, 함께 평화를 꿈꾸고 서로 걱정하며 사랑하는 진심어린 친구가 된다. 정말 기적 같은 이야기다. 책을 읽는 내내 책 속에 가득한 기적이 쉴 새 없이 튀어나와 나는 한순간도 긴장을 풀 수 없었고 계속 깜짝깜짝 놀랐다.

이스라엘의 한 소녀가 평화를 꿈꾸고 있다는 당연하지만 위대하고 작은 기적, 수많은 팔레스타인 사람 중에서 팔레스타인의 자유와 평화를 갈망하는 청년이 이 편지를 받게 되는 기적, 비록 호기심으로 시작했더라도 이 청년이 소녀에게 답장을 쓰고, 계속해서 메일을 주고받는 기적, 점차 서로에게 마음을 열어가는 기적, 대치하고 있는 민족의 일원임에도 함께 평화를 이야기하는 기적, 진심어린 소통으로 친구가 되는 기적. 이런 모든 기적이 있었기에 탈과 나임이 진심으로 서로에게 평화를 털어놓을 수 있지 않았을까?

주변의 무기와 폭력과 테러는 나임과 탈의 소통에 장애물이 되지 않았다. 서로를 적이라고만 생각했다면, 전쟁이 가져다준 상처가 서로의 탓이라는 생각만 하는 이기적인 마음만을 가진 탈과 나임이었다면 이 모든 기적은 불가능했을 것이다. 하지만 둘은 적이 아닌 지구 공동체의 일원으로, 함께 평화를 꿈꾸는 청년으로서 소통하였다. 그들에게는 "네 탓이야!"라는 타박보다는 평화와 정의를 꿈꾸는 진실하고 정의로운 마음뿐이었다. 그 진심이 있었기에 그들은 국경을 넘어, 총과 칼을 넘어 진실한 친구가 되었고 또 진심으로 소통할 수 있었던 것이다.

곧 사회의 주역이 되고, 또 다음 세기를 이끌어 나갈 우리가 중요시해야 하고 이루어야 할 가치에는 '평화'가 자리하고 있다. 피로 얼룩덜룩해진 우리의 전쟁의 역사가 그렇게 말하고 있지 않은가? 우리가 이끌어나갈 세계는 총칼이 사라진 세계이기 위해, 우리가 만들어갈 역사는 평화와 사랑이 가득하기 위해, 우리는 모두 제2의 탈과 나임이 되어야 할 것이다. 우리 모두가 평화를 절실히 희망하고 원할 때 우리는 또 다른 탈과 나임이 될 수 있을 것이다. 우리와 모두의 평화를 위해, 평화를 마음으로 느끼기 위해, 또 앞으로의 평화와 우리의 평화의 소통과 커다란 기적을 이루기 위해 이 책을 읽어보자. 『가자에

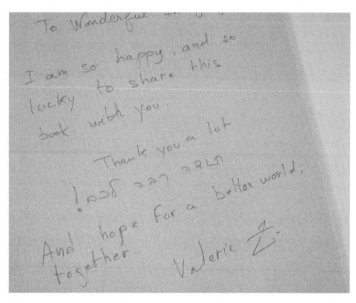

『가자에 띄운 편지』의 저자 발레리 제나티가 인디고 서원에 보낸 메시지

떠운 편지』는 평화를 꿈꾸는 자, 평화를 아직 절실히 느끼지 못한 자, 세계의 모든 탈과 나임을 위한 기적의 책이다. **임하람**

**나의 생각지도** ·······································································································································

· 평화를 위한 전쟁, 그 이상한 현실.

· 작은 혁명가 탈이 가자지구를 구할 수 있길……

· 탈과 나임은 과연 만날 수 있을까?

· 네가 원하는 모든 것을 계속해서 믿고 갈구하렴.

# 돈키호테를 통한 우리들의 정의 깨치기

『돈키호테』, 미겔 데 세르반테스 지음, 박철 옮김, 시공사

어릴 적 나무로 된 총, 칼을 들고 "나는야~ 정의의 사도.", "용감한 ○○ 납신다. 길을 비켜라"라며 온 동네를 누비고 다녀본 기억이 있거나 "나는 나중에 커서 훌륭한 사람이 될 거야"라고 말하며 골목대장을 해본 경험이 있나요?

위의 사례들은 누구나 한 번쯤은 겪어봤을 추억입니다. 어릴 적에는 이렇게 순수한 마음으로 '정의' 또는 '진실'을 추구하며 살아가고, 그런 것들을 이루려고 노력합니다. 지금의 어른들도 "어릴 땐 나도 멋도 모르는 깨끗한 아이였어"라며 기억을 되새겨보곤 합니다. 하지만 그 맑고 투명했던 어린이들의 '순수'는 커가면서 많은 삶의 부도덕성으로 인해 사라집니다. 대부분이 사회의 문제점을 느끼지 못하거나 혹은 모른 체하며 악에 물들어 가고 그들의 순수성도 조금씩 조금씩 자취를 감춥니다. 그들은 세상에 이미 적응하여 무감각한 지금의 우리 청소년들처럼 되고, '순수함'을 잃어버립니다. 생각만 해도 끔찍한 사실 아닌가요?

우리는 현재 우리가 살고 있는 사회의 모습을 정확히 파악하지 못하면서 살아가고 있습니다. 우리가 왜 사는지조차 모릅니다. 그저 학교에서, 집에서, 학원에서 시키는 대로 공부하는 다람쥐 쳇바퀴 돌듯 생활합니다. 삶의 목표 또는 꿈이 뚜렷하지 않은 학생들이 대부분입니다. 그저 민주주의 사회에서 돌리는 기계 아래에 말없이, 불만 없이 같이 돌아가고 있을 뿐입니다.

그런 청소년들 앞에 '돈키호테'라는 이름을 가진 한 용맹한 기사가 나타납니다. 그는 용감했으나 사람들은 그를 미치광이라고 불렀습니다. 사람들의 눈에 그는 쓸데없는 이상주의자로 보였으니까요. 돈키호테는 이야기(동화)책에 미쳐 있는 한 사나이였습니다. 그는 많은 이야기책을 읽고도 자신이 만족하는 삶을 찾지 못하자 이야기책에 나오는 기사와 같이 창과 방패, 갑옷으로 무장을 하고 기사 노릇을 합니다. 그는 마치 자신이 이야기 속 주인공이 된듯이 매섭고 거세게 돌고 있는 풍차를 나쁜 괴물이라고 보며 앞에 서서 맞서기도 하고, 한편으로는 아리따운 여인들과 사랑을 나누기도 합니다. 그러면서 많은 모험들을 하고 사람들과의 만남을 즐기며 그의 행진을 계속합니다. 그에게서는 미친 사람의 냄새도 나지만 인간다운 향기도 납니다. 계속되는 이상향을 향해 행진하자 사람들은 그를 좋지 않은 눈으로 지켜봅니다. 왜냐하면 그들은 돈키호테를 단지 이야기의 미치광이, 즉 이야기에 미치는 바람에 세상이 얼마나 어려운지 모르는 개구쟁이로 바라볼 뿐이었으니까요. 하지만 그는 주위의 따가운 눈초리와 거듭되는 실패에도 굴하지 않고 '이상향', '그가 실현하고자 하는 정의의 세계'를 향해 자신의 뜻을 굽히지 않습니다. 세상이 그를 거부하고 미워해도 자신이 생각하는 것을 추구하며 앞으로 나아가는 모습은 우리가 정말 배워야 할 정의로운 태도입니다.

돈키호테가 유명한 소설임에도 청소년들 중 실제로 원작을 읽은 사람들은 거의 없습니다. 원작이 너무나도 길어서 책 두께를 보고는 바로 덮어버렸거나, 짧은 동화책이나 인터넷을 통해 자료를 읽어보는 정도입니다. 그러나 만약 학교에서 시험에 '돈키호테'에 관한 문제를 낸다고 한다면, 학생들은 죽자 살자 그 책을 읽을 것입니다. 이처럼 우리 사회에서는 문학적 가치가 있는 책임에도 불구하고 이런저런 현실적인 문제 때문에 주목받지 못하고 있습니다.

미겔 데 세르반테스의 소설 『돈키호테』를 정말로 읽어야 하는 이유는 많은 시련에도 굴하지 않고 나아가는 돈키호테의 도전정신에 감명받고 우리도 이와 같은 정신을 기르고자 함입니다. 억압적인 힘 아래에 눌려 있는 우리들은 너무나도 나약합니다. 그저 주는 대로 받아 먹는 데 익숙해져 있기 때문에 무엇이 이로운지 해로운지에 대한 구분을 정확히 하지 못합니다. 결국 사회가 악으로 바뀌었지만 우리는 그것이 악인지 선인지 구분도 못하며 그냥 보이는 대로 살아갑니다. 우리는 스스로가 굳센 의지로 어둠을 뿌리치고 정의의 사도가 되려고 노력해야 합니다. 그리고 이미 악마의 나쁜 기운으로 덮여버린 사회를 구제할 수 있는 우리들이 되어야 합니다. 이러한 모습들을 보며 현실과 우리들의 앞날을 생각하면 걱정입니다. 우리가 정말로 생각하고 걱정해야 할 것은 우리의 직업, 적성이 아닌 '우리가 살아가야 할 사회를 어떻게 만들어 나갈 것인가'일지도 모릅니다.

우리는 『돈키호테』라는 책을 읽음으로써 정의가 무엇인지 다시 한 번 곰곰이 생각해보아야 하고, 그 계기를 통해 '돈키호테는 미치광이인가, 아니면 정의의 사도인가?'라는 주제로 친구들과 함께 이야기를 나눌 수도 있습니다. 이 작품을 이용하여 학교 축제나 행사 등의 기회가 있을 때 연극을 해보거나, 자신이 스스로 작가가 되어 다시 만들어보는 등 다양한 실천을 해봄으로써 이 작품에 접근할 수 있습니다. 돈키호테라는 작품이 읽기 어렵다고 느꼈다면 책 속에 나오는 사건들을 스케치북에 그려가며 읽어보면 어떨까요? 또 내가 돈키호테가 되어 사회의 악을 물리치겠다고 마음속으로 다짐하면서 읽어보면 더욱더 흥미를 가질 수 있지 않을까요? 책 한 권을 가지고 우리의 무한한 상상의 나래를 마음껏 펼치면서 읽다 보면 어느새 책과 우리는 하나가 되어 있을 것입니다.

이렇게 다양한 활동들을 통해 문학은 결코 어려운 것이 아니라는 생각을 가질 수 있고, 좀더 다양한 문학 작품들을 접해보면서 한층 더 친근감을 느낄 수 있습니다. 우린 반드시 명심해야 합니다. 책은 우리의 둘도 없는 친구라는 것을 말입니다. **박나원**

**나의 생각지도** ·······························································································································

· 돈키호테= '정직+행복'한 사회.

· 우리 모두는 살아 있는 돈키호테들이다.

# 우리의 몽도는 지금 어디에?

『어린 여행자 몽도』, 르 클레지오 지음, 진형준 옮김, 조화로운 삶

그는 뒤쪽으로 꼬리를 접고 있는 커다란 파리처럼 생긴 A에 대해 이야기해 주었다. 그리고 창문이 달린 이상하게 생긴 B와 초승달과 반달 모양의 C와 D, 까만 하늘의 보름달 같은 O에 대해 이야기해주었다. H는 나무나 지붕에 오르는 높은 사다리이고, E와 F는 쇠스랑과 삽을 닮았으며, G는 의자에 앉아 있는 몸집 큰 사람을 닮았다. I는 발끝으로 춤을 추는데 한 번 뛸 때마다 조그만 머리가 떨어져 나가고, J는 좌우로 흔들린다. 그리고 K는 늙은이처럼 꼬부라졌고, R은 군인처럼 큰 걸음으로 걸으며, Y는 하늘을 향해 두 팔을 벌리고 서서 "살려주세요!" 하고 소리를 질렀다. L은 강가에 서 있는 나무이고, M은 산이다. N은 이름에 쓰이는 글자인데 사람들이 손을 흔들어 인사를 한다. P는 한쪽 다리로 서서 잠을 자는 것이고, Q는 꼬리 위에 앉아 있는 것이다. S는 언제나 뱀이고, Z는 언제나 번갯불이다. T는 배의 돛대처럼 예쁘게 생겼고, U는 꽃병 같다. V와 W는 새들이 날아가는 것이다. X는 기억해두어야 할 십자가이다.

—『어린 여행자 몽도』에서


알파벳에 이렇게 아름다운 의미를 부여하는 사람은 과연 누구일까요? 제가 소개하고 싶은 사람은 글자 하나하나에도 의미를 주는 영혼을 가진 '몽도' 입니다. 몽도가 어디서 사는지, 어디에서 왔는지, 어디로 가는지는 누구도 알지 못합니다. 몽도는 작은 방랑자입니다. 몽도는 또 많은 사람들을 만납니다. 그리고 사람들에게 질문들을 던집니다. 그 질문들은 사람들이 오랫동안 잊고 있던 것이었습니다. 몽도는 그의 반짝거리는 눈으로 사람들에게 다가가서, 눈을 반짝거리며 그들이 잊고 있던 소중함을 다시 일으키는 질문들을 해줍니다. 몽도는 사람들의 마음속으로 여행을 하는 어린 여행자인 것입니다.

하지만 몽도는 어느 누구에게도 속하는 아이가 아닙니다. 경찰들이 몽도를 공공구호소로 보내려고 하자 몽도는 홀연히 사라집니다. 어느 먼 곳으로 또다른 여행을 떠난 것입니다. 몽도는 자유롭습니다. 몽도는 자유롭고 여유롭게 도시를 돌아다니며, 사람들과 관계를 맺습니다. 몽도는 말 한마디도 없이 물 뿌리는 사람과 친해지는 것 같은 진심으로, 때로는 마음에 드는 사람에게 느닷없이 "저를 아들 삼지 않으실래요?" 하는 엉뚱함으로 사람들의 진심에 다가갑니다.

몽도가 떠난 이후 마을에서는 누구도 몽도를 찾지 않습니다. 하지만 몽도를 잊은 사람은 없었을 것입니다. 몽도가 떠난 마을은 겉으로 보기엔 이전과 달라진 것이 없는 듯 했지만 사람들은 마음속에 무언가 허전함을 느꼈습니다. 몽도처럼 그들에게 진심으로 다가가서 교제하고, 그들에게 잊고 있던 소중함을 일깨워주는 어린 여행자는 없었기 때문입니다.

『어린 여행자 몽도』를 읽고 '과연 지금 몽도는 어디로 가버렸을까?' 라는 생각이 들었습니다.

지금 우리에게 몽도가 돌아온다면 어떨까요? 어떤 아이가 모르는 사람인 우리에게 스스럼없이 말을 걸고, 무턱대고 "저를 아들삼지 않으실래요?"라 말하고, 우리에게 잊고 있던 질문들을 던진다면 말입니다. 아마 우리는 그에 자연스럽게 답하지 못할 것입니다. 우리에게는 몽도가 가지고 있는 반짝이는 눈의 순수함과 몽도의 자유로움과 여유로움이 이제 부자연스러운 것이 되어버렸기 때문입니다. 몽도가 사람들에게 하던 질문은 그것이 좋은 질문이어서가 아니었습니다. 그 질문이 사람들에게 생각을 하게끔 했던 이유는 그 질문들이 몽도의 순수함, 있는 그대로의 것으로 사물을 바라보는 관점에서만 볼 수 있었던 우리의 일상의 행복이었기 때문입니다.

몽도는 저에게 '순수함'을 다시 생각하게끔 해주었습니다. 몽도처럼 순수한 마음만을 가지고 모르는 사람한테 말해본지 얼마나 되었나요? '저 아이랑 친해지면 뭘 할 수 있어, 뭘 더 할 수 있어' 따위의 천박한 이해타산적인 관계를 맺고 있지는 않으신가요? 몽도가 글자를 공부하며 각각에 의미를 주는 순수함. 몽도가 순수한 마음으로 맺는 관계와 몽도의 일상을 돌아보게 하는 질문들. 이것이 몽도의 눈이 그토록 반짝거리는 이유가 아닐까요?

『어린 여행자 몽도』는 이런 순수한 영혼을 가진 사람들의 이야기를 하고 있는 책입니다. 몽도의 눈처럼 반짝이는 눈을 가지기 위해, 우리 사회의 몽도가 되기 위해서 순수를 다시 떠올리게 하는 책 『어린 여행자 몽도』를 추천합니다. **임하람**

**나의 생각지도** ·······························································································································

· 몽도는 선입견을 가지고 사람을 만났을까?

· 우리가 지금껏 잊고 살아온 순수함이란 무엇일까?

· 우리 모두도 우리만의 '바다'를 가지고 있다.

# 우리 것의 신비로움을 찾아서

『정재서 교수의 이야기 동양 신화』, 정재서 지음, 황금부엉이

인어아저씨를 아시나요? 인어공주, 인어아가씨라는 말은 많이 들어봤지만 아마 '인어아저씨'는 처음일 거라 생각됩니다. 피부가 곱고 눈망울이 커다란 인어공주 대신에 턱과 가슴에 털이 덥수룩하고 눈매는 험상궂은 인어아저씨를 상상해봅시다. 생각만 해도 징그럽죠. 하지만 인어아저씨는 존재합니다. 물론 신화 속에서 말이죠.

옛날 옛적엔 입에서 입으로 전해 내려오는 이야기를 통해 신화를 만났습니다. 그래서 신화는 특정한 지역 이상 퍼지지 못했죠. 문자가 생기기 시작하여 신화는 글로 서술되었고, 대다수가 그것을 읽어서 이제는 널리 퍼져 있는 이야기입니다. 또, 우리는 어릴 때부터 책을 읽거나 텔레비전에서 방영되는 만화들을 보며 신화를 자주 접해왔습니다. 그리고 신화에 나오는 용감하고 유명한 인물들의 이름을 줄줄 외고 다닙니다.

대표적인 그리스 로마 신화에는 신들의 왕 '제우스', 그의 아내 '헤라', 제우스가 바람을 피워 낳은 많은 자손들이 나옵니다. 제우스와 헤라 사이에서 태어나지 않은 여신들이나 요정들을 질투하고 미워하는 헤라로 인해 빚어진 비극 또는 희극, 그런 헤라의 미움을 받으며 고통받고 있는 가엾은 그녀들을 감싸주는 제우스의 자상함이 묻어나는 이야기, 이런 얽히고설킨 이야기들이 대다수가 알고 있는 '신화'라는 것이죠. 그런데 이렇게 대중화된 신화에 관해 우리는 이상한 점을 발견할 수 있습니다. 이것은 전부 서양에서 비롯된 신화라는 점을 말입니다.

우리 동양 신화 쪽으로 눈을 돌려봅시다. 동양 신화에 관한 이야기를 아는 사람들은 과연 몇이나 될까요? 그전에 동양에도 신화가 있다는 사실을 알고 있는 사람들은 몇이나 될까요?

동양에서는 동양인들이 자신들의 신화를 알지 못한 채 서양 신화와 먼저 대면하게 되는 괴이한 현상이 일어나고 있습니다. 이것은 서양 사람들이 대중들에게 좀더 친근하게 다가갈 수 있도록 그들의 신화를 재진술했기 때문입니다. 동양에도 재미있고 친근한 신화들이 많습니다. 하지만 우리는 우리 신화에 대해 눈을 감고, 귀를 막아버립니다. 동양이라는 이름만 붙으면 왠지 멀게 느껴지고 보고 싶지 않아서 일부러 회피합니다. 자신들과 피가 섞이지 않은 화려하고 세련된 조상들의 신화는 귀하게, 신성하게 여기고 우리 것은 재미없다, 지루하다는 핑계를 댑니다.

서양 신화는 줄줄 외면서 유식한 척 살아가고, 우리는 그들을 향해 한심한 눈길은커녕 부러운 눈길로 바라봅니다. 동양 신화에 대해 물어보면 입도 뻥긋 못하는 사람들이 대다수인데도 말입니다. 반대로 서양에 관련된 지식을 갖지 못하면 뒤떨어진 사람이라고 무시하고 그 사람은 사회에서 고립되어 버립니다. 이러한 사례들은 근래에 문제가 되고 있는 무조건적으로 서구문화를 수용하는 현대인들의 모습이 잘 나타난다고 볼 수도 있습니다. 그리고 그런 자신들의 태도가 사회에 부정적인 효과를 가져 온다는 사실을 모른 채 살아가거나 그 사실을 알면서도 이미 몸에 밴 습관을 버리지 못한 사람들이 많습니다.

이런 심각한 문제점을 지적하신 정재서 교수님은 우리에게 『정재서 교수의 이야기 동양 신화』라는 책을 선물하셨습니다. 그는 사람들이 동양 신화도 서양 신화처럼 흥미를 느끼고 쉽게 다가갈 수 있도록 하기 위해 동양 신화와 서양 신화를 자세하게 비교하며 책을 쓰셨고 그것을 통해 우리 것의 소중함을 일깨워주십니다. 정재서 교수님은 '동양의 정체성'에 많은 관심을 가지고 있으시고, 이미 사회에서 묻혀버린 동양적 상상력에 문제의식을 느끼면서 동양 신화를 통해 잃었던 동양의 정체성을 되찾아보기 위해 신화연구를 해오셨습니다. 책에도 신화에 대한 교수님의 애착과 사랑이 듬뿍 묻어난답니다.

정재서 교수님은 "신화를 통해 우리는 우리 집안이 어디서 왔나, 우리 민족이 어디서 왔나를 생각하게 되죠. 그게 뭘까요? 정체성이죠. 가령 단군신화를 봅시다. 환웅 천황이 신단수로 내려와서 웅녀와 결혼하고 단군 할아버지가 나와서 우리 민족을 퍼뜨렸고 우리나라가 세워졌다. 이 단군신화를 들으면 어떤 느낌이 들죠? 우리 민족이 한겨레라고 하는 일체감을 주죠. 신화는 그런 동질감을 확인시켜주는 사회적인 기능이 있어요. 그래서 보통 때는 가만히 있다가 개천절만 되면 어떤 느낌이 들죠? 신화인줄 알면서도 아, 우리 곰할머니, 단군할아버지 자손이구나, 같은 한민족이구나 하는 생각을 새삼스럽게 하게 되죠. 그러니까 신화는 지금도 살아 있어요.(『주제와 변주2』, 16회 정재서 편, 198쪽)"라고 하셨습니다.

교수님은 동양의 정체성이 위기를 맞지 않기 위해서는 '신화' 라는 것은 중요한 존재이고, 살면서 왜 알아야 하는지 말씀하십니다. 그리고 동양인이 동양 신화를 제대로 알지 못한다는 사실은, 우리 정체성의 위기와 직결되어 있다는 점을 인식하셨습니다. 동양인이라면 정체성에 관해 한 번쯤 생각해보아야 하는 것이지만 이제껏 모른 채 살아간 우리가 요즘 들어 더욱 한심스럽게 느껴집니다.

동양의 원시적인 기운은 우리 조상들에게 흘러들어가 삶과 얼이 됩니다. 그리고 그 기운을 통해 신화가 탄생했고 곧, 우리의 문화가 되었습니다. 자라가는 우리들에게 이 책은 우리 조상들의 생활이 신화속에 담겨 있다는 것과, 그것이 우리 문화에 반영되어 있다는 사실을 깨달을 수 있도록 권장하고 인식시켜 줍니다. 더 넓게 생각해서, 인식만 해야 하는 것이 아니라 그것을 통해 삶의 교훈을 깨닫고 실천하는 자세도 필요합니다. 교수님은 책을 서술하시면서 우리들에게 동양의 정체성을 확고하게 할 필요가 있다는 메시지를 이 땅에 미래의 주인공이 될 우리들에게 강하게 던져주십니다. 그런데 우리가 교수님의 메시지를 뿌리쳐서는 안 되겠죠? 반드시 동양 신화의 가치와, 동양 신화가 우리의 정체성을 일깨우는 길이 된다는 점은 영원히 가슴속에 남겨야 합니다. 우리가 살아가면서 동양 문화에 대한 큰 자부심을 느껴야 합니다. 그러면서 어깨를 쭉 펴고 고개를 똑바로 들고 서양 사람들 앞에 나아가서 말해봅니다. "나는 자랑스런 동양의 한국인입니다!" 박나원

**나의 생각지도** ·····································································································

· 신화는 인간의 가장 원초적이고도 본질적인 모습을 간직한 이야기다.

· 어렵고 힘들 때는 우리의 근원인 신화로 돌아가보자.

· 세상을 처음 만든 인물들에 대한 이야기를 좀더 읽고 싶어졌다.

# 진심으로 소통하는 진정한 만남

한강 산문집

사랑과,
사랑을
둘러싼
것들

그해,
내게 머문 순간들의
크로키

열림원

『사랑과 사랑을 둘러싼 것들』, 한강 지음, 열림원

비 오는 날 친구와 함께 우산을 써본 적이 있는가? 고된 하루를 보낸 후 집에 돌아가면 나를 반겨주고, 항상 내편이 되어주는 가족이 있는가? 아침에 눈을 떴을 때 당신은 행복하고 평화로운가? 매일 우리는 많은 일을 한다. 그리고 이 많은 일들이 우리의 일상이 된다. 아침에 눈을 떴을 때의 작은 평화, 숨 가쁜 삶 속에서의 한 잔의 차, 친구와의 애정 어린 장난. 이런 사소하고도 소중한 작은 일상들이 우리의 삶의 활력소가 되는 것 아닐까?

상상해보자. 만약 아침에 눈을 떴는데 옆집 이웃이 테러를 당한다면? 어느 날 친구와 가족이 몽땅 없어진다면? 우리가 잊고 있었던, 소중한 우리의 일상이 파괴된다면? 그때 우리는 정말 인생의 큰 것을 잃었다며 슬퍼할 것이다. 이런 우리의 소중하고, 너무 익숙해서 때론 무덤덤하고 당연하게 느껴지는 우리의 작은 일상들, 혹시 지금 잊고 있지는 않은가?

한강 선생님의 『사랑과 사랑을 둘러싼 것들』은 우리가 스쳐 보내버리는, 하지만 절대 잊어서는 안 될 우리의 아름답고 소중한 일상들을 다시 돌아보게 한다. 한강 선생님은 이 일상 중 '만남'에 초점을 두어 담담히 글을 써내려가신다. 우리는 정말 많은 사람들과 관계를 맺고, 또 서로 길들여지며 그렇게 살아간다. 그래서 나는 인생이라는 제목 아래에, '만남의 연결고리'라는 소제목을 붙이고 싶다. 아직 청소년이지만 이때까지 우리가 만난 수없이 많은 사람들을 당신은 모두 진정으로 만났는가? 같은 반 친구들 중에 분명히 1년 동안 같은 반이었지만, 한 번도 제대로 이야기해본 적이 없는 친구, 그 아이의 이름마저 가물가물한 친구가 있을 것이다. 그렇다면, 당신은 이 친구와 1년 동안 만났다고 자신 있게 말할 수 있을 것인가? 『어린 여행자 몽도』에서 몽도는 한 마디도 이야기해보지 않고 진심으로 통하는 친구를 만든다. 이런 만남. 서로 진심으로 소통하며, 마음을 나누고, 신뢰하고, 존중하고, 사랑을 해야만 나는 비로소 그것이 진정한 만남이라고 여길 것이다.

이 책은 한강 선생님이 미국 아이오와시티에서 3개월 동안 가진 만남에 관한 책이다. 그리고 3개월 동안 만난 열 명 남짓의 친구들과의 만남이 이 책 속에 스며들어 있다. 이 만남의 기록들을 읽으면 너무도 진실해서 마치 그 친구들이 내 곁에 있는 것 같다. 심지어는 단지 한강 선생님의 짧은 추억과 일화를 읽는 것만으로도 내가 그 친구들과 편하게 이야기할 수 있을 것 같은 생각이 들기도 한다. 3개월이라는 짧은 시간 동안 말 그대로 같은 공간에 존재하기만 하였다면 이름과 얼굴만 간신히 아는 사이가 될 수도 있었을 것이다.

하지만 한강 선생님은 4년이 지난 지금(출간 당시 2003년)에도 그녀의 친구들이 마치 내 곁에 있는 것처럼 편안한 느낌을 주도록 그녀의 친구들을 잘 표현하셨고 그들이 함께 했던 소소한 대화 내용까지도 다 기록해놓으셨다. 책에 수록된 한강 선생님과 친구들의 대화와 그들의 편지를 보면 그들이 몇 년은 함께 있었다는 착각을 할 정도이다. 만약 한강 선생님이 그녀의 친구들과 진정한 만남 없이 이 책을 쓰셨다면, 나에게 이런 생각이 들지 않았을 뿐더러 이 책이 진실한 만남으로 가득 차 있다는 느낌을 받지 못했을 것이다. 진정 마음으로 만났다는 조그맣고도 커다란 기적이 있었기에 이 책은 얇지만 정말로 큰 메시지와 의미를 전달하고 있었다. 진정한 만남이 점점 뜸해지는 요즘, 당신은 과연 몇 번이나 진정한 만남을 하였는가?

'책 한 권 더 읽을 시간에 수학 문제라도 하나 더 풀지'라고 생각한다면 분명 오산이다. 우리는 학생이기 이전에 행복과 사랑을 꿈꾸는 청소년이기 때문이다. 우리는 이 책을 통하여 일상의 행복을 놓치지 않는 청소년이 될 수 있을 것이다. 주위를 한 번 둘러보자. 우리 생활 속에서의 소소한 모든 일상이 우리에게 크나큰 축복과 선물이라는 것을 잊어서는 안 된다. 눈앞의 급급함과 세상살이에 이런 사실을 잊고 있지는 않은가? 하지만 우리에게 진정 행복을 주는 것은 좋은 성적, 좋은 대학만이 아니다. 우리에게 이런 행복한 일상이 없다면? 가장 근본적이며 기본적인 행복을 박탈당하는 것이 될 것이다. 일상에 감사하는 마음과 사랑, 행복함은 시대와 공간을 막론하고 정말 중요하고 소중한 가치라는 점을 명심하자.

자신에게 주어진 모든 행복을 누리고 사는 우리가 되기 위해, 앞으로 우리가 이끌어갈 세상은 일상에 감사하고 충만한 사람들로 가득 차 있도록, 한강 선생님의 진실하고, 울림이 있고, 살아 있는 글 《INDIGO +ing》 1호(한강 선생님 인터뷰 참고)를 추천한다. 아마 읽은 후 진정한 가슴 떨림을 느낄 수 있을 것이다. **임하람**

《INDIGO +ing》: 선생님께서는 왜 우리 청소년들에게 문학이란 것이 필요하다고 생각하십니까?

한강 : 저에게 청소년기는 참으로 힘든 시간이었습니다. 인간이란 무엇인지, 살고 죽는 것은 무엇인지, 나는 무엇을 할 수 있는지 등의 풀리지 않는 의문들을 붙들고 씨름하며 문학작품들에서 많은 위로를 받았습니다. 시공간은 달랐지만 나와 같은 고민을 했던 수많은 사람들의 목소리를 들으며 그 의문들을 변형시키고, 새롭게 하고, 더 어둡게도, 빛을 던지게도 하며 성숙의 의미를 어렴풋이 알아갔다는 생각이 듭니다. 청소년기는 자신을 형성해가는 시기이니만큼, '인간학'이라 할 수 있는 문학을 접하는 것은 자신을 알아가고 인간을 탐구하며 이 세계의 의미를 짚어가는 과정에서 큰 힘이 되리라 믿습니다.(《INDIGO +ing》 1호, 85쪽)

**나의 생각지도** ·······································································································

· 사랑이 아니면 인생은 아무것도 아니야.

· 내 삶 속 아련한 추억들의 흔적, 그리고 꿈을 되새겨보았다.

· 작고 소박했던 내 생애 최초의 여행이었다.

· 지친 나그네의 겉옷을 벗기는 것은 강한 태풍이 아니라 따스한 햇살이다.

# 어느 소녀의 '때론 아프고, 때론 불꽃 같은' 삶

『내 생애 단 한번』, 장영희 지음, 샘터

전 그녀를 직접 보지는 못했지만 알 수 있습니다. 그녀가 목발을 짚고 환히 웃는 얼굴로 세상을 향해 사랑을 외치고 있다는 것을 말입니다.

이 책의 표지에 주목해주세요. 정말 책을 읽고 싶게 만들지 않나요? 반짝이는 나비 한 마리가 부드러운 날갯짓을 하며 우리들에게 사랑을 속삭이는 듯합니다.

아침부터 일찍 회사를 가기 바쁜 사람들을 위해 새벽부터 길거리에 나와 김밥을 파는 인심 좋은 아주머니. 집이 부유한데도 불구하고 어린 아이들을 위해 맛있는 떡볶이를 만들어 학교 앞에서 파는 할머니. 사고로 한쪽 팔을 잃었지만 아내와 아이들의 생계를 책임지기 위해 끝까지 가장의 자리를 지키는 한 아버지의 모습. 시력을 잃고, 말을 할 수 없고, 남의 이야기를 들을 수도 없지만 희망을 잃지 않고 살아간 헬렌 켈러. 살아가면서 희망을 가지고 열심히 살아가는 이 분들은 한마디로 대단합니다. 이들은 자신들의 길고도 짧은 삶을 멋지게 살았고 존경받을 만한 인물들입니다. 이런 사람들 중 한 분이 바로 장영희 선생님입니다.

'수필이란 인생과 자연에 대한 체험과 관조를 형식에 구애받지 않고 자유롭게 표현한 산문의 한 갈래. 형식의 자유성, 소재의 다양성, 비전문성, 유머, 위트, 비평의 글이라는 특성을 갖는다'고 합니다. 이것이 수필의 정의입니다. 수필은 하늘을 자유롭게 날아다니는 새처럼 한 사람의 인생을 글의 형식에 얽매이지 않고 부드럽게 표현할 수 있습니다. 그런 수필로 그녀의 자유로운 마음을 소개한 책이 바로 이 책입니다. 그녀는 '작은 것에 감사할 줄 알아야 하고, 모든 것에 관심을 가지고 사랑할 줄 알아야 하며 '나'라는 존재는 정말 소중한 것이다'라는 것을 이 책을 통해 가르쳐주고자 합니다. 읽게 되면 우리는 스스로의 인생에 대해 좀더 깊은 관심을 가지게 될 것입니다. 장영희 선생님은 어릴 때 소아마비라는 큰 병 때문에 힘들게 걸으십니다. 긴 인생을 목발과 함께 살아오신 분이죠. 내용에는 그녀의 많은 에피소드가 나오고 그 크고 작은 이야기들을 통해 우리는 나름대로의 인생수업을 받을 수 있습니다. 이 아름다운 책으로 말입니다. 물론 인생은 아주 넓기 때문에 모든 것을 배울 수는 없지만 아마 삶에 큰 도움이 되리라 생각합니다.

그녀는 자신만의 삶의 경험들을 통해 교훈을 주려고 하셨는데요, 책의 예화에 보면 그녀는 이렇게 말했습니다.

"It is silly not to hope. It is a sin!"

희망을 버리는 것은 죄악이다. '희망'이라는 사소하면서도 큰 가치는 그녀의 삶의 일부를 차지합니다. 그녀는 어릴 때부터 '소아마비'라는 삶의 어려움을 누구보다도 먼저 접했기 때문에 희망에 대해 누구보다도 큰 믿음을 가지고 있습니다. 희망은 꿈을 실어다 주고 실현할 수 있게 동기를 부여한다고 생각하기 때문입니다. 그래서 그녀는 '희망찬 삶'을 실현시키기 위해 '문학'이라는 소재를 사용했습니다. '문학', '책'이라는 친구와 함께 자신의 불편함, 슬픔을 나누며 함께 삶을 살았습니다.

그녀의 예화 중 독자의 가슴을 찡하게 만든 글을 하나 더 소개해볼까 합니다. 〈어느 가작 인생의 봄〉이라는 글의 내용인데, 글을 아주 잘 쓰는 그녀의 고등학교 친구 '은미'라는 분이 자살한 이야기가 주 내용입니다. 그리고 선생님은 그 일을 계기로 삶의 교훈을 얻으셨습니다.

어쩌면 우리들은 모두 '삶'이라는 책의 작가들이다. 프랑스 작가 조르주 상드는 "삶이라는 책에서 한 페이지만 찢어낼 수는 없다"고 했다. 그렇지만 한 페이지만 찢어내지 못한다고 해서 책 전체를 불살라야만 하는가? 우리들 각자가 저자인 삶의 책에는 절망과 좌절, 고뇌로 가득 찬 페이지가 있지만 분명히 기쁨과 행복, 그리고 가슴 설레는 꿈이 담긴 페이지도 있을 것이다.

나는 결코 은미와 같은 재능을 타고나지 못했고, 아무리 기를 쓰고 노력해도 울프나 이장희같이 훌륭한 작가가 될 수 없음을 잘 알고 있다. 이제껏 그랬던 것처럼 나는 앞으로도 매일매일 내가 읽는 훌륭한 작가들의 재능을 부러워하고 나의 무능을 한탄하며 영원한 '가작 인생'으로 남을 것이다.

하지만 나는 회색빛의 암울한 겨울을 견뎌내고 고개 내미는 새싹에서 희망을 배운다. 찬란하게 빛나는 저 태양에서 삶에 대한 열정을 배운다. 화려한 꽃향기를 담은 바람에서 삶의 희열을 배운다.

백합 향기에 취해 죽기보다는 일상의 땀 내음 속에서 살고 싶기 때문이다.

사실 '자살'이라고 하는 것은 참 위험하고도 어리석은 짓입니다. 한 번의 충동으로 생의 끝을 택하는 길이기 때문입니다. 아주 사소한 잘못으로 여태까지 멋지게 잘 살아온 인생을 불태워버리는 일은 하지 말아야 합니다. 어쩌면 '자살'은 인간의 가장 큰 잘못이자 불효일지도 모릅니다. 그녀의 아픈 기억에 대한 회상을 통해 우리는 또 한 번 '삶을 스스로 마감하는 것은 죄악이다'라는 교훈을 얻습니다. 위의 일화는 그녀의 인생이라는 책 중 한 줄에 불과하다고 생각합니다. 동화 같은 그녀의 이야기들을 제가 하나하나 다 소개해드리고 싶지만 글이 너무 길어지기 때문에 여기서 마칩니다. 책을 읽음과 동시에 감동을 전해주는 『내 생애 단 한 번』. 그녀의 아프지만 불꽃같은 삶을 아름답게 말해주는 책. 메마른 날들, 그때마다 우리에게 시원한 바람이나 단비 같은 느낌을 갖게 해줄 것입니다. **박나원**

**나의 생각지도** ·······································································

· 글이란 놈은 정말 괜찮은 친구다.

· '진짜' 사람이 되려고 한다.

· 내가 꾸는 꿈은 이 세상에 단 하나뿐인 소중한 것이다.

· 다른 사람의 마음의 성역을 침범하는 것을 죄일까.

**우리가 뽑은 추천도서 목록**

· 한국 문학의 위상 | 김현 지음 | 문학과지성사 | 1996

· 나무야 나무야 | 신영복 지음 | 돌베개 | 1997

· 문학이란 무엇인가 | 유종호 지음 | 민음사 | 1998

· 잃어버린 시간을 찾아서 1~11 | 마르셀 프루스트 지음 | 김창석 옮김 | 국일미디어 |
1998

· 19 그리고 80 | 콜린 히긴스 지음 | 정성호 옮김 | 문예출판사 | 1999

· 내 여자친구의 장례식 | 이응준 지음 | 문학동네 | 1999

· 언문세설 | 고종석 지음 | 열림원 | 1999

· 이윤기의 그리스 로마 신화 1, 2, 3 | 이윤기 저 | 웅진지식하우스 | 2000, 2002,
2004

· 시간으로부터의 해방 | 이베타 게라심추쿠 외 지음 | 류필하 외 옮김 | 자인 | 2000

· 올페는 죽을 때 나의 직업은 시라고 하였다 | 남진우 지음 | 열림원 | 2000

· 우리글 바로 쓰기 1, 2, 3 | 이오덕 지음 | 한길사 | 2000

· 트레버 | 캐서린 라이언 하이디 지음 | 공경희 옮김 | 뜨인돌 | 2000

· 그림으로 보는 황금가지 | 제임스 조지 프레이저 지음 | 까치 | 2001

· 모두 아름다운 아이들 | 최시한 지음 | 문학과지성사 | 2001

· 시의 길을 여는 새벽별 하나 | 김상욱 지음 | 푸른나무 | 2001

· 책상은 책상이다 | 페터 빅셀 지음 | 이용숙 옮김 | 예담 | 2001

· 춘아, 춘아, 옥단춘아, 네 아버지 어디 갔니? | 이윤기 외 대담 | 민음사 | 2001

· 픽션들 (보르헤스 전집 2) | 호르헤 루이스 보르헤스 지음 | 황병하 옮김 | 민음사 |
2001

· 한시미학산책 | 정민 지음 | 솔 | 2001

· 까만기와 1, 2 | 차오원쉬엔 지음 | 전수정 옮김 | 새움 | 2002

· 빨강머리 앤 | 루시 M. 몽고메리 지음 | 김경미 옮김 | 시공주니어 | 2002

· 월든 | 헨리 데이비드 소로 지음 | 한기찬 옮김 | 소담출판사 | 2002

· 자유인 루쉰 | 박홍규 | 우물이있는집 | 2002

· 한계전의 명시 읽기 | 한계전 지음 | 문학동네 | 2002

· 15소년 표류기 | 쥘 베른 지음 | 조한기 옮김 | 삼성출판사 | 2003

· 버드나무에 부는 바람 | 케니스 그레이엄 지음 | 어니스트 하워드 쉐퍼드 그림 | 신수진 옮김 | 시공주니어 | 2003

· 살아갈 날들을 위한 기도 | 윤구병 외 지음 | 화니북스 | 2003

· 숭어 도둑 | 이청준 지음 | 디새집(열림원) | 2003

· 옛 우물에서의 은어낚시 | 이남호 엮음 | 작가정신 | 2003

· 카프카, 권력과 싸우다 | 박홍규 저 | 미토 | 2003

· 퇴계와 고봉 편지를 쓰다 | 이황, 기대승 편지 | 김영두 엮음 | 소나무 | 2003

· 현대시 100년 한국명시감상1~4 | 김재홍 편저 | 문학수첩 | 2003

· 내 이름은 빨강 1,2 | 오르한 파묵 지음 | 이난아 옮김 | 민음사 | 2004

· 말이 올라야 나라가 오른다 1 | 김세중, 남영신 외 지음 | 한겨레신문사 | 2004

· 미쳐야 미친다 | 정민 지음 | 푸른역사 | 2004

· 세계 신화 사전 | 낸시 헤더웨이 지음 | 신현승 옮김 | 세종서적 | 2004

· 소설처럼 | 다이엘 페낙 지음 | 이정임 옮김 | 문학과지성사 | 2004

· 신경림의 시인을 찾아서 | 신경림 지음 | 우리교육 | 2004

· 이중섭 평전 | 고은 지음 | 향연 | 2004

· 한용운 평전 | 고은 지음 | 향연 | 2004

· 꽃들의 웃음판 | 정민 지음 | 김점선 그림 | 사계절 | 2005

· 말이 올라야 나라가 오른다 2 | 권재일 외 지음 | 한겨레신문사 | 2005

· 문학의 숲을 거닐다 | 장영희 지음 | 샘터 | 2005

· 세계의 동화 | 크리스치안 슈트리히 지음 | 김재혁 옮김 | 현대문학 | 2005

· 헬렌켈러 자서전 | 헬렌 켈러 지음 | 이창식, 박에스더 옮김 | 산해 | 2005

- 고전문학사의 라이벌 | 정출헌 외 지음 | 한겨레출판 | 2006
- 내 인생을 바꿔놓은 열일곱 살의 바다 | 린 콕스 지음 | 이종훈 옮김 | 북폴리오 | 2006
- 네가 헛되이 보낸 오늘은 어제 죽은 이가 그토록 그리던 내일이다 | 원재훈 지음 | 문학동네 | 2006
- 다산선생 지식경영법 | 정민 지음 | 김영사 | 2006
- 돌이 아직 새였을 때 | 마르야레나 렘브케 지음 | 김영진 옮김 | 시공사 | 2006
- 모국어의 속살 | 고종석 지음 | 마음산책 | 2006
- 생일 | 장영희 지음 | 김점선 그림 | 비채 | 2006
- 작은 것들의 신 | 아룬다티 로이 지음 | 황보석 옮김 | 문이당 | 2006
- 체인지링 | 오에 겐자부로 지음 | 서은혜 옮김 | 청어람미디어 | 2006
- 평화를 위한 글쓰기 | 김우창 엮음 | 민음사 | 2006
- 내 안의 빨강머리 앤 | 루시 M. 몽고메리 지음 | 황의웅 옮김 | 랜덤하우스코리아 | 2007
- 빛깔이 있는 현대시 교실 | 김상욱 지음 | 창비 | 2007
- 어린왕자를 찾아서 | 김화영 지음 | 문학동네 | 2007
- 우주의 사투리 | 고은 지음 | 민음사 | 2007
- 프리덤 라이터스 다이어리 | 에린 그루웰 지음 | 박태훈 옮김 | 랜덤하우스코리아 | 2007
- 이상문학상 수상작품집 | 문학사상사
- 문학과 지성사 소설명작선(동백꽃, 독짓는 늙은이, 눈길, 둔황의 사랑, 새의 말을 듣다 등)
- 오늘의 작가총서 | 민음사
- 민음사 세계 문학전집(데미안, 나르치스와 골드문트, 호밀밭의 파수꾼, 동물농장, 허클베리핀의 모험)
- 박홍규의 평전 시리즈 모음

**역사 · 사회**

# 역사와 사회, 그 씨줄과 날줄로 세상을 읽다

"왜 이렇게 외울 게 많아!", "이해가 하나도 안 돼!" 국사시험과 사회시험을 치기 전 교실은 이런 아이들의 아우성으로 가득합니다. 언젠가부터 우리들에게 어렵고 외울 것 많고 이해되지 않는 과목이 되어버린 국사와 사회. 이렇게 아이들이 국사와 사회란 과목을 싫어하게 되고 그러니 자연스럽게 교과서와도 멀어졌으며 이와 관련된 책도 읽지 않게 되었습니다. 교과서는 우리가 가장 가깝게 대할 수 있는 그리고 꼭 알아야 할 내용이 담긴 가장 기초적인 책입니다. 이런 기초적인 책마저 읽지 않으니 더 넓은 내용을 담고 있는 책에는 관심조차 없을 수밖에요.

하지만 역사·사회는 정말 재미있는 분야입니다. 어떤 분야의 글을 쓰고 싶냐는 물음에 바로 역사·사회를 쓰고 싶다고 말한 것처럼 이 둘은 사람을 이끌게 하는 묘한 매력이 있습니다. 마치 양파처럼. 벗겨도 벗겨도 나오는 양파처럼 말입니다. 역사는 알면 알수록 나를 알게 하고 우리를 알게 하고 내 나라를 알게 하며 사회는 새로운 앎과 진실 그리고 소중한 가치를 알려줍니다. 역사와 사회를 싫어하는 아이들을 보며 "아, 알고 보면 이들도 너무나 재미있는 분야인데……" 하며 안타까운 마음이 들었습니다. 그래서 저희는 역사·사회에서 꼭 알아야 하며 너무나 재밌고 우리의 가슴과 머릴 일깨워줄 그런 아홉 권의 책을 소개하려 합니다. 우리의 역사에서부터 오늘날 세계의 가치까지 이 아홉 권의 책들은 우리가 몰랐던 사실과 흥미로운 내용들로 겹겹이 쌓여 있습니다.

먼저 한·중·일 세 나라가 공통으로 기획하고 제작한『미래를 여는 역사』 동아시아 3국의 근현대사를 담은 책으로 역사왜곡, 교과서왜곡으로 얼룩진 3 국의 이해관계를 배제하고 객관적 입장에서 여러 사진들과 함께 우리의 이해 를 돕고 있습니다. 우리의 훌륭한 문화재를 과학적인 시각에서 다룬『우리 역 사 과학기행』. 우리 조상님들의 슬기와 지혜를 엿볼 수 있습니다. 다음은『국 경 없는 마을』입니다. 요즘 우리나라 인구에서 급격히 늘어나고 있는 사람들 이 바로 코시안들입니다. 코리안과 아시안의 준말 코시안. 얼굴색이 다르고 다른 핏줄이 섞였다는 이유로 소외받고 있는 그들의 얘기를 다루고 있습니다.

현재 우리나라는 넘치는 외래문명으로 우리의 문화와 정체성을 위협받고 있습니다. 사람들은 누구랄 것도 없이 외래문명이 좋다 하여 우리의 것은 잘 알지도 못한 채 무조건적으로 수용하고 있습니다. 이러한 현실과 문제점을 다 룬 것이『난 몇 퍼센트 한국인일까?』입니다. 여러분은 한글이 없는 세상을 상 상해본 적 있습니까? 모든 생활을 영어로 하게 된다면요? 이 책『한국어가 사 라진다면』에선 영어공용화가 시행됨으로써 변화하는 우리의 500년을 그리고 있으며 책 속에 나타나는 미래는 우리에게 많은 것을 느끼고 생각하게 합니 다. 이 세계에는 우리가 알아야 하고 고쳐야 할 가치들이 너무나 많습니다. 책 에선 여러 분야의 권위 있는 분들과 학생들이 모여 그 가치에 대해 뜨거운 논 쟁을 벌이는데 그 뜨거운 논쟁의 현장을 생생하게 담아놓은 것이『오늘의 세 계적 가치』입니다.『지식e』는 EBS에서 방영하는〈지식채널e〉를 재구성한 책 으로 우리가 삶을 살아가는 데 꼭 필요한 앎들이 담겨 있습니다. 각각의 짧은 이야기들은 때론 우릴 울리고, 때론 우릴 기쁘게 하며 책을 읽는 내내 가슴을 요동치게 합니다.

현재 대부분의 나라는 자본주의 체제를 유지하고 있습니다. 자본이 세계를 잠식함으로써 일어나는 문제점들과 그 대체방안을 담고 있는 책인『자본의 세계화, 어떻게 헤쳐 나갈까?』는 우리가 어렵게만 생각하는 자본에 대해 쉽고 자세하게 설명하고 있습니다. 마지막 책『세계의 빈곤, 누구의 책임인가?』, 현대세계에선 너무 많이 먹어 비만으로 죽어가는 사람이 있고 또 한편에선 못 먹어 굶어 죽는 아이들이 넘쳐나고 있습니다. 이제 빈곤과 기아 등의 문제는 그 나라만의 문제가 아닌 나의 문제이며 세계 전체의 문제이고 그 심각성은 날로 더해지고 있습니다. 책에선 빈곤의 심각성과 문제점 그리고 그 대책에 대해 자세하게 얘기하고 있습니다.

이렇게 총 아홉 권의 책 소개를 간단히 정리해보았습니다. 아홉 권 모두 양파처럼 읽으면 읽을수록 흥미롭고 진한 감동을 느낄 수 있는 책들입니다. 두껍다고 어렵다고 무조건 멀리하지 않았으면 좋겠습니다. 즐거운 마음으로 책을 읽는다면 더 가깝게 친한 친구처럼 책을 대할 수 있을 것입니다. 교과서는 공부를 하는데 있어 가장 기본적인 책이지만 너무나 편협된 좁은 시각으로 그 내용을 서술하고 있습니다. 교과서보다 좀더 넓고 자세한 내용을 다룬 책을 본다면 역사 사회에 많은 흥미를 가지고 쉽게 다가갈 수 있을 것입니다. 요즘 청소년들은 국제화란 이름 아래 영어와 수학 등 입시관련 교과에만 매달려 있습니다. 하지만 내 나라의 역사와 사회를 알지 못한다면 국제화 시대에 진정한 세계시민이 될 수 없습니다. 세계를 제대로 바라보기 위해선 나를 알고 내 나라를 알며 우리 것을 지킬 줄 알아야 세계로 뻗어 나갈 수 있기 때문입니다. 어떠세요? 알맹이가 꽉 찬, 벗겨도 벗겨도 알찬, 눈물 나게 매운 양파처럼 너무나 유익하여 읽어도 읽어도 또 읽고 싶은, 때론 우리에게 눈물과 감동, 정의를 알게 하는 아홉 권의 책. 한 번 읽어보지 않으시겠어요?

# 과거 속에서 찾는 미래

『미래를 여는 역사』, 한중일3국 공동역사편찬위원회 지음, 한겨레신문사

한국, 중국, 일본, 이 세 나라는 떼려야 뗄 수 없는 사이입니다. 예부터 서로 긴밀한 관계를 유지하며 함께 교류하고 발전했던 세 나라. 하지만 이 세 나라가 항상 좋은 관계만 유지하고 있었던 것은 아닙니다. 일제강점기, 청일전쟁, 만주사변 등 과거의 여러 아픔을 가지고 있으며 동북공정, 독도문제, 교과서왜곡 등 아직 해결해야 할 문제들이 많이 남아 있습니다. 이 책은 한·중·일 3국이 공동으로 기획하고 집필하여 동시에 출판한 최초의 동아시아 공동 역사 교재로서 일본의 역사왜곡에 맞서 3국의 학자가 꼼꼼히 검토하여 만든 책입니다. 한·중·일 세 나라의 시작, 교류, 발전 그리고 일제강점기와 중국 민중에 대한 일본군의 잔학행위, 아직 청산되지 않은 과거와 앞으로 세 나라가 나아가야 할 길까지, 서장인 '개항 이전의 삼국'에서부터 종장인 '동아시아의 평화로운 미래를 위하여'로 끝이 나는 이 책은, 3국의 문제들을 편협한 국수주의에 얽매이지 않고 우리가 꼭 알아야 하는 진실되고 중요한 내용들을 담고 있습니다.

얼마 전 우리나라는 중국의 동북공정으로 떠들썩했습니다. 거의 모든 것이 마무리된 동북공정. 하지만 우리나라에는 그것이 무엇인지조차 모르는 사람들이 많았습니다. 어느 프로그램에서는 이를 자세히 다루면서 우리나라 사람들에게 동북공정이 얼마나 무서운 일이며 심각한 일인지 일깨워주었고 이뿐만 아니라 세계 곳곳에 있는 우리나라 문화재들을 환수하기 위해 여러 노력을 하였습니다. TV를 보면서 이제라도 이렇게 해서 다행이라는 생각도 들었지만 한편으로는 우리가 우리의 역사에 대해 너무 무관심했다는 생각도 들었습니다.

동북공정뿐만 아니라 독도문제, 역사왜곡문제도 마찬가지입니다. 뉴스에 한 번 보도가 될 때마다 그때만 흥분하고 분노를 하지만 이 이야기가 수그러들면 그 관심은 언제 그랬냐는 듯 사라지고 맙니다. 역사문제는 한 번의 관심으로 해결될 일이 아닙니다. 모든 국민이 지속적으로 관심을 가지고 노력을 해야 바뀌고 이루어지는 것입니다. 한·일 관계에서 가장 중요한 문제인 과거

청산도 마찬가지입니다. 아직까지 위안부문제, 원자폭탄문제 등 해결되지 않은 문제들이 너무나 많습니다. 그리고 벌써 이루어졌어야 할 우리나라 안에서의 과거청산조차 이루어지지 않고 있습니다. 사람들의 관심이 지속적으로 이루어졌다면 벌써 끝났을 문제인데 우리의 무관심이 한·일 관계를 늘 그 자리에 머물게 하는 것 같습니다.

하지만 더욱 심각한 것은 중국의 동북공정문제입니다. 동북공정이 무엇인지 모르는 사람들이 더 많으며 이것이 얼마나 무서운 일인지 모르고 있습니다. 어떻게 보면 일본의 역사왜곡보다 더 무서운 것이 중국의 동북공정입니다. 일본의 역사왜곡은 부분을 왜곡하는 것이지만 중국의 동북공정은 우리나라 역사 모두를 부정하는 것이며 반만년의 역사를 가진 우리 민족의 전체를 부정하는 것입니다.

우리는 동북공정에 대해 너무나 모르고 있었습니다. 우리의 관심도 부족했지만 정부와 언론의 관심도 너무나 부족했습니다. 중국에서 이런 일이 일어나고 있다면 국민에게 바로 알리고 적극적인 정책을 통해 이를 제지하고 우리도 그에 맞는 여러 대책을 세웠어야 했습니다. 하지만 우리 정부는 이에 대해 너무 소극적인 태도를 보였고 국민들이 이를 알고 대대적인 관심을 보이자 정부도 이에 관한 정책을 세우기 시작했습니다. 일이 이렇게 심각한 지경에 오기까지 우린 도대체 무엇을 한 것일까요? 일본과의 관계에선 알면서도 대책은 세우지 못하고 화만 내기에 급급했고 중국과의 관계에서는 아예 무슨 일이 일어나는지조차도 모르는 그런 어리석음을 보였습니다. 이제부터라도 더 많은 관심으로 한·중·일 관계를 극복하는 데 많은 노력을 해야 할 것입니다.

이젠 세 나라가 서로의 땅을 자기의 땅이라 주장하고 서로의 역사를 왜곡하는 잘못된 일은 하지 않아야 할 것입니다. 자신의 잘못된 과거를 사과하고 청산하여 세 나라 모두가 새로운 미래를 위해 함께 걸어 나가야 하는 것입니다. 독일 같은 경우 과거 자신들의 만행을 마음속 깊이 반성하고 사죄하며 과거에서 벗어나 교과서를 공동으로 편찬하는 등 함께 나아가는 길들을 모색하고 있습니다. 동북아 세 나라도 이를 본받아야 할 것입니다. 우리나라에선 일본과 중국의 교과서 왜곡에 대해 왈가왈부하고 있지만 우리 역사교과서에서도 왜곡은 많이 찾아볼 수 있습니다. 교과서는 장차 나라를 이끌어 갈 학생들이 배우는 지침서로서 그 어떤 문제보다 중요한 문제입니다. 학교에서 배우는 교과서는 너무나 좁은 시야에서 역사를 서술해놓았기에, 이 세 나라의 역사와 얽혀 있는 여러 문제에 대해 알고 이해하기에 힘이 듭니다. 또한 요즘 청소년들에게 교과서는 시험기간에 외울 것 많고 이해하기 어려운, 그래서 펼쳐보기 싫은 그런 책이 되어버렸습니다. 우리는 조금 더 많은 관심을 가지고 더 많은 책을 읽음으로써 여러 지식을 쌓고, 다가오는 세 나라의 미래에 밝은 빛을 비출 수 있는 준비된 사람이 되어야 할 것입니다. **이서연**

**나의 생각지도** ·······························································································

· 우리가 올바른 역사의식을 가져야 할 이유와 방법을 찾아보았다.

· 우리는 왜 3국이 공동편찬한 역사책을 읽어야 하는가?

· 앞으로의 역사, 우리가 만들어갈 역사는 어떠한 것일까?

· 아픔을 넘어서서 미래의 동반자가 되고 싶다.

# 새로운 시각으로 보는 우리의 문화재

『우리역사 과학기행』, 문중양 지음 , 동아시아

세상에서 제일 싫은 과목을 말하라고 하면 저는 과학이라고 대답할 것입니다. 어렸을 적에는 호기심도 많고 신기한 것도 많아서 과학을 좋아했었지만 지금은 이해도 잘 안 되고 알고 싶어도 몰라 답답하고 갑갑한, 그런 과목이 되어버렸습니다. 저처럼 관심은 있는데 이해는 잘 되지 않는, 그런 학생들이 많을 것입니다. 이런 과학을 이해하기 쉽게 도와주는, 우리나라의 문화재를 통해 과학에 대한 흥미와 신비로움을 되찾게 해주는 책이 있습니다. 바로 『우리 역사 과학기행』입니다.

『우리 역사 과학기행』에서는 우리가 흔히 보아오기는 했지만 그 속에 창조적이고 놀라운 비밀기술들이 숨겨져 있는지는 잘 몰랐던 여러 문화재들에 대해 알려주는 책입니다. 처음 표지를 보고는 조금 딱딱해 보였지만, 내용은 알차고 이해하기 쉬웠습니다. 보통 박물관에 가면 팸플렛에는 정말 간단하게 요약되어 있고, 딱딱한 느낌인데, 이 책은 알기 쉽게 흥미를 유발시킵니다. 제가 제일 관심 있어 하는 부분은 거북선에 대해 설명하는 부분과 훈민정음에 대해 나와 있는 이야기입니다.

먼저, 거북선에 대해서 알아봅시다. 아시다시피 우리나라의 조선기술은 상당히 많이 발전되어 있었습니다. 그런 손재주가 지금 조선산업이 상위권을 달리는 데 기반이 되었나 봅니다. 그런 조선산업의 증거가 되는 것. 바로 거북선입니다. 거북선은 그 위력이 대단합니다. 판옥선이라는 배의 윗부분을 약간 바꿔서 가시로 덮히게 하고, 1층 갑판 안에서는 사람이 들어가 화살에 구애받지 않고 열심히 노를 저을 수 있는, 그런 공간을 안쪽에 만들어 놓았습니다. 2층은 전투공간으로 사령부가 자리하는 '장대'라고 불리는 누대를 높이 쌓아 올렸고, 갑판 둘레에는 각종 화포를 장착하고 방패를 둘렀습니다. 그리고 2층의 넓은 전투 공간은 2층이다 보니 훨씬 높은 위치에 있게 되어, 공격하기 때문에 공격력이 막강해집니다. 거북선은 판옥선의 구조에 그대로 덮개만 덮으면 1, 2층으로 분리된 거북선이 됩니다. 노를 젓는 공간과 전투공간이 분리 된 셈이죠. 이 배는 덮개를 덮음으로써 접근전에 강한 일본 수군이 뛰어 들어오지 못했고, 배에 가시가 박혀 있기 때문에 깊숙이 파고드는 돌격용으로 사용되있습니다. 이렇게 거북선은 다른 배들과는 달리 성능이 뛰어났고, 더욱더 튼튼했습니다. 이런 거북선은 우리에게 남다른 의미였습니다. 가난했던 때, 박정희 정부는 이순신을 나라를 위기에서 구한 영웅의 표본으로 삼아 국민들이 경제성장에 이바지할 수 있도록 독려했습니다. 거북선은 그러한 영웅이 창시한 신비로운 세계 최초의 철갑선이었습니다. 일제 식민지 시절, 조선의 모든 것을 부정하던 일본인 학자들도 오직 거북선만은 인정하였습니다.

그리고 두 번째, 훈민정음입니다. 지금 우리가 쓰고 있는 한글, 이 한글을 창시한 세종대왕은 정말 존경해야 하는 분입니다. 세종대왕이 없었더라면, 우리는 우리의 언어가 아닌 다른 나라의 언어를 사용하고 있었겠지요. 이 한글로 인해서 우리는 민족의 주체성이 확립되고, 민족의 얼이 하나로 뭉칠 수 있었으며, 공동체 의식이 더욱더 결연해졌습니다.

훈민정음이란 우리말의 표기체계인 한글의 본래 이름이자 책 이름이기도 합니다. 세종대왕이 "우리나라의 말이 중국말과 달라서, 한자와는 서로 통하지 아니하므로, 이런 까닭에 어진 백성들이 말하고 싶은 것이 있어도, 그 뜻을 담아서 나타내지 못하는 사람이 많으니라. 내가 이것을 딱하게 여겨 새로 스물여덟 글자를 만들어, 초성, 중성, 종성이 모여서 하나의 글자를 이루니, 모든 언어의 소리들을 표현함이 무궁하다. 모든 사람으로 하여금 쉽게 깨우쳐 날로 씀에 편하게 하고자 할 따름이니라"라고 말씀하셨습니다.

이것은 간단한 기록에 불과하나 표음문자로서 음소 세 개가 모여 음절 단위로 하나의 글자를 이루면서 무궁한 소리들을 표현할 수 있다는 한글의 과학적 성격이 분명히 나타나 있습니다. 훈민정음의 창제자들은 현대 언어학에서 판단하는 한글의 장점을 명확히 인식하고 있었던 것이죠. 세종은 훈민정음을 만들고 다듬어 3년이 지나서 새로운 문자체계를 정리한 『훈민정음』을 편찬했습니다.

하지만, 중국과 다른 우리의 독자적인 글자가 필요하다는 창제 이유에서 우리 글자가 없어 불편했다는 말이 어떤 의미일까요? 당시에는, 지배자의 유교적 사회이념과 지식체계를 이용해 새로운 왕조의 국가체제를 안정되게 확립하려 했던 세종대왕의 학예정책을 살펴볼 필요가 있습니다. 조선이 국정교학으로 삼기 시작한 송대 성리학의 이념에 따르면 왕이 된 자가 참되게 나라를 다스리는 방법은 성인의 도를 실현하는 것이었습니다. 성인의 도를 표현하기 위해서는 언어라는 수단이 필요한데, 참되고 바른 언어가 확립되어 있지 않았기에 성인의 도를 실현하는 것은 불가능했던 것이죠. 한자라는 문자는 있었지만 중국과 우리의 말은 서로 달랐기 때문입니다. 같은 한자를 읽어도 중국과 다르게 읽었고, 그렇기 때문에 읽는 방식도 혼돈스런 상태였습니다. 이것이 바로 우리말을 정확히 표현할 수 있는 훈민정음의 탄생 계기입니다. 몇십 년, 몇백 년이 지났을 때 남아 있는 세계 각국의 언어는 추측컨대 약 5, 6개만 살아남는다고 합니다. 그 중에서 우리나라의 언어도 살아남는다고 합니다. 그만큼 뛰어난 것이지요. 하지만 우리는 우리나라의 언어를 소중히 다루지 않고, 함부로 사용하고 있습니다.

이 책 덕분에 저는 과학에 대해 생소함과 놀라움을 느끼게 되었고 부끄러워졌습니다. 제가 생각하던 과학은 늘 교과서에 나오는 식대로 공식을 외우는 과목이었습니다. 서구적인 문화를 따라가는 것처럼 과학도 우리나라 과학보다는 서양의 과학을 더 중시하게 되었던 게 아닐까요. 여태껏 우리가 배워온 과학은 서양과학에 지나치게 편중되어 있다는 것을 느꼈고, 서양 쪽에 편중된 지금의 과학보다는 동양의 놀라운 기술에 대해 알아가는 우리의 과학이 더 나을 듯 합니다. 이제는 우리과학의 역사를 알고, 그런 과학의 미래를 열어가야 할 때이며, 편중되어 있는 과학의 균형을 맞춰야 할 시기입니다. 이 책을 읽고 우리나라의 여러 문화재에 깃든 신기한 과학기술과 그 기술이 있었던 역사에 대해 알아볼 수 있는 좋은 시간이 되었으면 좋겠습니다. **김수빈**

· 혼천시계, 별과 시간을 함께 보다.

· 죽어가고 있는 석굴, 다시 살려놓기는 어려운 석굴.

· 우리 것의 가치를 되찾는 것은 우리의 몫이다.

# 모두가 함께하는 세계 공동체

『국경 없는 마을』, 박채란 지음 , 서해문집

며칠 전, 인디고 서원에서 진행하는 '정의로운 세상을 꿈꾸는 청소년, 세계와 소통하다'에서 본 〈지식채널e〉의 영상 중 '혼혈아'에 대한 이야기를 보고는 저는 갑자기 코시안에 대해서 적어놓은 책인 『국경 없는 마을』이 생각났습니다. 끝나고 집에 와서 그 책을 찾아 다시 한 번 읽었습니다. 그러나 상황은 여전히 변화가 없었습니다. 그 책에는 아이들의 해맑은 웃음과 그 웃음 뒤의 이름 모를 슬픔만이 남아 있었습니다. 지난번에 이 책을 읽고 나서도 물론 많은 생각이 들었지만, 이번 〈지식채널e〉를 본 후 느끼는 바가 더 커졌습니다. 그리고 외국인 노동자에 대한 관심도 높아졌습니다.

외국인 노동자들이 들어온 지 20년 가까이 되었습니다. 우리나라가 비교적 물가가 싸고 일하기 좋다는 이야기를 들은 많은 동남아시아 사람들이 우리나라로 일하러 오게 되었습니다. 그러나 우리나라는 기업의 경쟁력 강화를 위해 외국인 노동자들의 값싼 노동력만을 받아들였을 뿐 정작 그들을 받아들일 준비가 되지 않은 상황이었습니다. 그 결과, 그들은 국적, 인종, 종교, 문화적 이방인으로 차별대우를 받으며 살아가고 있습니다. 대부분이 살아가는 환경이 좋지 않아 먹고 살기는 더욱 힘들어 졌습니다. 그런 와중에 자신이 사랑하는 한국인과 결혼하게 되고, 그 두 사람 사이에서 태어난 아이들이 바로 코시안입니다. 코시안은 '아시안+코리안'의 준말인데, 해마다 우리나라에 들어오는 외국인 노동자의 수가 늘어나면 늘어날수록 코시안의 수도 늘어가고 있습니다. 하지만 늘어나는 수에 비해 그들을 도와줄 수 있는 방도는 늘어나고 있지 않은 실정이라 문제는 날로 심각해지고 있습니다.

그런 외국인 노동자를 지원해주는 동네, 안산 원곡동의 안산 외국인 노동자 센터와 그 주위에 사는 외국인 노동자들의 이야기를 모아서 엮은 책이 바로 『국경 없는 마을』입니다. 아마도 이 동네는 다른 동네보다는 차별이 덜하고 서로 어울려 열심히 살아가기 때문에 국경 없는 마을이라고 불리는 것이 아닌가 싶습니다. 책에는 코시안이라는 이유로 차별받고 무시당하고 공부를 하고 싶어도 못하는, 그런 안타까운 이야기들이 많습니다. 차별을 하지 않으려고 해도 쉽지 않은 일입니다. 그런 차별을 없애기 위해서는 우선 그들을 동정 어린 눈빛으로 쳐다보는 것을 멈춰야 합니다.

　장애인은 우리와 똑같은 사람이지만 몸이 불편하거나 조금 다르게 생겼다는 이유로 동정하는 눈빛으로 바라보면 힘들다고 합니다. 외국인들도 마찬가지입니다. 똑같은 사람이지만 다르게 생겼고, 힘들게 살아간다는 우리의 고정관념 때문에 기분이 상한다고 합니다. 그런데 정말 이상한 것은 똑같은 외국인 두 명, 흑인과 백인을 두고 보면 우리가 호감이 가는 쪽은 백인이라는 사실입니다. 대부분의 사람들은 백인에게 호감을 가집니다. 우리는 서구적인 것을 부러워하고 따라하려고 하기 때문에 그런 것입니다. 외국인 노동자들 가운데 백인은 거의 없습니다. 피부색이 다르고, 우리와 생긴 모습이 다르다고 피합니다. 우리가 대하는 모습에 얼마나 많은 상처를 입게 될까요.

　입장을 바꿔서 생각해봅시다. 우리가 유럽이나 미국으로 공부하러 갔을 때 그곳 사람들이 우리를 싫어하고 무시하는 경우가 가끔 있습니다. 한 예로 얼마 전에 미국 버지니아 주에서 일어난 총기난사사건이 있습니다. 자신이 소외당함을 견디지 못해 총을 들고 교실에 늘어가 무작위로 총을 쏜 일입니다. 얼마나 힘들었으면 그런 사건까지 일어나게 되었을까요. 이렇게 생각해보면 그들의 어려움을 바로 알 수 있습니다. 우리는 차별하면서, 우리를 차별하는 사람은 미워하고……. 뭔가가 모순이 있는 문제입니다. 이런 문제점을 해결하기 위해서는 일단 그런 상황에 대해 알아야 합니다.

　『국경 없는 마을』은 그런 사람들의 삶을 일기처럼 적어놓은 책입니다. 엄마 아빠가 불법 체류자라서 함부로 밖에 나가지도 못하고, 어떤 사람은 슈퍼를 갔다 집으로 돌아오던 중 경찰에게 잡혀서 끌려가고……혼혈이라는 이유 하나만으로 학교를 다닐 수 없다고 말하고, 공장에서 일하던 사람을 내보내야 할 때는 우리나라 사람보다 외국인 노동자를 먼저 내보내고, 사람을 사람이 아닌 동물로 취급하고…….

　이렇게 계속 차별하는 세상이 계속 된다면 '평등' 이라는 말은 곧 의미 없는 말이 되지 않을까요. 늘 평등을 외치는 우리는 그럴 자격이 없습니다. 모든 사람이 차별하지 않고 서로 돕고 이해하며 살아간다면 진정한 세계화, 즉 세계 전체가 국경 없는 마을이 되지 않을까요?**김수빈**

**나의 생각지도** ·······························································································

· 고정관념이라는 무거운 코트를 벗자.

· 국경 없는 마음 그리고 국경 없는 마을.

· 함께 살아야 하는 외국인 노동자들을 다시 바라보다.

# 서구문명 속의 나를 찾아서

『난 몇 퍼센트 한국인인가?』, 강정인 외 지음, 책세상

뚜렷한 이목구비, 작은 얼굴, 긴 다리……우리가 꿈꾸는 이상적인 신체입니다. 반면에 저는 튀어나온 배, 검은 눈, 짧은 다리를 가진 동양인입니다. 사람들은 인종의 특성상 가져야 하는 신체 외형의 부족함을 뛰어 넘으려 합니다. 우리는 왜 우리의 째진 눈과 낮은 코, 커다란 얼굴, 짧은 다리를 혐오하나요? 이것은 상대와 비교했을 때 느끼는 상대적 열등감 아닐까요?

신체적 열등감뿐만 아니라 우리 사회는 총체적으로 서구문명에 대해 상당한 열등감을 가지고 있습니다. 과거의 중국에 대한 사대주의가 오늘날에는 서구문명에 대한 문화사대주의로 바뀌고 있는 것 같습니다. 길을 걷다 보면 문득 생각이 날 것입니다. 간판을 보며 생각하죠. xx마트, xx팬시, xx레코드…… 이런 외국어에 밀려 우리말인 xx상회, xx문방구, xx음반점이란 간판을 찾아보기가 어렵습니다. 최근 앞서 말한 것들에 대한 자성의 목소리가 나오고 있지만 여전히 그런 목소리에 무관심한 사람들이 많습니다. 세계화라는 빌미 아래 우리의 것을 잃고 있는데도 무관심한 사람들이 많습니다. 보이지 않게 우리 고유의 문화가 사라져 가는데 말입니다. 우리가 잃어버린 전통문화가 종종 중국 연변의 조선족에서 발견되기도 합니다. 이는 서구문명의 해일 속에 사라져간 우리의 수많은 전통문화들 중 일부에 지나지 않습니다. 그리고 서구문명의 해일 속에 우리의 문화가 얼마나 많이 수몰되었는지 말해줍니다.

인류사 중에 서구가 세계에 이토록 큰 영향을 미친 일은 얼마 되지 않았습니다. 그러나 그 짧은 기간에도 불구하고 그들은 세계를 유례없는 속도로 그들의 세상으로 만들었습니다. 그들의 문화를 전세계에 퍼뜨려 단일화했고 그들의 문화를 표준화했습니다.

아리스토텔레스는 아시아인을 인간에 포함시키지 않았습니다. 이는 아시아인, 당시의 페르시아인들을 어떻게 생각했는지 알 수 있는 대목입니다. 그런데 이 당시의 생각이 오늘날에도 바뀌지 않음을 알 수 있습니다. 일례로 〈알렉산더〉라는 영화를 보면 그리스가 쳐들어가는 페르시아는 관능적이고 폭력이 가득한 그리고 지식은 없는 나라로 그려집니다. 예전에 개봉한 〈300〉이라는 영화에서도 스파르타의 정예군은 300명인데 반해 페르시아의 군대는 100만을 육박합니다. 페르시아의 군대를 전 아시아의 군대로 표현하기도 합니다. "서구문명의 붕괴를 막고 있는 300명의 전사들이 있다…… 만약 야만인들이 이들을 누찌른다면 그리스의 민주주의와 문명은 잔혹한 이방인들의 먹잇감으로 전락할 것이다."(크리스토퍼 허드슨, 〈사상 최고의 전사들〉, 《데일리 메일》 영국, 2007. 3. 9)

야만인? 누구를 야만인이라고 하죠? 그리고 서구문명의 붕괴를 막고 있는 단 300명의 병사? 페르시아인들을 야만인, 스파르타인들을 서구문명의 붕괴를 막는 300명의 전사들로 묘사한 전형적인 서구 중심의 글입니다. 페르시아를 전 아시아로 묘사하는 것이나 페르시아 병사들은 괴물로 묘사하는 것은 문제가 있습니다. 그런데도 이 영화가 국내에서도 흥행을 했던 것을 보면, 우리의 '서구문화 무비판증'도 상당한 지경에 이르렀다고 생각합니다.

이외에도 『자본론』의 저자 마르크스는 영국의 인도 식민지 통치를 정당화했고, 삼권분립으로 잘 알려진 몽테스키외는 흑인들의 검은 육체에 선량한 영혼이 깃들 수 없다고 말했습니다.

우리가 서구문명의 우월함에 대해 비판할 때 과거에는 동양이 세계를 지배했다고 말합니다. 그러나 그것은 현재 우리 동양사회가 서구사회에 비해 부족한 모습을 한층 더 묘사할 뿐입니다. 과거에 그러했었다는, 바꾸어 말해 현실은 그렇지 않다는 말이기 때문입니다. 그래서 동양은 과거 지상적이고 현재는 발전가능성이 없는 곳으로 묘사됩니다. 또한 흔히 동양의 위대함을 말할 때 불교나 힌두교 등을 언급하면서 정적인 이미지를 강조합니다. '동양은 정적이고 서구는 활동적이다', 좀더 발전하면 동양은 신비성이 가득하다는 이미지로 발전하게 되는데 그것은 대부분의 동양 사람들도 거부감 없이 받아들입니다. 신비의 사전적 정의는 이렇습니다. '사람의 힘이나 지혜로는 도저히 이해할 수 없는 신묘한 비밀, 보통의 이론과 인식을 초월한 일.' 동양의 문화가 사람의 힘이나 지혜로서는 도저히 이해할 수 없는 것인가요?

앞에서 말한 서구문명의 일방적 수용 속에 싹튼 서구문명 무감각화는 우리의 자랑스러움이 하나 둘씩 사라지고 결국 문화가 사라진, 어설픈 서구문명을 지닌 문화의 주체가 없는 곳으로 만들 수 있습니다.

가장 한국적인 것이 가장 세계적인 것이라고 했습니다. 우리의 것을 제대로 알고 난 뒤 서구의 문명을 받아들여도 늦지 않습니다. 과거 만주족들이 그들의 문화를 천시하고 중화문화를 무조건 수용하여 지금은 만주어의 흔적조차 찾을 수 없는 일을 기억하며 이전과 같이 과도한 서구문명의 무조건적인 수용은 현재보다 더 상상하기 힘든 일, 이를테면 전통문화의 말살과 같은 비극적인 현상으로 전개될 수도 있습니다. 고로 우리는 우리의 주체성을 가지고 살아야 할 것입니다.

이 책을 읽고 나면 내 삶에 녹아든 그러나 인식하지 못하는 서구적인 삶을 발견하게 될 것입니다. 그리고 현실 속에서 그런 문화적 굴욕을 떨쳐버리려고 할 것입니다. **강승훈**

**나의 생각지도** ·······················································································································

· 진짜 우리를 구성하는 요소는 무엇일까?

· 토종 한국인이라고 자부했던 내가 부끄럽다.

· 책을 읽어감에 따라 두려움이 점점 커져간다.

· '서구＝세계' 누가 만든 공식?

· 생활 속에서 한국적인 것을 찾아나가야지.

# "Mom, Please don't say like that! It's shame."

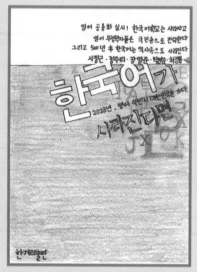

『한국어가 사라진다면』, 서정곤 외 지음 , 한겨레출판사

국어시간에 나, 너, 우리가 아닌 I, you, we를 배우게 될 때, 나중에 커서 엄마가 되어 내 아이에게 듣는 첫소리가 '엄마, 엄마'가 아닌 'mother'가 될 때, 지금 생각하면 있을 수 없는 이야기 같지만, 이 책『한국어가 사라진다면』에선 모든 일이 다 현실로 이루어집니다. 이 책은 영어공용화가 시행됨으로써 일어나는 우리나라의 현실을 담고 있으며, 가상으로 보여지는 우리의 500년은 우리에게 많은 것을 생각하게 합니다.

사람들의 여러 의견 속에서 영어공용화는 시행되었고 시간이 지나면 지날수록 우려했던 문제들이 하나둘씩 나타나기 시작했습니다. 그리고 결국, 한국어는 우리의 기억 속에서 사라지고, 500년 뒤 우리의 모국어였던 한국어는 영어를 쓰는 우리에 의해 캡슐에서 발견되고 다시 연구됩니다. 이 책을 읽고 난 후 머릿속에 가장 먼저 떠올랐던 단어는 '섬뜩함'이었습니다. 이런 일이 실제로 일어날 것이라 생각하니 두려움이 앞섰고 이렇게 중요한 문제임에도 불구하고 영어공용화에 대해 잘 모르고 있었던 내가 부끄러웠습니다. 책을 덮으며 뭔가 더 알아보아야겠단 생각에 인터넷에서 여러 가지를 검색해보았습니다.

현재 가장 쟁점이 되고 있는 것은 제주도의 영어공용화 문제였습니다. 이는 제주도가 국제자유도시가 되면서 영어에 대한 중요성이 더욱 커졌기 때문입니다. 이미 제주도를 비롯한 경제특구인 인천, 송도 등에선 초·중교의 모든 수업을 영어로 진행하는 영어집중교육이 시범적으로 시행되고 있었고, 이는 영어공용화에 대한 관심이 더욱 더 깊어졌으며 그 시행 가능성도 점점 높아지고 있다는 것을 의미합니다.

그럼 이렇게 영어공용화를 시행하려 하는 사람들의 의견은 무엇일까요? 영어공용화를 시행하려는 이들의 가장 큰 의견은 가속화되는 국제화시대에 영어는 이미 세계 공용어로서 지위를 가진 지 오래이므로, 영어를 모르면 개인이나 국가경쟁 대열에서 낙오할 수밖에 없다는 것입니다. 또한 영어를 공용화한다고 해서 한국문화가 쇠퇴하거나 사멸하는 것은 아니며 영어공용은 비용과 혜택이 여러 세대에 걸쳐 나오는 초장기적인 투자이기 때문에 그 혜택의 수혜자는 우리 모두라는 것입니다. 마지막으로 민족주의적 시각으로 이 문제를 판단하는 것은 경계해야 하며 민족주의는 본질적으로 개인의 이기주의라는 것입니다.

하지만 이는 너무 가시적인, 멀리 내다보지 못하고 좁은 현실만 바라보는 편협한 시각일 뿐입니다. 물론 이러한 국제화시대에 영어를 모른다는 것은 있을 수 없는 일이지만 온 국민이 모든 생활을 영어로 해야 하며 영어가 되지 않으면 사회생활조차 불가능한 그런 일은 더욱 있을 수 없다는 것입니다. 영어공용화를 시행한다고 해서 모든 나라가 국가경쟁력이 강한 나라가 될 수 있는 것은 아닙니다. 현재 영어공용을 실시하고 있는 필리핀, 인도 등이 국제적 경쟁력이 우수한 나라로 보기는 어려우며 우리와 영어구사능력이 비슷한 일본이 세계 제2의 경제능력을 가지는 것을 보면 영어능력과 국가경쟁력이 무관한 것을 알 수 있습니다.

또한 영어공용을 시행할 경우 그 혜택을 받는 수혜자는 모두가 될 수 있다고 했는데 이것 또한 잘못된 생각입니다. 사람의 욕심은 끝이 없습니다. 사람들은 자신이 또한 자신의 자녀가 한국인의 억양이 강한 그런 영어를 구사하는데 만족하지 못할 것입니다. 어떻게든 외국인과 비슷한 발음을 하기 위해 완벽한 영어구사를 위해 학원을 보낼 것이고, 과외를 할 것이며, 자신이 다른 사람과의 실력에서 뒤처지지 않게 더 많은 공부를 하려 할 것입니다. 여기서 나타나는 것이 바로 사교육의 성행이며 계층간의 대립입니다. 잘사는 사람들은 학원과 과외를 통해 더 좋은 영어를 배우게 될 것이고 가난한 사람들은 영어를 배울 기회가 적어 실력 차이가 더 나게 돼 결국엔 영어로 취직을 하는 세상에서 직업조차 가지지 못하는 그런 사회의 하층민으로 전락하게 될 것입니다.

지금 실시하고 있는 영어집중교육도 마찬가지입니다. 과연 그 수업을 듣는 학생 중 수업의 모든 영어를 이해할 수 있는 학생은 몇 명이나 될까요? 학생들의 부모님들이나 학생들은 자신이 수업의 모든 내용을 이해하길 바랄 것이며 학원과 과외를 통해 영어실력을 늘려 갈 것입니다. 이렇게 된다면 내 노력에 의해 인생이 결정되는 것이 아니라 빈부에 따라 삶이 결정되는 그런 결과를 낳을 것입니다. 하지만 이런 표면적인 문제보다 더 중요한 것이 잠재적인 문제점들입니다. 바로 우리의 문화와 민족성입니다. 분명히 찬성 측 의견에서는 영어공용을 한다고 해서 한국문화가 쇠퇴하거나 사멸하는 것은 아니라고 했습니다. 하지만 중국을 비롯한 여러 나라의 소수민족들은 모두 어디로 간 것일까요? 그리고 일제 강점기, 일본이 민족말살정책을 시행하면서 우리말을 쓰지 못하게 했던 이유는 무엇일까요? 우리의 문화, 우리의 정체성과 떼어놓을 수 없는 것이 우리의 언어입니다. 언어가 사라지게 된다면 우리의 문화와 정체성 또한 흔들릴 것이며 책에서 보듯이 우리는 미국적 사고로 행동하고 미국을 너무나 자연스럽게 부르는 모습은 한국인이면서 사고와 행동은 미국인인 그런 사람이 될 것입니다.

요즘 청소년이나 대부분의 사람들은 국제화란 이름 아래 영어만 바라보며 쫓아가고 있습니다. 한국어를 제대로 알지 못한 채 국제화란 이름 아래 영어만 쫓는 것은 명분 없는 허울뿐입니다. 말이란 단순히 의사소통의 도구가 아니라 민족의 얼과 역사가 담겨 있는 뿌리입니다. 소수민족이 사라진 이유는 그들이 말을 단순히 의사소통의 도구로 생각했기 때문이며 우리나라가 일제 강점기에도 우리말을 지킬 수 있었던 건 우리말을 우리민족의 얼과 역사가 담긴 뿌리라 생각했기 때문입니다. 오늘날 영어는 삶에 있어서 무시할 수 없는 존재가 되었습니다. 그렇지만 영어를 배우면서도 우리말을 지킬 수 있어야 하며 우리말의 중요성을 항상 마음에 담으며 살아야 할 것입니다. 아직 영어공용화가 뭔지도 모르는 청소년들이 많이 있습니다. 우리말의 중요성을 잘 모르며 영어가 가장 중요하다고 생각하는 청소년들 또한 많이 있습니다. 그런 청소년들이 이 책 안에서 진정 중요한 것이 무엇이며 내가 꼭 알아야 하는 것이 무엇인지를 찾을 수 있었으면 좋겠습니다. **이서연**

**나의 생각지도** ································································································································

· 나의 언어를 제대로 습득해서 진정한 '나'가 되자.

· 모국어 파괴자, 민족 파괴자, 문화 파괴자.

· '자발적 선택'에 의해 지배를 당한다.

# 한발 앞서가는 새로운 가치

『오늘의 세계적 가치』, 브라이언 파머 외 지음 , 신기섭 옮김 , 문예출판사

무엇이 세계적이고 세계인들이 공통으로 도출할 수 있는 진정한 세계적 가치인가요? 삶에서는 느껴지지 않지만 가장 교과서적인 답변인 물질적인 빈곤인가요? 도덕성의 부재? 아니면 내 삶의 직접적인 문제인 입시문제? 이 질문에 대해 단정지어 말할 수 있는 이는 몇 되지 않을 것입니다.

《보스턴 매거진》이 묘사한 대로 '호리호리하고, 목소리는 가느다랗고, 어렴풋하게 수도사 티가 나는' 브라이언 파머 교수는 앞의 질문에 대해 고민했을 것입니다. 그래서 그는 세계적인 가치를 찾기 위해 하버드대 교정으로 세계적 가치를 대표하는 사람들을 불러들였습니다. 그가 초청한 인물들은 역사가부터 언론인 법학자 그리고 잡역부, 수녀 등 다양했습니다. 그중 16명이 추려졌고 그 사람들과의 대화가 책으로 나오게 되었습니다. 노동자의 착취, 여성의 인권 등 미국사회뿐 아니라 전 세계의 공통적인 문제를 논합니다.

이 책은 제가 전 지구적인 가치를 위해 무엇을 해야 할지 고민하게 하는 책이었습니다. 대한민국 부산 인문계 학교에서 공부도 못하는 내가 이 세상을 위해 무엇을 할 수 있는지가 궁금했습니다. 그리고 좌절했습니다. 책들은 내가 무엇을 해야 하는지 말해주지 않았습니다. 그저 정부가, 국가가 나서서 해야 할 일뿐이었습니다. 나오미 클라인이 한 말은 저에게 그대로 와닿았습니다. "문제가 너무나 거대해서 그냥 집에 앉아 텔레비전이나 봐야겠다는 느낌에 압도당할 때 사람들은 시급성을 잃게 됩니다. 그래서 작은 것부터 시작해야 합니다. 개인적으로 시작하는 거죠." 그래서 저는 작은 것부터 시작했습니다. 생태환경의 보존을 위해 저는 샴푸 대신 비누로 머리를 감았습니다. 세계의 빈곤을 조금이라도 줄이기 위해 제가 매점에 갈 돈을 조금씩 모았습니다. 이것이 작지만 세계의 가치를 추구하기 위해 제가 할 수 있는 조그마한 일인 것 같았습니다.

제가 이 책을 읽고 가장 감명을 받았던 사람은 라니 구니어입니다. 흑인여성으로는 최초로 하버드의 종신 재직권을 얻은 라니 구니어는 '볼보효과'에 대하여 말합니다. SAT점수로 신입생 1년 성적을 예측하는 것보다 부모의 자동차가 무엇인지를 예측하는 것이 더 정확하다는 충격적인 사실입니다. 또한 그녀는 저서『광부와 카나리아』에서 유색인종을 카나리아에, 백인을 광부에 빗대어 표현했는데, 이는 과거 인류사에 시사하는 바가 큽니다. 광부에게 카나리아는 유독가스 발생의 진단도구였습니다. 과거 역사에 유색인종이 현재 도덕적으로 문제가 된다고 생각하는 것을 진단하는 또 하나의 카나리아로 희생되었다는 것입니다.

미국 독립전쟁으로 흑인 노예에 대한 각성이 있기 전까지 얼마나 많은 노예들이 카나리아의 삶을 살아갔습니까? 광부들, 백인들을 위해서 말이죠.

전 이 책의 제목을 '세계의 가치' 대신에 '미국의 가치'로 하는 편이 더욱 정확하다고 생각합니다. 세계의 가치라고 말하고 있지만 일부 주제들은 미국의 입장에서만 말하거나 미국에만 국한된 것이 있기 때문입니다. 미국에서 일어나는 문제를 세계의 문제로 인식하는 것, 이것이 이들이 말하는 세계적 문제가 나온 이유이기도 합니다. 미국 혹은 서구 중심의 일방통행적인 세계화가 낳은 부작용 등 말입니다.

지금 세계에는 빈곤, 인권, 환경문제 등 한 나라의 힘으로 해결할 수 없는 일이 매우 많습니다. 이 일들이 세계적인 문제이고 그것을 극복하는 것이 과제이고 우리가 공통으로 추구해야 할 가치입니다. 또한 국가나 단체가 나서서 해야 할 일보다 작은 개인이 자신의 삶에서 조금씩 바뀌어야 할 부분들이 많습니다. 우리는 나이키 축구공을 만들기 위해 12시간 이상 작업해도 2,000원 이상 받기 힘든 파키스탄 어린이들의 인권을 생각해야 합니다. 대한민국은 정체성을 찾지 못하는 혼혈아들을 생각해야 합니다. 그런 작은 생각이, 작은 행동 하나하나가 세계의 문제를 극복하고 세계의 가치를 추구할 수 있게 되겠죠. **강승훈**

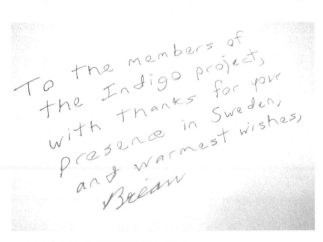

브라이언 파머 교수가 인디고서원에 보낸 메시지

**나의 생각지도** ···········································································································

· 어떠한 타당성도 존재할 수 없는 '전쟁'.

· 지구의 사람들을 단결시킬 전 지구적인 시민 종교.

· 절대적인 선 , 절대적인 권력, 절대적인 힘에 대한 목송.

· 강자들의 도덕적 책임을 요청하는 도덕교육을 펼치자.

# 앎과 삶의 경계를 이어주는
# 영상시의 향연

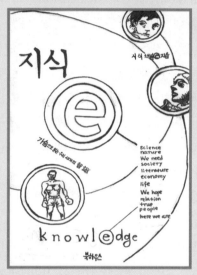

『지식e』, EBS 지식채널-e 지음, 북하우스

피슝~ 하는 음악과 함께 검은색 창엔 '지식채널e'란 글씨가 뜨고 조용한 음악과 함께 뜨는 텍스트는 우리의 눈을 떼지 못하게 합니다. 짧은 5분 동안 우린 화를 내기도 하고 감동을 느끼고 때론 눈물을 지으며 화면 속에 흡수되곤 합니다. 이렇게 그 5분의 감동을 책으로 옮겨놓은 것이 바로 『지식e』입니다. 책 속엔 구분하기(division), 밀어내기(exclusion), 기억하기(memory), 돌아보기(reflection) 총 네 가지로 내용을 분류했습니다.

이 책은 우리에게 많은 것을 느끼게 합니다. 그리고 우리에게 많은 것을 알려줍니다. 추천사 첫마디인 '앎과 삶의 경계를 이어주는 영상 시의 향연'처럼 이곳의 지식은 경제적 가치로 환산되는 정보가 아닌 내가 인간으로 살아가는 데 필요한, 꼭 알아야 하는 그런 앎들이 담겨 있습니다. 여러분은 커피 한 잔에 어떤 이야기가 담겨 있는지 아십니까? 우리가 쓰는 핸드폰에 얼마나 많은 피가 묻어 있는지 아십니까? 피부색이 다르다는 이유로 소외된 삶을 살고 있는 혼혈인들의 심정을 아십니까? 우린 이 책을 통해 내가 얼마나 여러 사회의 일들에 대해 무관심했으며 무지했는지 알게 됩니다.

이제 각 부분마다 가장 감명 깊게 보고 읽었던 이야기 하나씩을 소개하려고 합니다. 가장 먼저 소개할 부분은 구분하기(division)입니다. 여기에선 'Crazy horse', '커피 한 잔의 이야기', '햄버거 커넥션', '축구공 경제학' 등 이분법적 사고로 구분해서 보지 않아야 하지만, 현실은 그렇지 않은 이야기들을 하고 있습니다. 이 중에서 제가 소개하려고 하는 이야기는 '햄버거 커넥션'입니다. 패스트푸드점은 좀더 빠르고 간편한 것을 위해 언제나 사람들로 북적거립니다.

하지만 이 빠르고 간편한 것이라는 이점 뒤에는 보이지 않는 위험한 연결고리가 숨어 있습니다. 바로 햄버거 중에서도 고기에 말입니다. 그 고기를 만들기 위해선 수많은 소들을 키워야 하고 그 수많은 소를 키우기 위해선 엄청난 양의 먹이가 필요하며 이 먹이를 위해선 넓은 방목지를 필요로 합니다. 소가 먹이를 먹다 보니 풀이 계속 사라지고 지구의 기후까지 영향을 끼치는 등

악순환이 반복되는 것입니다. 하지만 우린 이 사실을 모른 채 하루에도 엄청난 양의 햄버거를 소비하고 있습니다. 우리의 편리함과 즐거움만 생각하고 그 이면에 있는 진실은 모르고 있는 것입니다. 이뿐만 아니라 구분하기에는 커피와 축구공에 담겨 있는 두 가지 진실, 아프리카의 두 가지 진실 등 우리가 꼭 알아야 하는 두 가지 양면적 이야기가 우릴 기다리고 있습니다.

둘째, 밀어내기에는 '피부색, 내가 죽는 날, 챔피언, 저는 오늘 꽃을 받았어요' 등 우리 사회에서 소외당하고 있는 이들의 아픈 일상이 담겨 있습니다. 밀어내기에서 소개할 내용은 피부색입니다. 외국에 살고 있는 수많은 혼혈인들. 요즘 한국에서 급격하게 증가하고 있는 인구 코시안들과 관련된 내용입니다. 특히 코시안들은 피부색이 다르다는 이유로, 다른 핏줄을 가졌다는 이유로 사회에서 소외받고 있습니다. 언제나 사람들의 편협된 시선에서 살아야 하고, 정부의 미약한 정책 속에서 늘 불평등한 권리만을 가지고 있습니다. 하지만 이들은 우리와 같은 민족이며 함께 미래를 나아가야 합니다. 우린 그들을 우리와 다르다는 인식을 가지지 않고 똑같은 인격체로서 포용할 수 있는 마음을 가져야 할 것입니다.

셋째, 기억하기. 우리는 바쁜 일상에 치여 꼭 기억해야 할 것이지만 잊고 사는 것들이 많습니다. 이렇게 우리가 잊고 사는 것을 기억하게 하는 부분이 기억하기입니다. 기억하기에는 '수요일엔 빨간 장미를', '2-34, 2-35, 2-36', '조건반사', '호치민' 등의 이야기들이 담겨 있습니다. 이 중에서 가장 감명 깊게 읽었던 이야기는 '2-34,2-35,2-36' 입니다. 처음엔 숫자로 이루어진 제목을 보며 이게 무슨 내용이지 하고 궁금해했습니다. 이것은 바로 5.18 광주 민주화운동에 대한 얘기였습니다. 묘한 기분으로 책장을 넘겼습니다. 정부의 잔인한 행동에 기분이 멍해졌고 민주화를 위해 열렬히 투쟁했던 그들을 생각하며 멍해졌습니다. 만약 내가 이때 살았더라면 이렇게 민주화를 위해 투쟁을 했을까? 하는 생각이 들면서 민주화를 위해 목숨 바쳐 싸웠던 그들에 대해 깊게 생각하게 되었습니다. 하지만 요즘 청소년들 중에는 5.18 광주 민주화 운동을 모르는 청소년들도 많으며 그날을 아무 의미 없이 그냥 지나치는 경우도 많습니다. 하지만 이들이 없었더라면 우리의 민주화도 없었으며 우리의 이런 편한 삶도 없었을 것입니다. 우린 항상 그들을 생각하며 좀더 나은 사회와 세상을 만들기 위해 노력해야 할 것입니다.

마지막 부분, 돌아보기. 돌아보기에는 '황우석과 저널리즘', 'TV끄기', '달팽이 집', '태어나지 않은 이야기' 등 우리가 정말 돌아보아야 할 이야기가 담겨 있습니다. 너무나 빠르게 달려오느라 우리가 놓치고 지나쳤던 많은 문제를 다루고 있습니다. 특히 '달팽이 집'을 보며 우리가 정말 돌아보아야 할 것에 대해 생각하게 되었습니다. 집은 사람이 휴식을 취하고 행복을 키우는 안락함의 장소입니다. 하지만 지금은 부의 상징이 되었으며 집을 구하지 못해 길거리에서 생활하는 사람이 너무 많습니다. 정부는 정책을 세운다고 하면서 가난한 사람을 위한 정책이 아닌 가진 자만이 누릴 수 있는 정책을 세우며 집을 가진다는 것을 더더욱 가지기 힘든 꿈으로 만들고 있습니다. 다시 되돌려야 합니다. 집이 부의 상징이 아닌 안락하고 모든 사람이 누려야 하는 당연한 권리로 만들어야 합니다. 사회적 연대를 일으켜 국회에서의 주거권 보장 법안 의결을 이끌어냈던 프랑스의 돈키호테의 아이들처럼 생각하고 행동할 수 있는 자세를 가져야 합니다.

요즘 청소년들은 입시에만 매달려 내가 정말 알아야 하는 것은 무엇이고 내가 정말 가치 있게 여겨야 하는 것이 무엇인지 잘 모르고 있는 것 같습니다. 정말 중요한 것은 이렇게 내가 살아가는 데 꼭 필요한 여러 가지 앎들입니다. 이 책을 통해 청소년들이 내가 정말 알아야 할 가치 있는 것은 무엇이며 또 내가 지금 그것을 위해 실천할 수 있는 것은 무엇인지 알고 그것을 생활 속에서 실천할 수 있는 항상 마음속에 담고 살아갈 수 있는 그런 사람들이 되었으면 좋겠습니다. **이서연**

**나의 생각지도** ·····································································································

· TV 를 끄면 가족들의 얼굴이 보인다.

· 낮은 것들에게 귀 기울이기.

· 아이들의 웃음이 사그라지는 나라.

· 불타는 아마존을 푸르게 만들자.

· 아, 세계는 좁고 햄버거는 많도다!

# 세계 경제에 미치는 자본의 허와 실

『자본의 세계화, 어떻게 헤쳐 나갈까?』, 웨인 엘우드 지음, 추선영 옮김, 이후

뉴스나 신문에서 자주 보던 단어여서일까요? 세계화라는 단어는 나에게는 어딘지 모르게 익숙합니다. 하지만 무슨 뜻인지 잘 몰랐던 저에게는 맨처음『자본의 세계화, 어떻게 헤쳐 나갈까?』라는 책 제목 자체도 어려웠습니다. '이 책은 서로의 자본을 공유함으로써 상호간에 이익을 창출하는 것에 관한 책일까? 아니면 자본으로 인해 공동체 의식을 가진 세계화로 발전된다는 뜻일까?' 제목부터가 이해가 되지 않는 어려운 책이었습니다.

세계화는 식민주의 역사에 깊이 뿌리내려 진행되어 왔습니다. 제국주의의 대변인이라 할 수 있는 영국의 '세실로즈'는 식민주의를 원료를 쉽게 얻을 수 있고, 그 식민지의 원주민 가운데 활용 가능한 사람들을 노예로 삼아 노동력으로 사용할 수도 있는 것으로 설명합니다. 그리고 식민지는 잉여상품을 투매하는 장소로 활용되는 것이지요. 이렇듯 유럽열강들이 새로 지배하게 된 지역에서 원료를 빨아들이던 식민시대에 전 지구적 무역은 급속히 확장되었습니다. 이런 해외 식민지에서 생산된 부의 절반은 유럽열강으로 흘러들어갔고, 반은 식민지에 투자의 형태로 흘러 들어갔습니다. 오늘날 대부분의 사람들은 세계화에 관련된 대화를 할 때 경제학과 국제무역 확장에 대해 이야기합니다. 불운하게도 오늘날의 고도의 기술사회에서는 이러한 핵심요소 중 어떤 것도 충족될 수 없습니다.

세계화가 이러하다면, 자본이란 무엇일까요? 제가 생각하는 자본은 재화에 용역의 생산에 사용되는 자산이라고 알고 있습니다. 여기서의 자본은 식민지와 그 식민지의 원주민입니다. 이 자본을 이용해 자신들의 넘쳐나는 상품을 거의 강요하다시피 팔고 있다고 할 수 있습니다. 다른 나라에서 받아주지 않았기에 어쩔 수 없었지만, 그대로 강요하는 방식은 옳지 않다고 생각합니다. 이런 점을 보면, 세상은 약육강식이 보편화된 것이 아닌가 하는 생각이 듭니다.

만약, 우리가 자본주의가 아니었다면 어떻게 되었을까요? 쉬운 예로 우리나라와 북한을 비교해봅시다. 지금 우리는 우리가 돈을 벌어들인 대로 사용하면서 살고 있지만 돈을 많이 가진 자와 돈을 조금밖에 가지지 못한 자의 빈부

격차가 너무 많이 생기고 있습니다. 하지만 그렇다고 해서 공산주의가 더 나은 것도 아닙니다. 물론 공평하고, 똑같이 배분받는 것은 장점이지만, 자신이 벌어들인 양이 많아도 모든 사람들과 나눠야 하기 때문에 의욕이 저하될 수도 있습니다.

그렇다면, 과연 자본주의에는 과연 좋은 점만 있을까요? 아마도 그렇지만은 않을 것입니다. 유럽열강들이 식민지를 이용해 자신들은 점점 부유해질지는 몰라도, 그 식민지들은 점점 가난해지고 있습니다. 예를 들자면 인도네시아와 영국은 식민지국가와 그 식민지를 이용하는 국가로 볼 수 있습니다. 인도네시아의 원주민들은 자신들에게 털끝만큼도 돌아오지 않는 영국인들의 이익창출을 위해서 온갖 힘든 일을 다 하지만, 영국 사람들은 그것을 거저 얻어먹고 있습니다. 이런 식의 올바르지 않은 세계화, 이것은 세계화의 의미가 없는 것이 되어버립니다. 한쪽은 진보하고 한쪽은 퇴보하며, 한쪽은 부유하고 한쪽은 가난해지는 것보다는 차라리 서로 동등한 상태가 낫지 않을까요? 유럽열강들은 이런 간단한 이치를 아직은 깨우치지 못하나 봅니다.

이런 서로의 불합리한 관계를 고쳐야 한다는 생각과, 이런 생각을 실천으로 이끌어내는 책, 바로 『자본의 세계화, 어떻게 헤쳐 나갈까?』를 읽어본다면, 자본의 세계화라는 명목 아래 행해졌던 수많은 불행한 진실에 대해 자세히 알 수 있습니다. 이런 부분에 관심이 많은 친구들에게 꼭 한번 읽어보라고 권하고 싶습니다. **김수빈**

**나의 생각지도** ·······································································································

· 세계화를 헤쳐 나가는 것이 과연 가능할까?

· 공정한 거래를 통한 자본의 세계화가 필요한 시대이다.

· '경제적 '세계화는 시장의 마법에 모든 것을 맡기고 있다.

# 세계의 빈곤, 나의 책임입니다

『세계의 빈곤, 누구의 책임인가?』, 제레미 시브룩 지음, 황성원 옮김, 이후

지난주 토요일, 시험을 다 쳤다는 들뜬 마음으로 이 책을 읽다가 어려움을 탄식하며 책상 위에 올려놓고 잠시 눈을 감고 있었습니다. 그런데 갑자기 옆에 있던 친구가 외쳤습니다. "너 때문이다!" 전 놀라서 눈을 들어 그를 보았습니다. 그는 웃으며 저에게 "네가 하루에 세끼 꼬박꼬박 다 먹으니까 그렇지. 그때 그 말이 왜 마음속에 다가왔는지 모르겠습니다. '그래! 이것은 결론이 없는 물음이 아니다' 라는 생각이 머릿속을 스쳐지나갔습니다. 제가 만일 하루에 세끼만 먹었더라면, 매점에 가서 빵을 사먹지 않았더라면 세상의 빈곤이 조금이나마 더 줄어들지 않았을까요? 미시적인 관점에서는 그렇게 생각합니다.

빈곤에는 상대적 빈곤이 있고 절대적 빈곤이 있습니다. 우리 사회에서의 빈곤은 대부분 상대적 빈곤이라고 할 수 있습니다. 최소한 아사자는 없기 때문입니다. 있는 자와 없는 자의 양극화가 아닌 많은 자와 적게 가진 자 양극화라고 말할 수 있습니다. 흔히 말하는 제3세계의 빈곤층들은 당장 내일 먹을 식량이 없는, 그래서 새벽의 정적을 깨는 닭의 우렁찬 울음소리가 배고픔의 하루를 알리는 소리로 들리는 삶을 살고 있습니다. 자신이 낳은 아이를 다른 집에 식모살이를 보내는 그 어머니의 마음은 미어질 것입니다. 아이가 다치거나 누구에게 맞기만 해도 화가 나고 슬픈 부모가 식량이 없어 딸자식을 식모살이 보내는 마음은 상상하기 힘듭니다. 이런 절대적 빈곤이 우리나라의 상대적 빈곤에 비해 밖으로 드러나지 않는 이유는 왜일까요? 미국에 카트리나가 몰아쳐 그 이전보다는 힘들게 살아가지만 그래도 정부가 마련해준 집이 있는 이들이 왜 쓰나미의 피해로 집을 잃어버려 살 집이 없는 이들보다 더 조명을 받을까요?

전 이 이유를 포장의 결과라고 봅니다. 실론티라는 음료수가 있죠. 요트를 타고 바다를 가르는 모습과 함께 뒷배경의 붉은색은 홍차의 고급스러움을 더해줍니다. 영국 신사들이 티 타임 때 홍차를 마시는 모습을 보며 우리는 낭만과 신사다움을 동경합니다. 그러나 그들은 누구 덕택에 홍차를 마시는 걸까요?

세계 홍차생산량의 절대다수를 차지하는 스리랑카(실론)는 1인당 국민총
생산 814달러의 빈곤한 삶을 살고 있습니다. 이들은 2005년 1월 쓰나미의 영
향으로 집을 잃어버린 사람들이 많습니다. 그러나 그들의 비참하고 굶주린 삶
은 우리에게 쉽게 다가오지 않습니다. 가난한 생산자의 삶은 포장되어 부유한
소비자의 삶만 부각됩니다. 그 포장된 모습은 우리에게 낭만적이고 신사적이
게 보이는 것입니다.

흔히 물질적으로 풍요로운 사람들은 그렇지 않은 사람들의 삶에 대해 논
하고 싶어하지 않습니다. 그래서 그들은 중요한 문제인 빈곤을 미시적인 측면
보다 거시적인 측면을 강조해 통계수치로 모든 것을 나타내려고 합니다. 기초
생활 수급자에 대한 예산이 늘어났으니 그들의 빈곤이 조금이라도 더 해소될
것이라고 말하죠. 이런 생각은 빈곤에 대한 그들의 오만이자 무지입니다. 빈
곤한 사람들의 생활은 더 나아지지 않습니다. 그들의 빈곤을 근본적으로 해소
할 길을 찾는 것이 정부의 지원금을 올려주는 것보다 나은 일입니다.

지구에는 전 세계인이 사용할 충분한 양의 에너지와 식량이 있습니다. 앞
에서 말한 부유한 사람들 중 하나인 맬서스는 '가난이 사회나 제도의 탓이라
는 것은 옳지 않다'고 일축하면서 '식량은 산술급수적으로 증가하는 데 비해
인구는 기하급수적으로 증가'하기 때문에 빈곤이 나타난다고 했습니다. 하지
만 저는 세계의 빈곤이 결코 생산의 부족 때문에 일어난 일이라고 생각하지
않습니다. 분배의 불균형 때문에 일어난다고 생각합니다. 예를 들어 아일랜드
의 감자 대 기근 때 영국으로 수출된 아일랜드의 감자가 정확한 수치는 모르
지만 매우 많았던 것으로 기억하고 있습니다. 자국 국민들은 굶어 죽어가고
견디다 못해 다른 나라로 이민을 가는 실정에서, 소중한 구황작물인 감자를
영국에 파는 것은 정말로 모순된 일입니다.

고로 이러한 모순됨을 극복하고 전 세계가 공통으로 잘 살 수 있는 공통적
인 가치를 도출하는 것이 세계의 빈곤, 엄밀히 말해 분배의 불균형을 극복할
가장 궁극적인 목표라고 할 수 있겠습니다. 그것을 실천하기 위해 자신의 작

은 부분부터 해낼 수 있는 것, 이를 테면 식사의 양을 조금씩 줄여 적은 돈이나마 제3세계의 발전기금으로 내놓는다거나 앞서 말한 일상에서의 포장을 찬찬히 뜯어보는 것도 그 작은 일의 한 부분이라고 생각합니다. 우리는 점진적으로 한걸음 걸어 나가야 합니다. 비록 가시적인 효과가 나타나지 않는다고 해도 말이죠. 우리 모두의 공통된 과제인 세계의 빈곤을 타개하기 위해서……. **강승훈**

---

**나의 생각지도** ·······························································································

· 연대감 상실에서 비롯되는 경제적 양극화.

· 이타적 자본주의의 필요성.

· 만족할 줄 모르는 데서 오는 가난.

## 우리가 뽑은 추천도서 목록

· 이이화의 한국사 이야기 | 이이화 지음 | 한길사 | 1998

· 똑같은 것은 싫다 | 조흥식 지음 | 창비 | 2000

· 부르디외 사회학 입문 | 파트리스 보네위츠 지음 | 문경자 옮김 | 동문선 | 2000

· 코드 훔치기 | 고종석 지음 | 마음산책 | 2000

· 좌우는 있어도 위아래는 없다 | 박노자 지음 | 한겨레신문사 | 2002

· 지식의 최전선 | 김호기 외 지음 | 한길사 | 2002

· 탁자위의 세계 | 리아 코헨 지음 | 지호 | 2002

· 테이레시아스의 역사 | 주경철 지음 | 산처럼 | 2002

· 21세기 지식 키워드100 | 강수택 외 지음 | 한국출판마케팅연구소 | 2003

· 대한민국사 1, 2 | 한홍구 지음 | 한겨레신문사 | 2003

· 뜻으로 본 한국역사 | 함석헌 지음 | 한길사 | 2003

· 살아있는 한국사 교과서 1, 2 | 전국역사교과서모임 지음 | 휴머니스트 | 2003

· 십시일反 | 박재동 외 지음 | 창비 | 2003

· 우리 역사 최전선 | 허동현, 박노자 지음 | 푸른역사 | 2003

· 처음 만나는 문화인류학 | 한국문화인류학회 엮음 | 일조각 | 2003

· 21세기를 바꾸는 교양 | 홍세화 외 지음 | 한겨레신문사 | 2004

· 다시 찾는 우리 역사 | 한영우 지음 | 경세원 | 2004

· 상식, 인권 | 토머스 페인 지음 | 박홍규 옮김 | 필맥 | 2004

· 책문 | 김태완 엮음 | 소나무 | 2004

· 함께 보는 한국근현대사 | 역사학연구소 지음 | 서해문집 | 2004

· 헌법의 풍경 | 김두식 지음 | 교양인 | 2004

· 나는 고발한다 | 에밀 졸라 지음 | 유기환 옮김 | 책세상 | 2005

· 사이시옷 | 손문상 외 지음 | 창비 | 2005

· 살아있는 세계사 교과서 1, 2 | 전국역사교과서모임 지음 | 휴머니스트 | 2005

· 세상을 바꾸는 돈의 사용법 | 야마모토 료이치 외 엮음 | 김하경 옮김 | 미래의창 | 2005

· 자크 아탈리의 인간적인 길 | 자크 아탈리 지음 | 주세열 옮김 | 에디터 | 2005

· 해바라기 | 시몬 비젠탈 지음 | 박중서 옮김 | 뜨인돌 | 2005

· 국가의 역할 | 장하준 지음 | 황해선 외 옮김 | 부키 | 2006

· 민주주의의 민주화 | 최장집 지음 | 후마니타스 | 2006

· 삶은 문제해결의 연속이다 | 칼 포퍼 지음 | 허형은 옮김 | 부글북스 | 2006

· 세상을 바꾼 법정 | 미첼 콜드웰 외 지음 | 금태섭 옮김 | 궁리 | 2006

· 싸우는 저널리스트들 | 로베르 메나르 지음 | 성욱제 옮김 | 바오 | 2006

· 역사는 힘있는 자가 쓰는가 | 아이리스 장 지음 | 윤지환 옮김 | 미다스북스 | 2006

· 청소년을 위한 경제의 역사 | 니콜라우스 피퍼 지음 | 유혜자 옮김 | 비룡소 | 2006

· 청소년을 위한 이야기 정치학 | 페르난도 사바테르 지음 | 안성찬 옮김 | 웅진지식하우스 | 2006

· 100가지 민족문화 상징사전 | 주강현 지음 | 한겨레출판 | 2007

· 공정한 무역, 가능한 일인가? | 데이비드 랜섬 지음 | 장윤정 옮김 | 이후 | 2007

· 더 작은 민주주의를 상상한다 | 당대비평 편집위원회 지음 | 웅진지식하우스 | 2007

· 아틀라스 세계는 지금 | 장 크리스토프 빅토르 지음 | 김희균 옮김 | 책과함께 | 2007

· 우리가 몰랐던 동아시아 | 박노자 지음 | 한겨레출판 | 2007

· 우리문화박물지 | 이어령 지음 | 디자인하우스 | 2007

# 철학으로 나를 만나기

때는 학교를 안 가는, 진정한 의미의 방학을 마지막으로 즐겼어야 할 중3 겨울 방학이었다. 난 인디고 서원에서 모집하고 있던 스터디 그룹에 신청했고, 매주 일요일마다 두 시간씩 그 그룹에서 철학을 배웠다. 그때 배운 철학은 근대부터 현대까지의 서양 철학사였다. 비록 서양 철학사를 언급하고 있는 시중의 책 중 쉬운 책이 선정되었지만 중3이라는 시기에 그리고 그 나이에 가지는 생각의 한계를 고려해보면 벅찬 감이 없지 않아 있었다. 벅찼으니, 책의 내용을 요약, 정리하여 발표하기 위해 잠을 줄여야 할 정도일 때도 종종 있었다.

하루는, 그렇게 공부를 하고 있는 나에게 부모님께서 말씀하셨다.

"철학을 꼭 지금 시기에 배워야 하니? 대학 가서도 얼마든지 배울 수 있지 않나?"

이에 대한 대답으로 뭐라 말했는지 기억나지 않는다. 내가 그 당시 철학을 공부했던 이유는 다른 사람들이 생각하기엔 논리적이거나 설득적이지 못해 그 대답을 얼버무렸던 것 같다. 사실 나는 답답함과 호기심 때문에 스터디 그룹에 신청한 것이었다. 《INDIGO +ing》 3호에서 세계적 석학, 슬라보예 지젝에게 원고를 받았던 것이 어째서 그렇게 대단한 일인지 이해할 수 없었고, 주위 사람들이 흥분하고 들떠 있는 모습에 난 답답했던 것이다. 또한 서원의 철학 서가를 한 번 스쳐지나가면 대부분의 책들은, 내용은 고사하고 제목들마 저 어렵고 심오하고 낯설게 느껴졌다. 언젠가 한번 저 어렵고 낯선 것들을 그 렇게 느끼지 않게 공부해보리라는 어렴풋한 다짐과 계획도 있었다. 또 철학 은 잘 몰랐지만 철학을 공부 안 해도 저절로 알게 되는 유명한 철학자인, 데 카르트, 니체, 칸트 등이 내뱉었던 문장 몇 개들을 보면 중요하고 멋있게 다 가왔다. 이런 철학에 대한 나의 생각이 내가 스터디 그룹에서 철학을 배웠 던 이유였다.

그때부터 반년이 지난 지금 다시, 난 왜 지금까지 철학책을 읽고 철학을 얕 게나마 공부했는지 그 이유를 찾아야겠다. 그리하여 찾게 되면, 잠시나마 내 가 철학과 마주해왔던 시간이 더욱 의미 있게 될 것이다.

내가 철학을 접해왔던 이유는, 철학의 이미지를 떠올려보면 생뚱맞게도, 사소한 일상에서 오묘한 재미를 느끼기 위해서다. '단어' 하나하나에 조금의 철학적 접근을 시도하여 사소한, 수많은 단어들 사이에서 상상도 못했던 의미 를 알아내고 끌어내는 기쁨, 어릴 때 순수하게 즐겼던 '놀이'를 철학적 내용으 로 풀어낼 수 있다는 놀라움, 철학이란 글자 그대로 나를 알아가고 '밝혀' 배 우는 보람. 이 모든 것들이 그리고 차마 내가 기억해내지 못한 감정, 느낌들이 '오묘한 재미'이고 기쁨이었다.

그렇다면 스터디 그룹에서의 철학공부는 어떻게 설명될까. 그것은 위에서 언급된 오묘한 재미 중 어느 곳에도 속하지 않는 것 같다. 과연 서양근대철학 사를 배우면서 오묘한 재미를 느꼈었나? 그 철학을 공부할 때 나는 다른 철학 보다 다소 어려워 고통을 느꼈고 몇 시간이나 붙잡고 늘어져도 이해가 잘 안 될 때는 무기력함도 느꼈다. 그러나 내가 평생 살아가며 생각지도 못할 것 같 은 철학자들의 사고방식과 흐름에 때때로 감탄이 나왔고 존경스러웠고, 특히 언어철학 부분에서는 훔볼트, 소쉬르, 비트겐슈타인이 경이로웠다. 그런 사고 의 흐름을 나는 온전히 이해하고 싶었지만 내 손에 움켜지지 않고 손가락 사 이사이로 끊임없이 빠져나가곤 했다. 그리고 난 계속 움켜쥐고, 이해하려 하고, 조금만 더 공부하면 뭔가 잡힐 것도 같은데, 하는 데서 오는 오묘함, 재미. 그 철학의 공부도 오묘한 재미였을지도.

청소년들이 철학을 외면하면 안 되는 이유도 이와 크게 다르지 않을 것이다. 청소년기는 자아를 찾아가며 동시에 발전시켜야 할 시기임에 틀림없다. 철학을 통해 간단하면서도 답은 썩 잘 내릴 수 없는 질문들에 대해 생각하고 토론하며 '나' 의 생각하는 힘을 키우고, 사소한 것들에도 깊게 생각하고 그로 인해 중요한 의미와 가치를 끌어낼 수 있도록 하고, 궁극적으로 내가 누구인지를 조금씩 알아가야 한다. 오묘한 재미를 함께 맛보며 말이다. 이제 이렇게 청소년 시기에 접해야 할 철학을 이 책에서 도와줄 것이다. 여덟 권의 철학책을 소개하겠다.

독자들을 맞이하는 여덟 권의 책 중 첫 번째는 로제 폴 드르와 선생님의 『101가지 철학체험』으로, 지극히 일상적인 체험들을 통해 철학과 친해질 수 있다. 이런 것이 무슨 철학이냐는 당혹스러움과 함께 예상외로 철학하기가 쉽다는 반가움, 참신한 가벼움은 읽는 이가 철학과 친해지도록 하는 데 충분하다.

그렇게 철학과 조금 친해졌다면 양운덕 선생님의 『피노키오는 사람인가, 인형인가?』, 이브 미쇼 선생님의 『내일 지구에 종말이 온다면 한 그루 사과나무를 심을 수 있을까?』로 넘어가자. 상반된 양측의 주장에서 대화와 타협을 통한 토론형식의 철학과 여러 사람이 같이 생각하며 하나의 이상적 결론을 뽑아내는 토의형식의 철학을 각각 만나볼 수 있다는 점이 그 이유가 되겠다.

김용규 선생님의 『철학카페에서 문학 읽기』는 말 그대로 철학의 장(ground) 안에서 문학을 접하는 내용의 책이다. 문학작품을 읽다가 품게 되는 자연스런 의문들, 그러나 쉽게 답이 나와주지 않는 것들에 대해 저자의 맛깔스런 '해석' 이 담겨 있다.

김용규, 김성규 선생님의 『알도와 떠도는 사원』은 철학 판타지라는 새로운 장르를 개척한 책으로, 청소년에게 쉽게 다가갈 수 있는 '판타지' 에 다소 어렵고 멀리 느껴졌던 철학을 접목시켜 철학과 친해지는 지름길을 제공한다.

두 글자를 수백, 수천 글자로 늘리는 마법을 보고 싶다면 김용석 선생님의 『두 글자의 철학』을 읽어보는 것이 좋다. 더욱이, 앞의 『알도와 떠도는 사원』에서 큰 비중을 차지하는 두 글자들이 쉽게 녹아 있으니 책의 내용이 더욱 가깝고 깊게 다가오길 기대할 만하다.

그렇게 몇 가지 철학을 접하고 배운 상황에서 진중권 선생님의 『놀이와 예술 그리고 상상력』을 읽으면 미학이라는 생소한 학문을 접할 기회가 주어진다. 놀이처럼 유희적이고, 예술처럼 아름답고, 상상력으로서 무궁무진한 미학의 모습을 보고 싶지 않은가?

그리고 철학 분야의 피날레를 장식할, 정창현 선생님 외 네 명의 저자들이 쓴 『Who am I?』는 청소년으로서 철학을 접하는 가장 중요한 이유인 자아에 대해 실어놨다. 자칫하면 진부하거나 무기력해질 수 있는 '나를 만나기'가 이 책의 변화무쌍하고 참신한 형식으로 쉽게 친해지도록 좋은 주선자 역할을 할 것이다.

이 철학 분야 책들을 독자들이 읽으면서 제목 그대로, 앞의 일곱 권에 있는 다양한 철학들을 접하면서 자신을 발전시키고, 마지막 책인 『Who am I?』에서 언급하는 내용처럼 자기 자신을 알아가고 정리하고 찾아갔으면 한다. 그리하여 철학과 친해지자는 것이다. 청소년인 우리가 철학에 대해 얼마나 알겠느냐마는 그래도 철학책을 통해 우리가 아는, 여태까지 배워온 철학을 나름 정리하고 기획하여 이렇게 어느덧, 철학 분야를 완성하게 되었다. 부족한 글이지만 진실하고 절실하게 쓰려고 노력했고 개인적으로는 후회 없다. 그런 만큼 '철학으로의 여행'에 우리가 안내자가 될 수 있어서 행복하고 고맙다는 말을 하고 싶다.

# 일상에서 철학하기

『101가지 철학체험』, 로제 폴 드르와 지음, 이기언 옮김, 샘터

아무데나 전화 걸기, 오줌 누면서 물 마시기, 과식하기, 모르는 여자에게 아름답다고 말하기…… 이런 바보 같은 행동이 어디 있냐구요? 여기 있습니다! 바로 우리의 고정관념을 깨고 심심함에서 벗어나게 해줄 책이죠. 저런 행동들이 바로 철학체험이라는 것이 믿겨지시나요? 이 책의 저자 로제 폴 드르와의 글을 한번 보시죠.

이 책은 심심풀이 놀이에 관한 책이다.

우리의 모든 관심과 에너지를 요구하는 심각한 문제들과 우리에게 아무런 관심이나 에너지를 요구하지 않는 하찮은 문제들을 대립시킬 필요는 없다.

하지만, 너무 평범한 상황들, 일상적인 몸짓들, 우리가 끊임없이 수행하는 행위들이 놀랍게도 철학의 탄생―철학은 놀라움에서 탄생한다―을 향한 출발점이 되는 경우는 많다. 철학이라는 것이 순수 이론이 아니라는 사실을 인정한다면, 삶을 대하는 독특한 태도들이 철학의 발원지가 된다는 사실을 인정한다면, 그리고 감성, 인식, 이미지, 믿음, 권력, 이념들을 상대로 뛰어드는 철학자들의 엉뚱한 모험에서 철학이 출발한다는 사실을 인정한다면, 우리가 한 번쯤 겪어볼 만한 경험들을, 우리의 일상적인 삶에 보충한 자극제가 될 수 있는 그런 경험들을 얼마든지 상상해낼 수 있다.

요약해서 말하자면, 이 심심풀이 놀이의 의도는 다음과 같은 꾸며낸 대화 속에 담겨 있을 것이다.

- 결국 어쩌자는 거요?
- 당신 내키는 대로요!

로제가 말했던 것처럼 철학은 우리가 흔히 접할 수 있는 일상생활에서도 발견하고, 상상할 수 있습니다. 이때까지 철학에 대한 고정관념은 던져버리고 재미있는 철학을 접해보는 겁니다. 고정관념이라는 것은 참 무서운 것이거든요. 어쩌면 여러분들이 철학을 접할 수 없었던 계기가 되기도 하지요.

이 책을 어떻게 설명하면 좋을까 하고 고민을 많이 했습니다. 그렇게 하여 내린 결론. 책에 나와 있는 행동들은 저희가 직접 체험하고 보고하는 것이었습니다. 자, 그럼 저희의 체험내용을 한번 보시죠.


아무데나 전화걸기

(1) 문영석(문), 류성훈(류), 박연슬(슬) 3명이 앉아 있다. 문, 핸드폰 번호를 마음대로 찍는다.

**전화기** : 이 번호는 없는 번호입니다. 다시 확인하시고……

(거의 80%가 이랬답니다.)


(2) 천신만고 끝에……

전화기 : 뚜르르르르르르르~ 뚜르르르르르르르~

**문** : 아, 된다, 된다!

**슬** : 오오! 웃지 마 웃지 마!

**문** : 안녕하세요? 우연히 전화를 걸게 됐는데요. 실례지만 귀하가 누구인지 말씀해주실 수 있나요?

**?** : 여보세요, 여보세요? 여보세요.

**문** : 우연히 전화를 걸게 되었는데요, 실례지만 귀하가 누구신지 말씀해주실 수 있나요?

**?** : 뭐라고요? 뭐라고요?

**문** : 지금 철학체험 중인데요, 실례지만 귀하가 누구신지 말씀해주실 수 있나요?

**?** : 바쁩니다.

(이 말이 떨어지기 무섭게 의문의 남자는 전화를 끊었다.)

**문** : 지금 바쁘다면서 끊었다.

**류** : 헐.


(3) (문, 다시 휴대폰에 아무 번호나 막 찍는다.)

**전화기** : 다단단단 다라단~ 다라단단단~ 다라단~ (비발디의 〈사계〉 중 봄)

**문** : 안녕하세요? 우연히 전화를 걸게 됐는데요. 실례지만 귀하가……

**?2** : ……

( '문' 의 말이 끝나기도 전에 전화기가 끊겼다. 뚜뚜……)

**문** : ……

**슬** : ……?

**류** : ……


천까지 세기

**슬** : 478……479……480…. 481…. 482…. 483… 483….

**문** : 야. 사백팔십삼 두 번 했어.

**슬** : 487……488……

**류** : 482부터 다시 해라.

**슬** : 493……493…… 494……

**문** : 야, 바보가?!

**슬** : 498……어……어?


아마 저희의 전화를 받으신 분들도 계실 것입니다. 만약 갑자기 모르는 번호로 전화가 와서 당신의 정체를 묻는다면 과연 어떻게 하실 겁니까? 물론 아무도 결론은 예측할 수 없습니다. 이제 『101가지 철학체험』이 어떤 책인지 짐작이 가십니까? 더 많은 체험을 알고 싶다구요? 저희처럼 직접 체험해보고 싶으시다구요? 그리고 이것들이 왜 철학체험이 될 수 있는지 궁금하시다면 『101가

지 철학체험』. 한번 읽어보시죠.**박연술**

**나의 생각지도** ····································································································································

· 이 책을 읽고 우리 모두 '101가지 철학체험' 중 하나를 철학적 놀이로 실제로 해본 후 서로의 해
  석을 들었습니다.

# 피노키오에게 정체성 찾아주기

『피노키오는 사람인가 인형인가?』, 양운덕 지음, 창비

철학은 어렵기만 한 걸까요? 왜 사람들은 철학하면 먼저 떠올리는 생각이 '어 렵겠군' 일까요? 철학은 멀리 있지 않습니다. 누구에게나 바로 옆에 있는 것이 바로 철학이지요. 어떤 그림에 대한 생각을 말하는 것도 철학, 어떤 영화에 대해 궁금함을 묻는 것도 철학, 모든 것이 다 철학과 관련되어 있습니다. 많은 사람들이 아는 『피노키오』에 대해 알아볼까요?

피노키오는 원래는 나무 인형입니다. 제페토 할아버지가 만든 인형으로 등장합니다. 미처 완성되기도 전에 말썽을 피우고, 완성된 다음에도 말썽을 부립니다. 학교 간다고 하고는 서커스를 구경하다 돈도 빼앗기고, 후에는 당 나귀처럼 변해서 서커스단에 팔립니다. 그리고 쓸모가 없어지자 바다에 던져 지고요. 그러던 중 피노키오는 상어에게 잡혀 먹히는데 상어 뱃속에서 자신을 찾아다니던 제페토 할아버지를 만납니다. 그곳을 탈출하고 난 뒤 집으로 돌아 와 피노키오는 열심히 학교에 다니고 일도 합니다. 어느 날, 꿈 속에서 선녀가 피노키오를 인간으로 만들어주겠다고 합니다. 인간이 된 피노키오는 할아버 지와 춤을 추고 이야기는 끝을 맺습니다.

갑자기 이런 동화를 말하는 이유가 뭐냐고요? 그것은 우리가 살펴볼 철학 과 관련되기 때문이지요. 아래는 피노키오는 사람인가 인형인가에 대한 질문 입니다. 우선 피노키오에 관한 토론을 보시지요.

류 : 피노키오는 사람일까 인형일까?

슬 : 피노키오는 인형 일 수밖에 없지.

류, 문: 왜?

슬 : 생각해봐. 피노키오의 몸은 나무로 되어 있잖아. 사람처럼 호흡도 안 하고 생리현상도 안 보이는데, 그것을 어떻게 사람으로 볼 수 있니?

문: 그래도 피노키오가 완전한 사람의 몸은 가지지 못했어도 사람 같잖아. 사 람의 몸을 가지고 있어도 내면은 사람이 아닌 사람들이 얼마나 많은 데……．

류 : 네 말은 '감정을 지니고 있느냐 아니냐.' 이 말이야?

문 : 그렇다고 볼 수 있지. 주위를 둘러봐. 학생들은 입시경쟁이다 해서 기계적으로 지식만 주입하고 있어서 감정이 메말라가고 있지. 그거야말로 '인형화' 되어가는 거지 뭐겠니?

류 : 그렇다면 감정을 지녀야 사람인가?

슐 : 꼭 그렇다고는 생각 안 해. 너도 알다시피 뇌사, 그러니까 식물인간이 된 사람들은 뇌를 사용할 수가 없지. 뇌를 사용하지 못하니까 감정 또한 가질 수 없지. 그렇지만 사회에서는 아직 그들을 인간이라고 하지 않니? 감정의 유무로는 인간인지 아닌지 알 수 없을 거야.

류 : 그렇기도 하겠군. 만약 피노키오가 이 세상에 존재한다면 우린 큰 문제에 직면할 수밖에 없어. 법의 판결을 받을 때이지. 인간이라면 인간에게 합당한 대우를, 인형이면 인형에게 합당한 대우를 해줘야 되지 않겠어? 만약 어떤 악당이 피노키오를 납치, 감금한다면 너희들은 어떤 판결을 내리겠어?

슐 : 그건 납치가 아니라 훔쳐간 거니깐 도둑질이야. 인형을 훔쳐갔으니 인형 값의 몇 배 정도로 물려줘야 할 거야.

문 : 피노키오가 인형이었다면 납치해서 감금할 필요가 없지 않겠어? 어차피 인형이라면 말이지.

류 : 그러면 피노키오가 다치거나 하면?

슐 : 부서진 경우라면 기물 파손죄? 그에 대한 손해배상을 하고 피노키오를 고치면 될 거야.

문 : 나는 상해죄라고 생각해. 누군가 고의로 피노키오에게 그런 상처를 내면 말이야.

류 : 이렇게 피노키오와 관련된 재판을 열게 된다면 참으로 골치 아픈 일일 거야. 우선 피노키오가 인간인지 인형인지에 대해 생각해봐야 되니까.

문 : 이렇게 아웅다웅 할게 아니라, 다시 처음부터 생각해보는 것이 좋겠어. 우

선 인간의 정의를 생각해보자. 사전적 의미의 인간은 '언어를 가지고 사고 할 줄 알고 사회를 이루며 사는 지구상의 고등동물' 이라고 나와 있어. 피노키오는 말도 하고, 생각도 하고 친구들과 사니까 인간이라고 볼 수 있어.

**슬** : 하지만 피노키오는 '고등생물' 이 아니지 않아? 고등생물이란 복잡한 체계를 가진 동물로 보통 척추동물을 뜻해. 소화, 순환, 호흡 등의 기관이 있고 말이지. 그런데 피노키오에게는 이러한 것들이 없어.

**류** : 피노키오가 사람인지 인형인지에 대한 대답은 이렇게 해서는 나오지 않을 것 같구나. 그렇다면 피노키오가 거짓말을 하면 코가 길어진다는 건 무슨 말일까?

**문** : 그건 말이지, 작가가 말이야, 피노키오가 거짓말을 하는 것을 보고 아이들에게 '피노키오처럼 나쁜 짓을 하면 안 된다' 라는 것을 가르쳐주기 위한 거지. 표면적으로는 피노키오가 사람이 되는 과정을 다루면서 나오는 이야기겠지만, 사실상 작가는 피노키오를 사람으로 보는 것 같더라고. 아이들이 거짓말하는 것처럼, 피노키오도 거짓말을 하면서 자라잖아.

**슬** : 거기서 '자란다' 라는 말은 무언가 이상해. 신체적으로 성장도 하지 않고. 그렇다고 해서 정신이 성숙하는 것도 나타나 있지 않아.

**류** : 이렇게 피노키오가 사람인가 인형인가에 대한 많은 생각이 있을 줄은 몰랐어.

**문, 슬** : 그러게 말이야.

**류** : 갑자기 생각나는 게 있어 영화 〈A.I.〉라고 알아? 피노키오의 염원을 잘 반영해주는 영화라고 볼 수 있겠지.

**슬** : 인공지능을 가진 복제인간 이야기 말이지?

**문** : 그래. 인간이 되고 싶어서 바둥거리는 주인공 말이야. 인간이 다 사라지고 난 후에도 살아남아 엄마라고 생각하던 존재를 찾는 걸 보면. 피노키오도 제페토 할아버지를 보고 싶어하잖아.

**류** : 이 영화가 실제로 이루어진다면, 정말 골치 아프겠어.

이렇게 피노키오는 사람인가, 인형인가에 대한 결론은 누구도 매듭지을 수 없습니다. 인간에 대한 정의를 보면 나름대로 인간의 본질이라고 생각되는 부분에 초점을 맞추기 때문입니다. 그러나 이러한 질문을 하면서, 우리는 인간이 어떤 존재인지에 대해 한걸음 더 나아가게 됩니다. 언젠가는 사람이란 무엇인가에 대한 질문의 답을 완성할 수 있겠지요.

　간단한 동화를 통해서도 철학적 질문에 대한 답을 할 수 있습니다. 어떤 사람들은 철학이 공허하고 필요 없는 학문이라 생각할지도 모르지만, 철학이야말로 인간이 존재하는 데 가장 필수적인 학문입니다. 우리가 생각하는 문제들은 바로 우리의 세계, 우리의 철학에 대한 질문이기 때문이지요.**문영석**

---

**나의 생각지도** ·······························································

· 항상 "왜?"라는 질문을 갖고 살아야 할 것 같다.

· 진정한 사람의 조건은 무엇인가?

· 손가락은 한 방향만 가리켜야 하는가.

· 피노키오의 마음은 이미 사람이 되어 있었다.

# 소녀, 물음표를 찍어대다

『내일 지구에 종말이 온다면 나도 한그루 사과나무를 심을 수 있을까』, 이브 미쇼 지음, 최정은 옮김, 홍익출판사

장마구름인 줄 알았던 스모그 현상이 하늘의 푸른색을 감추고 있습니다. 눈앞에서 직접 보니 환경오염이 심각하다는 것이 실감나더군요. 문득 영화 〈투모로우〉가 현실에 적용될 수 있다는 말이 떠올랐죠. 만약 정말 그렇게 된다면 전 무얼 하고 있을까요? 이것을 계기로 여러 가지 생각이 떠올랐어요. 지금 벌어지고 있는 세계 곳곳의 전쟁들, 돈과 관련된 여러 사회범죄들, 친구들과의 우정, 부모님과의 관계, 그리고 나 자신의 죽음 등의 생각들이 떠오르면서 의문을 가지게 되었죠. '전쟁은 왜 시작된 거지? 돈이 그렇게 중요한가? 지금 나와 친구들의 관계를 우정이라고 말할 수 있으려나? 왜 사람들은 자신의 죄를 죽음으로 끝을 내려고 할까?' 이러한 생각들이 떠오르면서 제 머릿속을 장악한 또 다른 것. 바로『내일 지구에 종말이 온다면 나도 한 그루 사과나무를 심을 수 있을까』였습니다. 이 책이 왜 갑자기 제 머릿속으로 들어왔냐구요? 한번 보시면 알게 될겁니다.

그 선생님이자 이 책의 저자이신 이브 미쇼 교수님은 현재 삶의 정체성에서 방황하는 청소년들을 위해 언론에도 자주 기고하시며 잡지에 글도 올리신답니다. 그리고 머리말에 이렇게 말하고 있습니다.

"청소년들은 어린아이에 더 가깝기 때문에 세상에 대해 순진한 호기심이 있으며, 세상에 대해 감탄하는 힘이 있습니다. 이러한 장점에 더해서, 청소년들은 어른들이 이끌고 있는 세계에 대해 한 치의 양보도 없는 비판적 시선을 갖고 있기도 합니다. 바로 이 사실이 청소년들의 사고를 더욱 날카롭게 해준다고 믿습니다."

이 말은 책이 청소년, 즉 우리를 위해 태어난 책이란 것을 한 번 더 확인시켜 줍니다. 이 책에는 우리가 평소에 흔히 생각할 수 있었던 질문들이 담겨 있답니다. 한 아이와 이브 교수님의 가상대화를 통해 이 책이 어떤 책인지 짐작이 갈 것입니다.

슬   : 고등학교에 진학하면서 많은 친구들과 헤어지게 됐어요. 또 제가 이사
     를 오는 바람에 더욱 만나기가 어려워졌습니다. 그러다가 저와 친했던 친
     구와 오랜만에 만나게 되었을 때 예전과 분위기가 많이 다르다는 것을 느
     낄 수 있었어요. 우정이 약간 사라진 느낌이랄까요? 저뿐만 아니고 친구
     도 아마 그런 느낌이었을 겁니다.

이브 미쇼 : 우정을 지키는 일은 아주 어렵다고 할 수 있습니다. 또다시 발전시
     킬 수 있다는 말과 같지요. 우정을 지킨다는 것은 친구와의 싸움, 섭섭함
     의 감정 등으로 변화할 수 있는 자기감정을 자제했다는 뜻이지요. 우정은
     잡초와 달라요. 그냥 내버려두어선 안 되죠. 끊임없는 관심을 쏟고 돌봐주
     어야 해요.


슬   : 요즘 뉴스에서 전쟁을 자주 볼 수 있어요. 그때마다 마음이 아파요. 이
     라크 전쟁 같은 경우는 강대국과 여러 나라들이 작고 약한 나라를 괴롭히
     는 것 같거든요. 교수님, 혹시 『가자에서 띄운 편지』 읽어보셨나요? 이스
     라엘과 팔레스타인 분쟁에 대해 한 번 더 생각해보게 됐어요. 다리를 절
     며 동료를 구하다가 총에 맞은 팔레스타인인의 동영상을 잊을 수가 없어
     요. 사람들은 왜 전쟁을 하는 것일까요?

이브 미쇼 : 이스라엘 분쟁, 정말 저도 마음이 아팠습니다. 물론 전쟁의 이유는
     많습니다. 민족간의 갈등, 종교, 영토, 돈 등 물질적으로 말이지요. 결국
     인간의 탐욕과 같습니다. 중요한 것은 전쟁에 분명한 원인이 있다면 우리
     는 그 전쟁을 멈추기 위해 취해야 할 행동도 알고 있다는 것입니다. '슬'
     학생 생각엔 전쟁 없는 세상이 가능하다고 보나요?

슬   : 전쟁 없는 세상이요? 글쎄요. 인간의 탐욕과 물질에 대한 집착, 욕망은
     끝이 없다고 봐요. 하지만 우린 감정은 있어도 자제할 줄 모르는 짐승이
     아니에요. 우리는 그런 욕구들에 대해 스스로 옳고 그름을 판단할 수 있
     다고 생각하거든요. 언젠간 모든 사람들이 그럴 것이라고 믿어요. 그리고

현대사회는 자본주의잖아요? 옛날에는 처음 보는 사람이나 존경하는 사람에게 부를 때 주로 선생님이라는 존칭을 붙였는데 요즘에는 다 사장님이라고 부르더라고요. 심지어 전 돈 때문에 친구나 부모님과 다툰 적도 있는걸요. 그것을 보며 요즘 사회가 너무 물질적으로 가는 게 아닌가 하는 생각이 들어요. 돈으로 무엇이든지 살 수 있는 것처럼요.

**이브 미쇼** : 물론 돈으로 살 수 있는 것은 많아요. 예를 들어, 공공기물인 에펠탑을 개인 회사가 팔거나 가톨릭 교회에서의 죄를 감면받기 위한 돈의 지불, 가난한 아이들의 인신매매, 심지어 선물이나 아첨을 통한 사람의 감정매매까지 말이지요. 하지만 우선은 금전적으로 어떤 것을 사는 게 가능한 일인지 알아본 다음에 그게 과연 도덕적으로 좋은 일인지 한번 생각해봐야 합니다. 무엇인가 산다는 것은 하나의 물건과 돈이 교환된다는 것입니다. 구입과 물물교환은 다르다는 것을 일단 알아야 된다는 것이지요. 돈으로 사랑을 살 수 있을지는 모르지만 그건 가짜 사랑이겠지요. 기쁨이나 행복은 돈으로 살 수 없습니다. 진실한 것은 값을 매길 수 없기 때문입니다.

내일 지구에 종말이 온다면 여러분들은 사과나무를 심겠습니까? 이런 흔하면서 일상에서 생각할 수 있는 것들. 친구, 사랑, 죽음, 전쟁, 자유, 진실, 정의, 아름다움, 꿈, 웃음, 과학, 언어, 돈. 이런 것에 관한 질문들을 이브 교수님은 공부나 해라, 대학이나 가라고 이야기하지 않으셨습니다. 하나하나 세심하고 친절히 설명과 답변을 아끼지 않으셨죠. 이 책은 철학이 아니라 철학적으로 생각하는 삶의 태도를 가르쳐준답니다. 내일 당장 지구에 종말이 온다는 통보를 받으면 왜 그런지 따져보기보다는 사과나무 한 그루를 심을 수 있도록 가르쳐준다는 말이지요. 자, 여러분들도 삶의 의미가 궁금하세요? 한 그루 사과나무, 함께 심어보아요. **박연슬**

**나의 생각지도** ·····················································································································

· 죽음 후에 있는 그 무한한 것들에 대한 믿음이 생겼다.

· 친구란 운명 같은 존재다.

· 죽음이 여전히 두려운가?

# 문학 속에 숨겨진 철학 엿보기

『철학카페에서 문학 읽기』, 김용규 지음, 웅진지식하우스

메피스토텔레스의 유혹에 빠진 파우스트는 어떻게 구원받았을까요? 싱클레어의 꿈에서 나타난 양성적인 신 '아프락사스'의 실체는 무엇일까요? 그레고르는 왜 하루 아침에 바퀴벌레로 바뀌었을까요? 우리들의 천국이 '당신들의 천국'과 동일한가요? 이 문학 속에 숨겨져 있는 철학, 그것을 밝혀주는 것은 『철학카페에서 문학 읽기』입니다. 소설들마다 숨겨져 있는 메시지를 찾는 것이 소설을 읽는 우리가 해야 하는 일입니다. 국어 교과서에 나오는 '능동적인 글읽기'이기도 하지요. 어디 한번 능동적인 글읽기를 해볼까요?

괴테의 『파우스트』. 자기 체념과 자기실현의 양면성을 보여주는 작품이기도 합니다. 파우스트에게는 두 가지 충동이 있습니다.

> "아, 내 가슴엔 두 개의 영혼이 깃들어 있다. 그 하나가 다른 하나에서 떨어져 나오려고 한다. 하나는 격렬한 애욕을 도구로 하여 현세에 매달려 있다. 또 하나는 억지로 속세를 피하여 높은 영들의 세계에 오르려 한다. 저 대기 속에 떠도는 영들이 있다면 금빛 안개 속에서 내려와 나를 새롭고 화려한 삶으로 인도해다오!"

파우스트는 이런 말을 하면서 자기 체념을, 그 말을 들은 메피스토텔레스는 파우스트를 유혹합니다. 유혹에 빠진 파우스트는 많은 악행, 그 자신만을 위한 행동만을 추구합니다. 마지막, 메피스토텔레스가 파우스트의 영혼을 챙기려는 순간, 하늘에서 천사들이 내려와 "누구든 줄곧 노력하며 애쓰는 이를 우리는 구원할 수 있습니다"라고 하여 파우스트를 구원해갑니다.

파우스트가 악마의 유혹에 빠져 자기 욕망을 실현하는 것의 원인은 무한한 자기 체념으로부터 오는 것입니다. 자아를 포기함으로 욕망을 펼치는 것이지요. 그런데 자기 욕망을 실현하는 것 자체는 자기 실현입니다. 여자를 품으려는 개인적 욕망과 전쟁에서의 승리 등의 사회적 욕망, 자신이 원하는 것을 찾아 하는 것, 이것을 목표로 파우스트는 살았습니다. 그렇다면 자신이 원하는 것을 모두 이루려는 삶을 살 것인가요? 아니면 신에게 자신의 모든 것을 바쳐, 자신의 모든 것을 체념하여 삶을 살 것인가요? 이에 대한 대답은 주위의 아무도 해줄 수 없습니다. 단지 자신이 결정하는 것이지요.

카프카의 『변신』. 가정은 무엇인가요? 가정은 과연 사회에서 인정받지 못하는 사람들의 안식처라고 할 수 있을까요? 가정은 가족 구성원의 어떠함을 따지지 않고 사랑해주는 공간입니다. 그러나! 『변신』에서의 가정은 꼭 그렇지만은 않습니다. 직물회사 외판원인 그레고르는 어느 날 한 마리의 흉측한 바퀴벌레로 변하게 됩니다. 바퀴벌레가 된 그레고르는 가족으로부터 냉대를 받고 죽게 됩니다.

　카프카는 가정이라는 공간을 사랑의 공간이 아닌, 경제적인 관계에 의해 생긴다고 결론을 짓습니다. 여기서 그레고르는 갑자기 한 마리의 벌레로 변했을까요? 그레고르가 바퀴벌레로 바뀐다는 것은, 자본주의 사회를 바탕으로 하는 사회에서 더 이상 그레고르가 경제적으로 가정에게 도움을 줄 수 없는 존재가 되었다는 것을 의미합니다. 그레고르의 가정이 가정이 아닌 곳이 되어버린 것이죠. 그에 대해 가브리엘 마르셀은 '인간이 인간이기 위해서는 가족적이어야 한다'고 말했습니다. 자본주의화된 우리의 가정이 본질적인 가정으로 되려면 가족 구성원들에게 가족적으로, 사랑으로 대해야 한다는 것입니다. 그렇다면 당신의 가정은, 당신은 가족적입니까?

최인훈의 『광장』. 우리에게 천국은 어떤 곳입니까? 단순히 고통이 없는, 단지 행복만이 있는 곳입니까? 사람들은 천국, 이상사회를 네 가지로 분류합니다. 코케인, 아르카디아, 밀레니엄, 그리고 유토피아. 네 가지의 이상사회는 조금씩 다르지만, 행복이 보장되는 곳이라는 점에서는 공통됩니다. 그렇다면 민주주의와 공산주의, 둘 다 이상사회를 목표로 하지만 그 과정은 조금씩 다릅니다. 이에 대해 『광장』의 주인공 명준은 그 둘의 한계, 이데올로기로는 이상사회를 이룰 수 없다고 이해합니다. 그리고 바다로 뛰어들지요.

『광장』에 따르면 우리가 원하는 이상사회는 이루어질 수 없습니다. 평등을 강조하면 자유가 침해받고, 자유를 강조하면 평등이 침해받습니다. '광장'에서 주인공이 바다로 뛰어들어 생을 마감하는 것은 이상사회란 이루어 질 수 없음을 강조하려는 것이라고 볼 수 있겠지요. 그렇다면 당신에게 이상사회는 꼭 이루어져야 하는 것입니까? 현실에 만족할 수는 없는지요?

헤르만 헤세의 『데미안』. 사람은 태어나서 죽을 때까지 '성장'해갑니다. 신체적 성장에서 정신적 성장까지. 『데미안』에서 주인공 싱클레어는 친구 데미안을 만나기 전까지 어둠의 세계와 빛의 세계에서 갈등을 겪습니다. 그러나 데미안은 싱클레어의 이분법적 사고를 부정하고는 '우리는 하나님을 예배하는 동시에 악마에 대해 예배도 해야 돼' 하고 가르칩니다.

"새는 알을 깨고 나온다. 알은 세계다. 태어나려는 자는 세계를 파괴해야 한다. 새는 신에게로 날아간다. 그 신의 이름은 아브락사스다."

이를 통해 싱클레어는 알을 깨고 아브락사스의 본질, 어둠과 빛의 조화, 부성적 존재와 모성적 존재의 조화를 알게 됩니다. 이것이야 말로 알을 깨는 것, 정신적 성장을 하는 것입니다. '성숙한 인간은 밖에 있는 어머니와 아버지로부터 해방되어 내면에 그 모습을 간직하는 것이다' 라는 말이 있습니다. 당신은 성숙한 인간이 되고 싶습니까? 그러면 알을 깨는 것을 두려워하지 마십시오.

대부분의 현대인들은 철학에 대해 자신들은 모른다고 생각합니다. 친하지도 않고 친해지려고도 하지 않으려는 사람들이 있습니다. 허나 인간은 살다보면 꽤 자신이 철학적인 순간이 많이 있다는 것은 모르나 봅니다.

『철학카페에서 문학 읽기』를 읽다보면 사람들은 종종, 자연스럽게 이런 질문들을 던질 것입니다. '신은 도대체 어떤 잣대로 신을 구원하지(『파우스트』에서)', '과연 이상향은 존재할까, 그것도 공동의 이상형(『광장』에서)', 이것들은 모두 『철학카페에서 문학 읽기』의 목록에 나오는, 각 장을 대표하는 질문들입니다. 『철학카페에서 문학 읽기』에서 이끌어낼 담론들의 근원인 질문들이 사실 우리가 책을 읽으며 우리 스스로에게 그리고 이 사회에 또는 다른 누군가에게 던지는 질문들이었던 것입니다. 철학적 사유, 철학과 너무 멀어지게 된 많은 사람들, 우리에겐 힘든 것일 수도 있으나 시작이 반이라는 말처럼, 그 사유의 반을 해쳐나가기엔 충분한 우리입니다. **문영석**

**나의 생각지도** ··········································································································

· 우리가 정말 만났을까요?

· 인간이 인간으로서 인간적으로 살 수 있는 사회를 꿈꾼다.

· 나는 나로서 성장하고 있는 걸까?

· 알 속에서 성숙을 꿈꾼다.

# 철학과 함께 역경 헤쳐나가기

『알도와 떠도는 사원』, 김용규 · 김성규 지음, 웅진지식하우스

여러분은 판타지 소설을 좋아하십니까? 물론 저도 좋아합니다. 현실에서 잠시 벗어나 자기만의 상상으로 이루어진 세계를 꿈꿀 수 있기 때문입니다. 그렇다면 철학은 어떻습니까? 어렵다고요? 전혀 그렇지 않습니다. 우리 주변의 모든 것은 철학적으로 생각할 수 있기 때문입니다. 여기 이 소설 『알도와 떠도는 사원』은 철학을 판타지화한 것입니다. 처음에는 분량을 보고 거부감을 느낄 수도 있지만 읽다보면 푹 빠져들기도 하고, 가끔 가다 엄청난 양의 철학 내용이 나와 읽는 이로 하여금 망상에 빠지도록 하기도 하고, 그 고비를 넘긴 독자들에게 또 다른 시련을 주기도 합니다. 그러나 이처럼 철학과 판타지를 접목한 소설은 거의 없고, 이렇게 재미난 구성을 가진 것은 더욱 드물다고 할 수 있습니다. 그렇다면 『알도와 떠도는 사원』을 살펴봅시다.

알도는 아버지를 만나러 인도에 왔는데 아버지는 없었다. 연구소에서 사람과도 같은, 인공 바이오 두뇌 레나를 만나게 된다. 아젠타에서 아빠를 본 그는 공항 밖에서 사귄 친구 고오빈다에게 부탁하여 태양의 사원에 대해 알게 된다. 한편 탈란 교수는 태양의 사원에 가기 위해 알도를 끌어들일 계획을 펼친다. 알도와 고오빈다가 함께 아젠타로 가자, 정체불명의 두 사람이 쫓아온다. 알도와 고오빈다는 탈란 교수와 일당들이 외친 주문으로 인해 제8구로 들어가게 된다. 그곳에서 알도와 고오빈다는 은빛 나비, 연꽃을 든 보살로 보이는 프시케를 만나 마녀 나긴스가 사는 어둠과 악의 성으로 가는 방법을 듣는다. 그녀에게서 그 둘은 엄청난 선물을 받는다. 알도는 지혜의 등, 고오빈다는 마법지팡이를 가지게 되었다. 거짓과 무지의 땅에 도착한 그들은 카페 트라움을 찾다가 환상의 광장에 도착한다. 거기서 그들은 '바보 같은 소리만 하거나 거짓말만 하는 영혼들'을 본다. 그러다가 딜레마와 싸우고 있는 레나를 만난다. 딜레마를 무찌르고 난 다음 레나와 알도와 고오빈다는 카페 트라움에서 유니콘 아론이 있는 유니콘의 성으로 간다. 만물을 만들고 싶어하는 유니콘 아론에게 레나는 프랙탈 기하학을 가르쳐주고 그 대가로 마녀 나긴스의 성에 가게 된다. 미로를 뚫고 나칼의 서를 찾지만, 탈란 교수와 조수인 조디, 마녀 나긴스가 등장한다. 탈란 교수와 조디는 나칼의 서를 보고 싶다고 하지만, 그것이 죽음이라는 것을 알아차리지 못하고 나긴스에 의해 죽는다. 알도와 일행들도 위험에 빠지지만 연꽃의 정령의 도움으로 그들이 떠도는 사원을 세상에 뿌리내리게 할 일 한 가지를 하면 구원받을 수 있게 된다. 그리고 그들은 다시 현실로 돌아온다. 그때, 김재일 박사가 프로젝트 이카로스의 위험성을 깨달아 레온을 다이달로스의 미로로 봉쇄해버렸고, 산자이 교주는 알브레즈 박사의 딸인 레이첼을 인질로 잡고 알브레즈 박사에게 미로를 풀라고 지시한다. 고오빈다는 쪼한 할아버지의 도움으로 김재일 박사와 레이첼을 구한다. 그때, 고오빈다가 사는 마을에서 불이 나고, 그것을 본 알도는 고오빈다의 집에서 수자타를 구하고 쓰러진다. 그가 한 이 일이 태양의 사원을 뿌리내리게 한다. 그 사이, 레온의 미로를 레나가 풀고는 메모리가 파괴되어 아무런 기억도 하지 못한다. 그리고 이야기는 끝을 맺는다.

『알도와 떠도는 사원』에서는 많은 철학적 이야기가 나옵니다. 고대 그리스에서의 딜레마 '크레타 섬 사람들은 거짓말쟁이이다……'로 시작하여 급진적 구성주의에 이르기까지, 어렵고도 호기심을 끄는 말들이 줄줄이 나옵니다. 그러나 중요한 것은 소설의 마지막 부분에 있습니다.

"알도, 진정한 태양의 사원은 이 세상 어디에도 존재하지 않는다. 그것은 오랫동안 떠돌고 있어. 하지만 동시에 진리와 정의와 사랑 그리고 용기가 존재하는 모든 곳, 그 아름다운 곳에는 언제나 그리고 반드시 태양의 문이 나타난다……."

"그대들은 내게 이렇게 말하곤 했지요. 그대의 마음이 탐욕의 무거운 외투만 벗어던진다면 그대도 우리처럼 하늘을 날 수 있다고. 기쁨의 날갯짓으로 모든 순간을 퍼덕일 수 있다고. 살아 있다는 것이 새벽안개처럼 신선하고, 눈부신 햇살처럼 황홀하며, 해안의 저녁노을보다도 아름답다는 사실을 깨달을 수 있다고."

"탐욕이 없다고 해서 마음이 가벼워질 수는 있어도 하늘을 날 수는 없을 테니까요."

끝에서 『알도와 떠도는 사원』에서는 물질만능주의에 찌든 현대사회를 비판합니다. 또한 과학지상주의도 비판합니다. 미래를 보는 그만큼의 예지도, 책임 의식도, 보이지 않는 빈민과 슬픈 생각조차 하지 않는 과학자들에 대해 저항을 하고, 적자생존설에 입각한 산자이 박사의 이카로스 프로젝트를 통해 세계의 부적자들을 없애려 하던 존재들, 고문헌학자의 탐욕과 극단적 이성주의로 인간 유전자 조작을 실행하려는 존재들을 알도가 물리치면서 우리의 사회는 '진리와 정의와 사랑, 그리고 용기'가 존재하는 곳으로 만들어 나갑니다. 진리란 인류의 보편적 가치를 실현하는 것에서 나오니까요. **문영석**

**나의 생각지도** ⋯⋯⋯⋯⋯⋯⋯⋯⋯⋯⋯⋯⋯⋯⋯⋯⋯⋯⋯⋯⋯⋯⋯⋯⋯⋯⋯⋯⋯⋯⋯⋯⋯⋯⋯

· 책을 읽고는 모두가 한 편의 소설책을 읽은 듯 자유롭게 감상을 나누었다.

# 두 글자에 갇힌 의식 해방시키기

『두 글자의 철학』, 김용석 지음, 푸른숲

이미 철학 분야 앞부분에서는 여러 가지 철학의 모습이 제시된 줄 안다. 철학 분야 전체의 의미 중 하나가 바로 '철학의 여러 가지 모습 제시'이기 때문이다. 로제 폴 드르와 선생님의 『101가지 철학체험』에서는 지극히 일상적인 사건, 행위에서 발견할 수 있는 철학을, 김용규 선생님의 『철학 통조림』에서는 상반된 주장에서 대화와 타협을 통한 토론의, 진리 추구의 철학을. 이렇게 철학은 다양한 모습으로 우리에게 다가온다. 앞서 말한 책을 다 읽었던 난 또 다른 모습의 철학을 내심 기대하고 있었다. 물론 한편으론 걱정도 했다. 재밌거나 참신한 철학은 이미 한 번씩 다가왔고 이제 내가 접할 철학은 '일반적이고 모두에게 보편적으로 다가오는' 철학만 남은 것이 아닌가 하는 걱정 말이다. 그러나 그때 철학의 다양성은 내가 생각했던 가짓수를 가뿐히 뛰어넘었다. 그것을 깨닫게 해 준 책, 바로 김용석 선생님의 『두 글자의 철학』이다.

처음 책을 뽑아든다. 책 측면 표지는 빨간색 바탕에 흰색 제목으로 되어 있어 찾기가 어렵지는 않다. 『두 글자의 철학』이란 큰, 두 줄의 글자 사이로 ''혼합의 시대'를 즐기는 인간의 조건'이라는 소제목이 끼어 있다. 일단 주제목의 의미부터 모르니, 부제목은 고사하고 책을 아무데나 펼치고 스르륵 몇 초 만에 수백 페이지를 훑어본다. 그러면 간간히 각 꼭지의 제목으로 보이는 두 글자들이 눈에 띄고 그 밖에는 다른 책과 다름없이 글자로 가득함을 볼 수 있다.

다시 제일 앞장부터 좀더 꼼꼼히 읽어가려 마음먹고 목록을 펼친다. 아, 책의 소제목들이 두 글자다. 공통점은 모두 명사고 한 마디로 단정짓기엔 의미가 많거나 추상적이다. 많은 두 글자에 대해 철학적으로 풀어놓은 것쯤 되려나 하고 생각할 수 있다. 차례에서 한 장 넘기면 바로 뒤에 여는 글이 나온다. 제목은, '천 가지 생각으로의 초대'이다. 책을 조금이나마 강제적으로, 타자의 의지로 읽기 시작한 독자에겐 그것의 꺼림칙함에서 꽤 벗어나게 해주는, 기분 좋은 여는 글이다. 새로운 철학의 모습을 보여주는 책은, 그 의의에 걸맞게, 모습을 보여주기 위한 준비, 첫인사 또한 새롭게 한다. 초대받았으니, 그것에 대한 최소한의 답례이자 예의로 여는 글을 꼼꼼히 읽어야 할 것이다.

글쓴이는 자신의 꿈 이야기를 시작으로 화두를 연다. 일상사에서 부딪힐 만한 수많은 두 글자들이 다리가 달려 자신을 쫓아온다고. 깨어난 그는 일상에서 무기력하게 수많은 두 글자를 접하며 살고 있는 현실을 발견한다. 결국, '나는 '두 글자의 현실'을 받아들이기로 했다'고 선언한 뒤, '두 글자에 갇힌 의식을 해방하려는 시도'를 한다. 지금 돌이켜보면, 난 두 글자에 갇힌 것도 아니고 내가 스스로 나를 가둔 것에 가깝겠다는 생각을 해본다. 난 두 글자 본래의 개념도 제대로 알아오지 못했기 때문이다.

두 글자의 대부분은 한자어다. 그래서 두 글자들의 본 개념을 정확히 알아야 한다면 그 단어의 한자를 알고 두 한자에 담긴 뜻을 풀어서 이해해야 할 것이다. 그런데 그 한자가 나는 싫었다. 표의문자라 음과 뜻이 한 문자에 따로 있고 언어에서 체계를 찾아보기가 힘들어 몇 번을 반복해서 봐도 까먹게 되었다. 나는 한자의 비과학성 때문에 그리고 그 비과학성을 이길 나의 끈기와 한자를 배우겠다는 열의 부족 때문에 그것을 익히는 일을 포기했다. 또한 한자의 뜻 하나하나를 다 알지 못해도 한자어가 전체적으로 무슨 의미인 줄은 어렴풋이 알고 있기 때문이었다. 이렇게 나름 변명거리도 있지만, 단어 자체가 뜻하는 기본적 개념을 정확하게 알지 못하는 나는 작가의 다음 말에 곤란해졌다. '새롭고 다양한 시작은 개념을 변화시키고, 개념의 변화는 실천을 위한 사고의 변화를 가져오기 때문이다.' 변화시킬 개념이 정확히 서지 않은 것이 억압이 덜 된 상태라 좋은 것인지, 시각의 다양화, 사고의 변화를 향해 애초부터 잘못된 곳에서 출발하는 것이라 좋지 않은 것인지는 모르겠지만 그런 상태로 나는 어느새 책의 본론을 읽기 시작했다.

본론의 각 부(총 3부) 안에 있는 꼭지, 즉 '두 글자'들을 보면 하나하나가 삶의 매순간을 이루고 우리의 상태를 표현하는 키워드다. 그런 키워드를 저자가 '해체하여 수십 자, 수백 자, 수천 자로 풀어놓는 것'이 본론 내용이다. 단순한 의미를 지닌 줄 알았던, 짧은 두 글자에 철학적 접근을 시도하여 이렇게 다양하고, 그 다양한 것들을 또 개성 있고 의미 깊고 또한 멋스러운 '풀이'를 할 수 있다는 것에 놀라울 뿐이다. 소개하고픈 문구들은 실로 많으나 그 중에서 꼽아 써본다.

'자유 조건의 양면성은 인간에게 태생적인 것인지도 모른다. 칸트는 아이가 엄마의 자궁에서 나오자마자 우는 이유가 순간 자유를 상실했다는 것을 느끼기 때문이라고 설명한다. 태아는 엄마 뱃속에 있지만 그 안에서 무척 자유롭다. 마치 우주 비행사가 유영하듯이, 양막(佯膜)의 보호와 한계 안에서 편안히 부유하면서 무척 자유로운 아홉 달을 보낸다. 그러다가 열린 세상에 나오는 순간 자신에게 자유를 보장해주던 경계막을 상실한 불안감에 울음을 터뜨린다. 아이는 열린 세상이 곧 자유가 아니라, 이 세상에서 자신이 자유의 공간을 한계지어 가야만 한다는 것을 미리 직감하는지 모른다.'

ㅤㅤㅤㅤㅤ-제1부 인간의 조건(자유-모순적인, 너무나도 모순적인)에서

'행복은 삶의 느낌표(!)와 말없음표(……)의 성격을 모두 갖고 있다. '순간의 커다란 행복감'과 '작지만 탄탄한 행복의 지속'이 그것이다. 느낌표의 모양을 한번 보라. 강렬하지만 위가 크고 밑은 약하며 떠받치는 기초와 떨어져 있다. 그래도 그렇게 서 있다는 것은 '걸작'이라는 뜻이다. 그러나 마르그리트 유르스나르가 말했듯이, "모든 행복은 최고의 걸작이다. 하지만 아주 작은 실수, 아주 작은 망설임, 아주 작은 무게, 그리고 아주 작은 우스꽝스러움으로도 망쳐버릴 수 있는 것"이다.'

ㅤㅤㅤㅤㅤ-제2부 감정의 발견 (행복-삶의 느낌표와 말없음표)에서

자, 이제 어느덧 당신은 초대를 수락할지 거절할지, 선택의 기로에 섰다. 글쓴이의 말처럼 '혼합의 시대에 적응하는 것을 넘어서 '혼합적 일상의 까탈스러움'을 오히려 생활의 즐거움으로 만들 수 있는 길을 찾아'보고 싶다면 그 길을

내딛는 첫 발걸음으로, 아니 수많은 걸음 중 한 걸음을 두 글자들, 그리고 다양한 사람들과 함께 혼합적 사고를 즐기고 싶다는 저자 김용석과 함께 해보는 것은 어떤가.**류성훈**

**나의 생각지도** ···················································································

· 용기의 실천은 한 인간을 자유롭게 해준다.

· 내 마음이 표현하는 그대로를 나타내는 것, 순수.

· 철학을 통한 작은 생각의 변화를 가져봐야겠다.

· 진정한 자유는 무엇일까?

# 미학과 관계 맺기

『놀이와 예술 그리고 상상력』, 진중권 지음, 휴머니스트

'유쾌한 미학자 진중권의 7가지 상상력 프로젝트'
'유쾌한 미학자 진중권은 상상력이 미학의 영역임을
『놀이와 예술 그리고 상상력』에서 선언한다.'

이 책은 명백히 미학자가 쓴 것이고 내용 역시 미학적이다. 결국 이 책은 철학에 분류될 것이 아니라 미학의 영역에 속해야 할 게 아닌가 하고 생각했다. 『놀이와 예술 그리고 상상력』을 우리 책에 신기로 결정하고, 문학, 역사·사회, 철학, 예술, 교육, 생태·환경, 이렇게 여섯 영역 중 어느 곳에 넣을지 고민하다 든 첫 생각이었다. 미학은 우리 서가의 영역에 없었고 어느 영역도 미학을 포함할 수용력이 없는 줄 알았다. 그러나 미학의 정의를 알아보면 난 안 해도 되는 고민을 한 것이다.

'미학이란 미 또는 예술 혹은 감성적 인식을 주제로 하는 철학적인 학과(學科)이다.'
—사사키 겡이치의 『미학사전』에서

'상상력 혁명'의 시대. 저자는 현대사회를 그렇게 바라본다. 근대 합리주의자들에게 억압받았던 상상력이 최근 와서는 정반대로 우리들의 삶 곳곳에 스며들고 있다는 사실을 강조하며 이미 상상력의 혁명은 시작되었다고 주창한다.

저자는 상상력 혁명에 대해 머리말에서 말하고 그 상상력으로 예술을 풀어가고 놀이(미적 체험)를 즐길 수 있게 본론에서는 이끌어준다. 바로 어릴 때 혹자에게는 지금도 어렴풋이 상상력을 자극하는 일곱 색깔의 무지개가 배경인 장(ground)에서 말이다. 7가지로 구성된 상상력의 장은 읽는 이에게 유쾌한 미학자가 써서 그렇듯, 신기하고 재밌는 미학의 세계를 보여준다.

그러나 아무리 유쾌한 미학자가 책을 썼다 해도 미학적 내용들을 모두 신기하고 재밌게 풀어 적지 못할 것이다. 중간 중간의 내용이 어려운 건 사실이다. 단어의 수준도 어렵고 글 전체적 내용의 수준도 청소년들이 읽기엔 결코 만만치 않다. 사실 미학은 청소년들로부터 멀리 있는 학문이었다. 내 주위의 친구들 중 미학이 뭐냐고 물어보면 선뜻 그럴듯한 답을 내놓은 적은 없었다. 나 또한 미학이 뭔지 아직도 갈피를 제대로 잡지 못하고 있는 것이 분명하다. 그렇다고 지금까지 철학을 피하거나 무시해왔던 것처럼 미학을 대할 것인가.

미학은 자연이나 인생 · 예술에 나타나는 아름다움의 현상 · 가치 따위를 연구대상으로 하는 학문이라 했겠다. 청소년의 시기, 어쩌면 어느 시기보다 삶에서 아름다움을 많이 보고 느껴야 할 때일 것이다. 삶에서 모자라는 아름다움을 충만하도록, 이미 아름다움을 느끼고 있다면 그 느낌을 더욱 깊고 넓게 가질 수 있게 미학과 친해져보자. 『놀이와 예술 그리고 상상력』의 거의 매 장마다 있는 오묘하고 신기한 그림들이 미학과의 관계 맺기, 그 속도를 더해 줄 것이다. 감히 말한다. 이처럼 즐기며, 놀이하며 읽을 수 있는 책은 없었고 독서할 때의 행동이 역동적일 때는 없었다. 진중권은 머리말에서 이렇게 썼다. '영화제에 나와 감독들이 하는 말처럼. Enjoy this book.' 나는 이미 즐겼다. 이젠 여러분이 즐길 차례다. 때론 삽화를 거꾸로 보거나 사팔뜨기가 될 만큼 옆에서 바라보며. 외국어 철자들의 순서를 이리저리 바꿔가며 영화 〈다빈치 코드〉의 주인공이 된 것 같은 기분을 만끽하며. 'Enjoy this book in its entirety.' **류성훈**


**나의 생각지도** ●●●●●●●●●●●●●●●●●●●●●●●●●●●●●●●●●●●●●●●●●●●●●●●●●●●●●●●●●●●●●●●●●●●●●●●●●●●●●●●●●●●●●●●●●●●●●

· 영원이란 무엇일까요, 영원은 어디에 있는 것일까요?

· 놀이는 인간이 발달하면서 가져온 가장 큰 선물이다.

· 우리의 현실 자체가 그림자극은 아닐까요?

· 애너그램에서 배려하며 말하는 법을 배우다.

# 내 안의 나를 찾아가기

『Who am I?』, 정창현 외 지음, 사계절

여러분은 자신이 누군지 잘 알고 계시나요? 내가 생각하는 자의 존재 말입니다. 우리는 새벽에 일어나 새벽에 잡니다. 아침 일찍 학교에 가서 밤늦게까지 자습과 학원수업을 하고, 집에 돌아와 씻고 얼마 되지 않는 시간 동안 잠을 청하고, 반복되는 일상입니다. 대부분의 공부를 잘하는 학생들이나 선생님, 부모님께서 말하시죠. '너만 그런 게 아니라고, 어차피 피할 수 없는데 즐겨.' 그래서 제가 공부를 못하나 봅니다. '피할 수 없으면 즐겨라'라는 대우명제 아세요? 바로 즐길 수 없으면 피하라입니다. 전 반복되는 것을 싫어하거든요. 하루하루가 달라야 하고, 새롭게 느끼는 것을 좋아합니다.

하지만 언제부턴가 점점 그 생각은 잊혀진 채 그냥 '힘들다, 열심히 하자, 대학 가자' 이런 말들만 반복해서 들으며, 계속 입에 붙어 진 채 살고 있었습니다. 여러분은 어떻나요? '어차피 피할 수 없는 거 즐겨라.' 왜 피할 수 없다고 생각할까요? 피 튀기는 정신적 경쟁에서 한 발짝 물러나면 남들보다 뒤떨어지니까? 아니면 정상적이지 못하니까? 이 문제는 공부를 잘 하고 못 하고를 떠나서 바로 우리 청소년들의 문제입니다. 언제 한번쯤 '지금 꼭 공부를 해야 하나?', '이걸 한다고 해서 행복해지나?' 등 이런 질문들을 해보셨을 것입니다. 그때마다 '대학 가서 고민해라, 그 시간에 공부나 해라'는 소리, 핀잔에 그냥 실망한 채 뒤돌아섰습니다. 하지만 그것은 뒤돌아서서 해결할 문제가 아니랍니다! 그것은 대학 가서 할 고민이 아니라 지금 현재를 위해 답을 얻기 위한 질문이니까요. 자, 『Who am I?』와 조금 더 친해져 볼까요? 책 프롤로그에 있는 레밍 이야기를 해드릴게요.

북유럽에는 레밍이라는 들쥐들이 사는데, 이놈들은 꼭 일 년에 한 차례씩 '죽음의 질주'를 벌입니다. 무리지어 하루종일 뛰어다니다가 절벽까지 이르러선 멈추지 못하고 떨어져 죽고 말지요. 왜 이렇게 될까요? 이유는 아주 간단합니다. 어느 날 무리 앞쪽의 쥐들이 우연히 뛰기 시작합니다. 쥐는 본디 떼를 지어 사는 동물입니다. 앞의 쥐들이 뛰면 뒤의 쥐들도 무리에서 떨어지지 않으려고 따라 뜁지요. 이런 식으로, 수천 마리 정도 될 때는 앞의 쥐들이 왜 뛰는지도 모르면서 다른 쥐들도 덩달아 뜁니다. 거꾸로 앞의 쥐들은 뒤에서 너무 맹렬하게 달려오니까 두려워서 도망가기 시작합니다. 그럴수록 뒷놈들은 따라붙으려 더 결사적으로 속도를 내는 것이지요. 결국 이 황당한 질주는 절벽이라는 돌이킬 수 없는 장소에 이르러서야 끝을 맺습니다. 돌아오는 결과는 누구에게나 공평하게 허무와 죽음이구요. 참 바보 같지요?

이 이야기를 듣고 '정말 바보 같다' 면서 손가락질 하고 비웃는 것이 정상일 텐데, 왠지 그와는 다르게 슬프고 섬뜩하기까지 합니다.

『Who am I?』가 아직 무슨 책인지 감이 안 오신다구요? 그럼 이 책이 탄생하기까지를 들어보시죠.

"왜 우리 학생들은 자기가 공부하는 이유를 모를까?"
치열한 입시전쟁에서 승리하기란 보통 어려운 게 아니다. 아이들은 청소년기의 대부분을 교과서, 참고서와 씨름하며 보낸다. 부모는 공부하라고 닦달하고 선생님은 눈에 불을 켠다. 경쟁에서 도태되는 것은 아이와 부모에게 큰 고통일 테니까.

우리나라의 입시는 모든 의심을 잠재우는 '정신의 블랙홀' 과 같다. 아이들은 좋은 대학만 가면 인생이 잘 풀리리라고 막연하게 믿고 있다. 하지만 과연 그럴까?

"공부 잘하면 의대, 법대를 가고, 못하면 성적순으로 '나머지' 대학, 학과에 진학한다."

이게 우리나라 중고생들의 머릿속에 박혀 있는 삶의 지침이라고 하면 과장일까? 자신이 진정 원하는 게 무엇인지, 좋은 삶이란 어떤 것인지 하는 고민은 우리 학생들에게 '대학 가서나 하는' 사치스러운 질문이 되어버렸다.

그렇다면 학생들은 공부하기에 앞서, "나는 왜 공부해야 하는가?", "내가 진정 원하는 삶은 어떤 것일까?", 더 궁극적으로는 "나는 누구인가?"에 대한 고민을 먼저 해야 하지 않을까? 그리고 학교는 아이들이 이러한 질문에 대한 답을 스스로 내릴 수 있게 도와주는 곳이여야 한다. 자신이 누구이고 어떤 사람이고 싶은지를 알아내려는 갈망, 『Who am I?』는 그 갈망을 풀어주기 위한 일환으로 기획된 교과이다.

어찌 보면 이 책은 결국 중동의 학생들이 만들어 전국의 청소년들에게 선물한 것이라 보아도 좋겠다. 우리들은 학생들의 소망을 적고 풀어냈을 뿐이다.

이렇게 탄생한 책의 집필진을 소개하겠습니다. 연구 책임 및 대표 집필자이시며 학생들을 누구보다도 잘 아는 교장으로 통하시는 정창현 선생님, 책임 집필자이시며, 자기의 삶을 고민하시다가 어느덧 남의 인생까지 고민하시며 대화를 통해 상담해주는 '철학적 상담'에 관심이 많으신 안광복 선생님, 해박한 지식과 토속적인 입담으로 세상살이의 정겨움을 아이들에게 심어주시려고 노력하시는 한채영 선생님, 아이들이 국제적 감각을 지닌 '세계인'으로 발돋움할 수 있도록 애쓰시는 강동길 선생님, 학생들과 함께 어우러지는 교육을 '즐기시는' 최원호 선생님. 이렇게 총 다섯 분이랍니다. 자, 이제 간단하게 『Who am I?』의 구성을 말씀드릴게요.

I. 나는 누구인가?
(내가 누구냐구요? 글쎄요, 한 번도 생각해본 적이 없어서……지금부터 생각해 보라구요? 그런데 어디서부터 시작해야 하죠?)
여기서는 나에 대해 한 발짝, 두 발짝씩 다가가는 곳입니다. 내 이름과 출생을 한번 더 알고, 내 인생의 사건들을 돌이켜보고, 내 인생의 기준점도 찾아보아요. 나의 욕구의 중심은 어디인지 알아보고, 나를 미운 오리새끼에서 백조로 만들어보고, 내 이미지에 맞는 인디언식 이름도 지어보아요.

## II. 더 멀리 보자.

(좋은 학교에 가는 게 제일 중요하대요. 그래서 그것만 생각해요. 내가 원하는
게 뭔지조차 모르겠어요. 30년 뒤에 나는 어떻게 되어 있을까요?)

자, 앞에서 나를 찾아보았는데, 그것으로 마치면 무언가 부족하겠죠? 여기서
는 내 주위의 사람들의 장점을 모으고, 내가 생각하는 단점을 모아 못된 골렘
을 그려보고, 또 미래도 한번 내다보며 나만의 유토피아를 꿈꿔보세요. '또 다
른 나'인 내 아바타가 어디에 있는지, 내 인생의 매뉴얼은 무엇인지 알고, 마
지막으로 내 인생의 졸업식까지 무사히 마치고 난 다음 멋진 작품을 만드는
겁니다.

## III. 나는 내가 책임진다.

(잠 좀 그만 자라, 게임 좀 그만 해라, 이런 간섭을 받는 건 정말 싫어요. 놀 땐
놀고, 공부할 땐 열심히……나도 야무지게 살고 싶다구요.)

자 이제 아무 생각 없이 끌려 다니며 둥둥 떠 있는 헬륨풍선처럼 되고 싶으신
지, 아니면 제비처럼 자유롭게 날고 싶으신지 생각해보세요. 여러분은 어느
쪽인가요? 여러분의 인생을 책으로 만들어보아요. 목표 따로, 생활 따로 행동
하는 습관에서 벗어나보기도 하고, 우리를 괴롭히던 학습방법도 나만의 방법
으로 분석도 해보아요. 감정을 다스리면서 내 탓인지, 네 탓인지 구별하고 인
정하며 나만의 파라다이스를 꾸며보면서 성인군자가 되어보는 것입니다.

그리고 마지막 단계인,

## IV. 함께하면 즐겁다.

(맘에 드는 친구한테 나도 좋은 친구가 되고 싶어요. 가족들한테 자꾸 무뚝뚝

하게 굴게 돼요. 진심은 그게 아닌데……)

이제 진정 아는 게 나밖에 없다구요? 걱정 마세요. '함께'라는 좋은 말이 있잖아요. 남과 함께하고 있을 때 나는 어떻게 해야 할까요? 미운 아이 떡 하나 더 주면서 오해도 없애보며, 오늘의 카르마 지수도 알아보고, 감정도 다스려 보는 거예요. 상대방에게 마음을 열어주고, 마음도 알아주려고 노력해보기도 하는 겁니다. 또 말하는 것처럼 큰 비언어적 메시지, 즉 나의 표정과 자세도 바꿔보고, 나만의 드림팀도 짜봅시다.

우리 맛보기로 감정표현 연습을 해볼까요?

공격적인 말은 상대방에게 상처를 주고, 사람 사이를 나쁘게 만듭니다. 마음을 아프게 하는 다음 말들을, 주어진 공식에 따라 바꾸어보세요

날마다 땡땡이나 치고, 넌 정말 어쩔 수 없는 게으름뱅이야!

→ 나는 네가 청소를 안 하고 가버리면, 〈사실〉

　혼자 청소해야 하니까 너무 화가 나고 힘들어. 〈감정〉

　네가 다음부터는 빠지지 않고 청소를 같이 했으면 좋겠어. 〈요청〉

이런 식으로 말입니다. 훨씬 부드러워지지 않았나요?

이제 여러분 차례입니다.

내가 말하면, 왜 딴 데를 보니? 그딴 식으로밖에 못하겠어?

→ 나는 네가 ＿＿＿＿＿＿＿＿하면, 〈사실〉

　＿＿＿＿＿＿＿＿＿＿＿해. 〈감정〉

　네가 ＿＿＿＿＿＿＿＿좋겠어. 〈요청〉

　　　　(『Who am I?』 형식 참조)

자, 어떻게 바꾸어 보실건가요? 상대방의 기분을 고려해가면서 말이죠.

어떠신가요. 『Who am I?』. 그 어느 수학도 아닌, 영어도 아닌, 진정 우리 청소년들을 위한 교과서라고 봐도 과언이 아니랍니다. 여러분도 한번 진정한 나를 찾아 달려보세요.**박연슬**

**나의 생각지도** ·······································································································································

· 이 책을 읽고는 우리 모두 '나'에 대한 진실한 이야기를 하는 시간을 가졌다.

## 우리가 뽑은 추천도서 목록

· 자아를 잃어버린 현대인 | 롤로 메이 지음 | 백상창 옮김 | 문예출판사 | 1990
· 소설 속의 철학 | 김영민, 이왕주 | 문학과지성사 | 1997
· 소유냐 존재냐 | 에리히 프롬 지음 | 최혁순 옮김 | 범우사 | 1999
· 사랑의 기술 | 에리히 프롬 지음 | 황문수 옮김 | 문예출판사 | 2000
· 인간과 죽음 | 에드가 모랭 지음 | 김명숙 옮김 | 동문선 | 2000
· 나와 너 | 마르틴 부버 지음 | 표재명 옮김 | 문예출판사 | 2001
· 서양과 동양이 127일간 e-mail을 주고받다 | 김용석, 이승환 지음 | 휴머니스트 | 2001
· 깊이와 넓이 4막 16장 | 김용석 지음 | 휴머니스트 | 2002
· 영화관 옆 철학카페 | 김용규 지음 | 이론과 실천 | 2002
· 철학과 굴뚝청소부 | 이진경 지음 | 그린비 | 2002
· 진중권의 현대미학 강의 | 진중권 | 아트북스 | 2003
· 한국의 교양을 읽는다 | 김용석, 이재민, 표정훈 엮음 | 휴머니스트 | 2003
· 강의 | 신영복 | 돌베개 | 2004
· 꼭 같은 것보다 다 다른 것이 더 좋아 | 윤구병 지음 | 이우일 그림 | 보리 | 2004
· 니체의 위험한 책, 차라투스트라는 이렇게 말했다 | 고병권 지음 | 그린비 | 2004
· 미학오디세이1, 2, 3 | 진중권 지음 | 휴머니스트 | 2004
· 순수이성비판, 이성을 법정에 세우다 | 진은영 지음 | 그린비 | 2004
· 죽음 앞의 인간 | 필립 아리에스 지음 | 고선일 옮김 | 새물결 | 2004
· 청소년을 위한 서양철학사 | 박해용 지음 | 두리미디어 | 2004
· 철학학교 1, 2 | 스티븐 로 지음 | 하상용 옮김 | 창비 | 2004
· 논어, 사람의 길을 열다 | 배병삼 지음 | 사계절 | 2005

· **니코마코스 윤리학** | 아리스토텔레스 지음 | 홍석영 풀어 씀 | 풀빛 | 2005
· **도덕을 위한 철학통조림** 1(매콤한 맛), 2(달콤한 맛) | 김용규 지음 | 주니어김영사 | 2005
· **새로운 인문주의자는 경계를 넘어라** | 이필렬 지음 | 고즈윈 | 2005
· **로빈슨 크루소의 사치** | 박정자 지음 | 기파랑 | 2006
· **세계의 교양을 읽는다 1 종합편** | 최병권, 이정옥 엮음 | 휴머니스트 | 2006
· **세계의 교양을 읽는다 4 윤리학편** | 최영주 엮음 | 휴머니스트 | 2006
· **철학, 예술을 읽다** | 철학아카데미 지음 | 동녘 | 2006
· **가치 청바지** | 김교빈, 김시천 지음 | 웅진지식하우스 | 2007
· **과학으로 생각한다** | 홍성욱 외 지음 | 동아시아 | 2007
· **나비의 꿈이 세계를 만든다** | 박이문 지음 | 뿔 | 2007
· **보이는 세계는 진짜일까?** | 조용현 지음 | 우물이있는집 | 2007
· **인간의 문제** | 마르틴 부버 지음 | 윤석빈 옮김 | 길 | 2007
· **한국 철학 스케치 1, 2** | 한국철학사상연구회 지음 | 풀빛 | 2007

**예술**

# 오감의 예술을 사랑으로 그리다

예술은 신나고 재미있는, 아주 흥미로운 분야입니다. 다른 분야, 예를 들어 철학이나 역사·사회 등은 머리가 지끈지끈 아플 정도로 깊이 생각하고 고민해야 하는 반면, 예술 분야는 보고 듣고 느끼는 등 오감을 사용하는 경우가 많기 때문입니다. 그래서 청소년들이 가장 쉽게 다가설 수 있는 분야이기도 합니다. 미술, 음악, 사진, 영화, 무용 등은 공부와 입시에 시달리는 청소년들에게 스트레스 분출구가 되기도 합니다. 저도 학교시험이 끝나면 친구들과 노래방에 가서 한두 시간 미친 척 노래 부르고 춤추며 스트레스를 풀곤 하죠. 물론 저의 그런 행위가 예술이라는 건 아니지만요.

예술은 시각적, 청각적으로 굉장히 끌립니다. 철학적 분석이나 사회 문제를 토론하는 것보다 아름다운 영상과 멜로디는 청소년들의 이목을 끄는 데 훨씬 효과적입니다. 하지만 그런 만큼 청소년들은 예술을 흥미 위주로만 생각해 가볍게 건드리기만 하고 넘어가죠. 그것이 예술과 깊은 소통을 하지 못하는 이유이기도 합니다.

현대 사회는 세계화의 영향으로 외국 노래나 영화, 공연 등이 많이 들어와 다양한 예술을 경험할 수 있는 기회가 크게 늘어났습니다. 뉴욕 브로드웨이에서 공연하던 〈캣츠〉나 〈라이온 킹〉 팀이 우리나라에서 공연하기도 하고, 러시아 발레단이 와서 공연하기도 합니다. 하지만 청소년들이 이런 수준 높은 예술 문화를 접하기란 쉽지 않습니다. 공연 관람료가 너무 비싸서 보고 싶어도 보지 못하는 경우가 대부분이죠. 몇 달 전 비보이 공연을 보러 간 적이 있었는데, 제가 받는 용돈으로는 어림도 없는 관람료 때문에 어머니와 실랑이를 벌이기도 했습니다. 또 친구들은 그런 공연에 관심도 없을뿐더러, 보러 가고 싶어도 돈이 없어 아무도 같이 가지 못했습니다. 결국 전 춤이라면 환장하는 옛날 동네 친구에게 연락해 함께 보러 갔습니다.

공부하기도 바쁜 현실에 청소년들이 비싼 관람료를 지불해가며 공연을 보고 전시회에 가는 것을 사치라고 생각하는 사람들도 많습니다. 또 좋은 공연 하나를 보기 위해 몇 달 용돈을 모아야 하는 청소년들에게 수준 높은 예술과 소통하라는 것은 말도 안 되는 이야기일 수도 있습니다.

그러나 예술과의 소통은 생각만큼 그렇게 추상적이고 사치스럽고, 또 현실과 동떨어진 것이 아닙니다. 철학자 칸트는 "예술이란, 아름다운 사물에 대한 표현이 아니라, 사물에 대한 (사람의) 아름다운 표현이다"라고 말했습니다. 여기서 '아름다운 표현'은 외형적인 아름다움으로 그 의미가 제한되는 것이 아닙니다. 우리가 어떤 일을 하든지 그것에서 기쁨과 행복을 느낄 수 있다면 그것은 예술이 되는 것입니다. 우리가 행복을 느끼는 것이 예술이 되고, 그런 예술로부터 아름다움을 보게 되는 것, 그것이 곧 예술과의 소통입니다.

그래서 여기 예술 분야에서는 청소년들이 예술과 소통하는 데 필요한 책들을 소개합니다. 예술을 들여다보기 전에 그 예술이 존재하도록 한 예술가들을 살펴봐야겠죠?

첫 번째로 박명욱 선생님의 『너무 낡은 시대에 너무 젊게 이 세상에 오다』, 도발적 예술로 시대를 뒤흔들었던 예술가들의 이야기입니다.

다음은 너무 낡은 시대에 너무 젊게 이 세상에 와버린 예술가의 대표적인 예, 빈센트 반 고흐의 인생을 쓴 박홍규 선생님의 『내 친구 빈센트』입니다. 사랑하는 마음으로 빈센트 인생의 진실을 쓴 '진짜' 빈센트 평전이죠.

이어지는 두 책은 안드레아 오펜하이머 딘과 티머시 허슬리 선생님의 『희망을 짓는 건축가 이야기』, 그리고 김영세 선생님의 『이노베이터』입니다. 사람들에게 행복과 희망을 주는 집을 짓는 자칭 산타클로스 콤플렉스 건축가 사무엘 막비, 그리고 디자인을 일상으로 끌어들인 혁신적 디자이너 김영세 선생님을 집중 조명합니다.

자, 그럼 이제 예술작품을 감상할 시간입니다. 먼저 기분을 붕붕 뜨게 만드는, 사랑을 남긴 사진집, 메이브 빈치와 정현종 선생님의 『Friendship』, 『Love』, 『Family』입니다. 마음을 사랑의 기운으로 가득 차게 만들어버리는 기분 좋은 사진집입니다.

사진 중에는 흑백사진도 있고 컬러사진도 있는데, 이런 '컬러(color)'를 더 깊이 알아보는 책, 스에가나 타미오 선생님의 『color는 doctor』가 다음 책입니다. 색깔이 얼마나 많은 의미를 가지고, 사람들에게 얼마나 많은 심리적 영향을 주는지를 가르쳐주는 책이죠.

마음을 치료하는 색깔이 있는가 하면, 마음을 치료하는 음악도 있습니다. 인생이 허탈하고 무의미해질 때 정말 살맛 나게 해주는 클래식이 가득한 책, 정태상 선생님의 『이 곡만 듣고 나면 살맛이 난다』가 이어집니다.

음악 말고도 인생을 '살맛' 나게 하는 것 중에는 영화가 있습니다. 우리는 영화를 볼 때만 즐기고 곧바로 잊어버립니다. 이런 '한순간 즐거움' 뿐인 영화를 철학적으로 이야기한 책이 있는데, 그것이 바로 이왕주 선생님의 『철학, 영화를 casting하다』입니다. 유명한 영화 속에서 찾을 수 있는 철학적 이야기, 궁금하지 않으세요?

그리고 벌써 마지막 책, 황경신 선생님의 『그림 같은 세상』입니다. 그림 감상은 이렇게 하는 거라고 우리에게 말해주는, 가슴 설레는 그림이 가득한 책입니다.

기분이 꿀꿀할 때, 『이 곡만 듣고 나면 살맛이 난다』에서 소개하는 클래식 중 한 곡을 틀어놓고, 『그림 같은 세상』 속의 그림을 찬찬히 들여다보면 아마

가슴이 두근두근거릴 것입니다. 이렇게 행복해지는 것, 이것이 바로 예술과의 소통입니다.

'오감의 예술을 사랑으로 그리다'는 소제목에서도 알 수 있듯이, 예술 분야에서는 한 권의 책을 마치 그림 그리듯 '스케치하다-채색하다-덧칠하다'의 세 부분으로 나누어 소개합니다. '스케치하다'에서는 그림의 윤곽을 스케치하듯 책 내용에 앞선 그 책의 의의를, '채색하다'에서는 책의 전반적인 내용과 해설을, '덧칠하다'에서는 우리의 개인적인 느낌이나 보충설명을 담았습니다. 예술과 소통하기 위해 여러분이 준비할 것은 예술을 그려낼 마음속 백지 한 장입니다. 행복해지는 예술과의 소통으로 마음속 백지 한 장을 가득 채우는 시간이 이제 시작됩니다.

# 도발적 예술가들, 시대를 뒤흔들다

『너무 낡은 시대에 너무 젊게 이 세상에 오다』, 박명욱 지음, 그린비

## 1. 스케치하다

너무 낡은 시대에 너무 젊게 세상에 온 사람들이 있다. 현대사회에서, 혹은 미래사회에서나 통용될 만한 획기적인 예술을 행하여 예술이 새롭게 흐를 수 있는 길을 터준 사람들이다. 예술은 우리가 상상하는 것 이상으로 그 형태가 다양하다. 그림, 음악, 글, 사진, 건축, 조각, 영화, 춤 등 모두 나열하자면 끝이 없을 정도이다. 이런 각 분야의 단조로운 흐름을 새로운 예술적 가치로 역류시켜 출렁이게 만든 사람들, 그 불멸의 예술가 17인의 인생이 담긴 책을 소개하려고 한다.

이 책을 읽는 내내 나는 17명의 예술가들의 폭발적인 열정과 예술의 본질을 뚫는 날카로운 시선에 압도되어버렸다. 저자는 이런 예술가들의 열정과 예술이 존재하도록 한 내적 동인을 밝혀내고자 했고, 그래서 그는 "그러기 위해 매번 나는 그들의 삶을 축약해서 살아야만 했다. 나는 아마도 저 신화 속의 불도둑처럼 그들의 삶과 예술에 자욱하게 번져 있는 취기를 훔치고 있었는지도 모르겠다."(8쪽)라고 책에서 말했다. 17명 예술가들의 삶을 축약해서 살고, 그 취기에 흠뻑 취했다가 빠져나온 저자는 그들의 인생에서 가장 핵심적인 가치를 읽어낸다. 그들의 이야기를 읽으면 아마 우리도 그들의 삶과 예술에 취할 것이다. 그리고 그 취기에서 빠져나오는 순간 스스로의 인생의 방향을 새롭게 잡을 수 있을 것이다.

## 2. 채색하다

유난히 예술가들 중에는 당시 사회에서는 인정받지 못하다가 죽은 후 후세 사람들에게 사랑받은 사례가 많다. 그건 예술가가 새롭고 도발적인 예술을 선보이는데 비해 그것을 받아들이는 사람들의 시야는 너무 좁기 때문일 것이다. 이런 시대에 반하는 도발적 예술을 행한 사람으로, 사회로부터 조직적 폭력의 대표적 희생자인 파졸리니, 그 천재성이 확인되었지만 동료들의 시기와 질투로 비참한 최후를 맞은 바슬라프 니진스키 등이 소개된다.

파졸리니가 남긴 작품들과 그의 인생을 들여다보면 가슴이 뛰는 것을 느낄 수 있다. 그는 창작을 멈추지 않았다. 계속 일했고, 그것만이 자신에게 등 돌리는 세상을 살아갈 힘의 원천이 되었던 것이라고 생각한다. 그에 반해 바슬라프 니진스키는 어렸을 때부터 무용가로서의 재능을 인정받고 교육을 받아 세계적인 공연에 올라 찬사를 받는 인생을 살았다. 하지만 그래서 다른 동료들의 시기와 음해를 당했고 결국 다른 여러 가지 환경적 요인, 예를 들어 전쟁이나 어린 시절의 가난 등에 의해 그는 정신의 끈을 놓고 30년간 정신병원에서 요양하는 신세가 된다. 너무 뛰어난 작품성 때문에 시기와 오해를 산 그들, 그러고 보면 예술가들의 인생은 참 아이러니하다.

위대한 예술가들은 그 시대가 요구하는 대로 작품을 창작하지 않았다. 그들은 독자성을 지닌 예술을 하며 자신이 원하는 것을 하기 때문에 위대한 예술가로 추대받는 것이다. 여기 17명의 예술가들 중에서는 두드러진 개성으로 다른 사람이 한 번도 하지 않은 그들만의 예술을 한 사람들이 있다. 감히 '가우디의 건축'이라고밖에 칭할 수 없는 독특한 건축양식을 창조한 안토니오 가우디, 그 시대의 아픔을 그대로 새긴 판화와 반전 포스터의 어머니 캐테 콜비츠, 기존의 조각에서 완전히 벗어나 사물의 본질을 조각하고자 했던 콘스탄틴 브랑쿠시, 특이한 주제와 기발한 표현방식으로 다큐멘터리 사진의 길을 연 다이안 아버스, 그의 그림을 보는 순간 온몸에 전율이 일어나게끔 만드는 섬뜩하면서도 진실된 그림의 주인 히에로니무스 보슈 등이다.

따로 설명할 것도 없이, 누구든지 그들의 작품을 보기만 해도 "새롭다. 독특하다. 독자적이다"라고 외칠 것이다. 그 중 특히 매료된 사람은 콘스탄틴 브랑쿠시였는데, 그는 동시대의 화가인 로댕(당시에도 로댕은 아주 유명한 조각가였다)의 함께 일하자는 요구를 "큰 나무 밑에서는 아무것도 자랄 수 없다"라고 말하며 단번에 거절했다. 또 그가 보기에 로댕의 조각은 그저 사물의 형태를 다시 형태화한 것에 불과한 무의미한 것이라고 생각했다. 그래서 그는 사물의 외형을 재현하는 것이 아니라 그것의 본질을 포착하여 하나의 조각작

품으로 응축시키려고 노력했다. 그 당시에는 받아들이기 힘든 예술이었을 것이다. 그럼에도 불구하고 그는 계속 조각했고 즐거운 인생을 살았다. 다른 예술가들과는 다르게 비극적인 최후를 맞이하거나 고독한 인생을 살지 않았기에 더욱 매료되는 예술가이다.

불멸의 예술가 17인은 각기 다른 예술의 분야에 크게 기여했고, 그들이 있었기에 현재의 예술도 존재하는 것이다. 처음에는 만약 이 젊은 예술가들이 현대에 이 세상에 왔더라면 마음껏 자신들만의 예술을 했을 것이라고 생각했는데, 지금 생각해보면 그들은 너무 낡은 시대에 너무 젊게 이 세상에 왔어야만 했었다고 생각한다. 그들이 없었더라면 지금의 예술도 없을 것이므로.

## 3. 덧칠하다

한 가지 재미있는 이야기가 있다. 책에 소개된 에릭 사티와 모리스 위트릴로, 그리고 그의 어머니에 얽힌 이야기이다. 위트릴로에 대한 이야기 중에서 유명한 여류 화가였던 그의 어머니 쉬잔 발라동이 잠시 언급된다. 인터넷에서 그녀에 대해 검색해보던 중 난 그녀와 에릭 사티가 약 반년 동안의 동거를 하기도 했던, 사랑하던 사이였음을 알았다.

쉬잔 발라동과 에릭 사티는 사티가 일했던 카페에서 처음 만나 2년 뒤 재회하고 6개월간의 동거를 시작하게 된다. 그러나 사티는 발라동에게서 자신의 어머니의 모습을 발견하고, 더 이상 그녀와 육체적 관계를 맺지 못한다. 둘이 동거하던 당시 쉬잔 발라동이 그린 사티의 초상이 있는데, 그 그림이 책의 74쪽에 있다. 둘은 헤어지고, 사티는 그 이후에도 결혼하지 않고 평생 독신으로 살며 금욕적인 생활을 했다. 59세, 그가 죽은 뒤 아르쾨유에 있는 그의 방에서 부치지 않은 편지 한 묶음이 나왔고, 수신인은 전부 쉬잔 발라동이었다. 그리고 편지와 함께 한 장의 사진이 있었는데, 그 사진이 바로 책 218쪽에 있는 발라동, 위트릴로 그리고 개 한 마리가 찍혀 있는 사진이다. 사진을 잘 들여다보면 개줄이 중간에서 끊어지는데, 이 줄을 잡고 함께 사진을 찍었던 사람이 바로 에릭 사티이다. 사티가 죽은 뒤 이 사진을 건네받은 발라동이 맨 왼쪽의 사티를 오려낸 것이다.

사소해 보이지만 이 사건이 세 명의 예술가에게 준 영향은 막대했다. 사티의 음악에 변화를 주었고, 발라동의 그림에도 변화를 주었다. 그리고 사티와 발라동이 연애하던 당시 어렸던 위트릴로는 어머니의 사랑을 받지 못한 채 어두운 성격으로 자랐고, 이후 그의 그림도 적막하고 고요했다. 예술가는 겉으로 보기에는 일반 사람들과는 다르게 특징적이고 새로운 인생을 산 것 같지만, 그들도 모두 우리와 같이 사소하고 일상적인 일들을 겪으며 기뻐하고 좌절하는 인간이다. 그렇기에 더욱 끌리고 매료되는 것이라 생각한다. **홍정윤**

**나의 생각지도** ·······························································································

· 다이안 아버스가 사진을 통해 우리에게 하려 했던 말은 무엇인가?

· 콘스탄틴 브랑쿠시, 운명을 변화시키는 푸른 용기가 부럽다.

# 외로운 화가와 사랑에 빠지다

『내 친구 빈센트』, 박홍규 지음, 소나무

## 1. 스케치하다

내가 제일 좋아하는 색깔은 노란색이다. 연하든 진하든, 탁하든 투명하든 노란색이면 다 좋다. 노란색을 가장 아름답게 사용한 사람을 말해보라고 하면 난 '빈센트 반 고흐!' 라고 단번에 대답할 수 있다. 빈센트는 해바라기를 많이 그렸는데, 그가 그린 해바라기의 노란색은 따뜻하고 밝으면서도 어딘지 모르게 고독한 느낌이 든다. 그는 자연을 올바르게 사랑하는 법을 아는 사람이었기 때문에 해바라기의 진짜 색을 칠할 수 있었던 것이라 믿는다.

빈센트 반 고흐는 유명한 화가이다. 미술에 대해서는 문외한인 사람도 고흐나 피카소 정도는 들어봤을 것이다. 그에 대한 전기도 이미 여러 권 나와 있다. 하지만 그의 인생을 이처럼 가까이서 지켜보고 사랑한 사람은 『내 친구 빈센트』의 저자가 유일할 것이다. 저자는 다른 전기 작가가 빈센트에 대해 오해하고 있는 부분을 정확하게 꼬집어 지적하고 있다. 또 저자는 빈센트를 지독히 사랑하지만 그의 작품을 맹목적으로 예찬하지는 않는다. 만약 빈센트가 자기 귀를 자르고 권총으로 자기 머리를 쏴 자살한 미치광이 천재 화가 정도로만 생각된다면, 이제 빈센트 인생의 진실을 파헤칠 책이 여기 있다.

## 2. 채색하다

『내 친구 빈센트』에서 저자는 빈센트 반 고흐를 다른 사람들처럼 '고흐' 라고 부르지 않는다. 아주 친한 친구처럼, 그를 빈센트라고 부른다. 이것은 빈센트가 원하는 일이기도 했다. 그는 자신의 그림을 서명할 때 다른 화가들처럼 자신의 성인 반 고흐를 쓰지 않고 첫 이름인 빈센트를 썼다. 빈센트라는 이름은 각 나라마다 다른 발음으로 읽힌다. 그는 그의 이름이 다양한 외국식 발음으로 불리는 것을 좋아했다. 하지만 저자는 그의 독특한 서명방식에는 다른 이유가 있을 것이라고 추측한다. 그것은 빈센트가 사랑을 갈구했기 때문이라는 것이다. 친구끼리 첫 이름을 부르는 것처럼 사람들로부터 '빈센트' 라고 불리고 사랑받고 싶었을 것이라고. 빈센트의 인생에서 외로움은 한시도 사라진 적이 없었다. 그는 못생기고 가난해서 사랑에 늘 실패했고, 사람들은 그를 미치광이라고 욕했다. 하지만 저자는 그를 '내 친구'라고 말하며, 마음을 담아 '빈센트'라고 부른다.

빈센트는 사람들이 일반적으로 생각하는 것만큼 미치거나 사납지 않았다는 것을 저자는 계속해서 강조한다. 그는 자연을 사랑했고 사람을 좋아했다. 사랑을 갈구하는 사람이었고, 그래서 희생정신도 대단했다. 그는 추운 겨울날 가난한 사람들을 위하여 자신의 옷을 전부 벗어 내어주고 추위에 떨었던 사람이다. 하지만 그는 언제나 자신이 다른 사람에게 주는 사랑만큼 돌려받지 못했다.

그는 런던에서의 첫사랑도 실패하고, 헤이그에서 만난 창녀 시앵과의 생활도 오래가지 못했다. 또 보리나주에 머물 때 광부들과 하나가 되고자 했으나 광부들은 그를 이해하지 못했고 광인이라고 손가락질했다. 게다가 그는 수많은 작품을 남겼지만 생전에 팔린 작품은 딱 한 점뿐이다. 사람들에게 사랑받지 못하고 어울리지 못하는 현실에서 오는 열등감과 외로움에 빈센트는 지쳐갔다. 게다가 유전성 간질병으로 발작을 일으키며 정신병원에 입원하는 일도 생겼다.

빈센트는 보통 사람이었지만 사랑받지 못해서 점점 시들어갔다. 그가 스스로의 귀를 자르고 권총으로 자신의 머리를 쐈던 사건들은 모두 사실이다. 하지만 단지 그것만으로 그를 우리와는 다른, 극적이고 전설적인 인물로 멀리 생각할 필요는 없다. 그의 불행은 사랑이 없는 현실에서 오는 외로움에 근거한 것이고 그런 외로움은 우리도 항상 느끼며 살기 때문이다.

"······ 석연치 않은 그의 죽음과 신비화된 삶이 빈센트를 '정열의 화신'이라 추켜세우며 우리들로부터 아주 멀리 있도록 하고 있다. 그 간극을 좁힐 수 없도록 하고 있다. 나는 기원한다. 원래 그가 바랐듯이 빈센트를 아주 평범한 우리들의 벗의 자리로 되돌려 주기를. 그가 바랐듯이 그가 그린 그림이 우리 모두에게 편안히 다가오도록 내버려두기를. 그래서 호사가들에 의해 과장되

지 않은 인간 빈센트, 그 자체로 만날 수 있기를 아주 간절히 기원한다."(290
쪽)

## 3. 덧칠하다

빈센트는 남동생 테오를 무척이나 사랑했고 테오에게 평생 동안 무려 668통의
편지를 보냈다. 편지 내용은 빈센트 자신의 일기라고 봐도 될 만큼 그의 생각
이나 인생이 고스란히 담겨 있다. 테오에게 보낸 빈센트의 편지에서 또 다른
그를 만날 수 있다.

> 나는 그림을 그리면서 줄곧 나 자신에게 타일렀다. 무엇인가 가을의 황혼
> 기분 같은 것, 무엇인가 신비적인 것, 무엇인가 엄숙한 것이 나올 때까지
> 그리는 것을 멈춰서는 안 된다고.—테오에게 보낸 편지(30쪽)

> 여자는 남자와 전혀 다른 존재라는 것. ……그리고 남자와 여자는 하나가
> 될 수 있다는 것. 즉 완전한 하나이지, 반쪽 둘이 합해진다는 뜻이 아니라
> 는 것. 옳은 말이야. 나도 그렇게 믿는다.—1874년 4월 31일, 테오에게 보
> 낸 편지(76쪽)

> 너는 여행할 때마다 여러 가지의 아름다운 사물을 보게 되겠지. 설령 자
> 연에 대한 애착이 '전부'는 아닐지라도, 그것은 역시 귀중한 것임에는 변
> 함이 없다. 너는 언제나 자연을 사랑해야 한다.—테오에게 보낸 편지(91
> 쪽)

> 내가 펌프나 가로등의 기둥처럼 돌이나 철로 만들어지지 않은 이상 다른
> 모든 사람들이 그렇듯 다정하고 애정어린 관계나 친밀한 우정이 필요하
> 다. 아무리 세련되고 예의바른 사람이라 할지라도 그런 애정이나 우정 없

이는 살아갈 수 없으며, 무언가 공허하고 결핍되었다는 느낌을 지울 수 없을 것이다.—1876년 3월 23일, 테오에게 보내는 편지(106쪽)

단순화가 사물에 보다 더 큰 양식을 준다. 그렇게 함으로써 이 그림에서 휴식이나 수면을 암시하고 싶다. 한 마디로 말하자면 이 그림을 보면 누구나 다 머리를 쉬고 상상력을 쉬도록 그리고 싶다.—1888년 9월, 테오에게 보낸 편지(227쪽)

그래, 나의 그림, 그것을 위해 나는 나의 목숨을 걸었고 이성까지도 반쯤 파묻었다.—죽은 빈센트의 저고리 주머니에서 나온 보내지 못한 편지(287쪽)**홍정윤**

**나의 생각지도** ·····························································································································

· 빈센트의 진짜 모습을 나의 시선으로 바라보는 시간이었다.

· 그의 선 하나에는 수십 개의 색이 깔려 있다.

# 집 짓는 산타클로스 세상에 내려오다

『희망을 짓는 건축가 이야기-사무엘 막비와 루럴스튜디오』, 안드레아 오펜하이머 딘 외 지음, 이상림 옮김, 공간사

## 1. 스케치하다

나무 느낌이 물씬 풍기는 세피아 톤의 표지였다. 『희망을 짓는 건축가 이야기』 표지 왼쪽에 서 있는 사람이 사무엘 막비인 것 같았다. 교수라고는 믿어지지 않는 지극히 평범한 옷차림이었다. 덥수룩한 수염에 반팔 반바지에 운동화를 신고 있는, 세련된 느낌보다는 편안한 느낌이 드는 사람이라는 생각이 들었다. 그런데 그가 바로 '희망을 짓는 건축가'였다. 그는 '건축이 어떻게 공동체에 효과적으로 기여할 수 있을까, 그와 동시에 참된 교육을 행할 수 는 없을까'라고 끊임없이 자문하면서 건축, 사회, 교육, 미술, 환경에 대한 생각을 모두 아우르는 '루럴스튜디오'를 탄생시켰다. 짤막하게 말하자면 루럴스튜디오는 오번대학교에서 2학년과 5학년이 수강할 수 있는 주 15시간의 수업이다. 미국에서 가장 가난한 동네인 앨라배마주 해일 지역에서 시민단체로부터 가난한 사람들의 명단을 받아 필요한 예산을 설정하고 루럴스튜디오의 학생들은 지역사회의 주택설계와 시공에 직접 참여하게 된다.

## 2. 채색하다

사무엘 막비는 매주 월요일마다 270km를 차로 달려 루럴스튜디오로 온다. 그리고 1890년대 지어진 다 쓰러져 가는 농가를 숙소로 삼아 하루 24시간 땀 흘려 일한다. 나는 '그가 왜 자기 자신을 위해서도 아닌 다른 사람을 위해서, 이렇게 열심히 일을 하는가'라는 의문이 들었다.

　　나는 가끔 친한 친구가 어떤 부탁을 했을 때조차 흔쾌히 수락하기보다는 귀찮다는 생각을 먼저 한다. 내가 아닌 다른 사람, 나보다 불우한 사람은 물론이거니와 심지어는 가족이나 친구 등을 위해 생각하는 시간조차 별로 없는 것 같다. 대부분의 하루는 다른 사람에게 신경 쓸 새 없이 나만을 생각하다가 보내버린다. 그것만으로도 살아가는 것은 충분히 힘들다고 느껴진다. 그런데 사무엘 막비는 다른 사람을 도울 방법을 고심하고 그것을 실천하기 위해 끊임없이 노력한다. 그리고 그는 그런 것들을 아무렇지도 않게 해낸다. 건축가로서의 윤리적 책임을 실천하는 것, 그럼으로써 환경과 사회를 변화시켜 현실을 극복해야 된다는 것, 그에게 있어 이런 것들은 의무를 넘어선 당위이다.

또 그는 루럴스튜디오를 통해 학생들과 함께 일하면서 참교육을 실천하였다. 이론 위주의 수업이 아닌 실생활에 적용하는 실용적인 수업, 학생들 스스로가 문제점을 깨닫고 해결책을 찾게 하는 자발적인 수업, 틀에 얽매이지 않은 톡톡 튀는 아이디어를 끊임없이 생각하게 하는 신선한 수업, 이 모든 것들을 물질적으로 가난한 사람들을 위하여 실천함으로써 좀 더 나은 세상을 만드는 수업을 하였다.

모든 사람을 행복하게 해주고 싶다는 바람을 가진, 그래서 자신을 산타클로스 콤플렉스가 있는 사람이라고 하는 사무엘 막비 씨를 통해, 내 삶이 '나만을 생각하기에 오히려 더 힘들다는 것은 아닐까?' 라는 생각이 들었다. '다른 사람을 위한 시간'을 어떻게 만들지 고민하는 것, 그 고민을 실천함으로써 얻는 행복감. 이런 것들을 나는 아직 경험해보지 못했다. 왜냐면 '다른 사람을 도와야 된다' 라는 말은 들어왔지만 왜 그래야 하는지도 몰랐고 그 이유를 알기 위해 별 노력도 하지 않았기 때문이다. 하지만 온전히 타인을 위한 시간임과 동시에 또 나를 위한 시간이기도 한 그 순간이 어떤 것인지, 이제는 경험해보려고 한다. 앞으로는 이런 것들로 내 삶이 꽉꽉 채워져 행복하고 풍요로워지면 좋겠다.

## 3. 덧칠하다

『희망을 짓는 건축가 이야기』는 다른 사람들이 '안 될 것이다' 라고 생각해버리는 것을 해낸다. '집 한 채를 멋지게 지으려면 돈이 많이 필요하다' 라는 생각을 뒤엎고 저예산으로도 감탄사가 절로 나올 만한 집을 지었다. 학생들의 톡톡 튀는 아이디어로 보잘것없는 건자재가 재활용되어 멋진 집의 일부가 된다. 마른풀 블록을 벽에 내장해 고단열 기능을 만든 브라이언트 주택, 방풍유리로 덮인 지붕으로 바람도 막고 강한 태양광선을 막아내는 메이슨벤드의 커뮤니티센터 등등.

건축의 외적인 면도 멋있었지만 건축물 곳곳에 스며들어 있는 학생들의 따뜻한 관심과 배려에 더 큰 감동을 받았다. 건축주의 요구를 전적으로 들어주고, 건축주의 생활습관까지도 관찰하여 설계를 하는 학생들의 세심함 같은 것들 말이다. 낚시를 하는 브라이언트 씨를 위해 훈제소를 지어주고, 대부분의 시간을 야외에서 보내는 해리스 씨네 부부를 위해 커다란 현관을 만든다. 이러한 건축물들은 단순히 예술이 아닌, 예술을 넘어선 '사랑'이라고 칭하고 싶다.

루럴스튜디오는 이처럼 건축주들에게 사랑과 희망을 준다. 어려운 삶속에서 용기를 주고 삶에 의미를 불어넣어주는 희망과 사랑 말이다. 그렇기에 루럴스튜디오가 집을 지어준 사람들의 인생에 변화가 찾아오는 것이다.

루럴스튜디오의 건축주로 선정되었던, 애블린은 학생들이 집을 지어주는 순간까지도 그들을 진심으로 대할 수 없었다고 한다. 그러나 학생들이 좋은 성적을 받으려고 집을 지어주는 게 아니라 그저 건축주가 활짝 웃는 모습을 보고 싶어서 일을 한다는 말을 듣고 이전과는 세상을 다르게 보게 되었다고 말한다.

이렇게 꿈을 꾸고 사랑과 희망을 주는 것은 영원히 계속되어야 한다. 그래서 끊임없이 사람들을 바꾸고 사회를 바꿔서 더 많은 사랑과 희망이 퍼지도록 해야 한다. '루럴스튜디오'가 준 희망은 항상 영원할 것이다. 건축주의 마음속에서, 그리고 내 마음속에서, 또 여러분의 마음속에서도.**성민경**

---

**나의 생각지도** ....................................................................................................

· 사는 사람의 마음을 바뀌게 하는 집이다.

· 만일 사무엘 막비가 우리 집에 와서 우리 집을 보면 뭐라고 할까?

· 내가 가장 살아보고 싶은 곳이다.

· 나도 나만의 방법으로 희망을 줄 수 있는 사람이 되어야지.

# 삶을 디자인하다

『이노베이터』, 김영세 지음, 랜덤하우스코리아

## 1. 스케치하다

서자가 아이리버 mp3를 디자인했다고 해서 정말 놀랐다. 내가 쓰던 것이기 때문이다. 그 제품을 자세히 보면 designed by INNO라고 되어 있는데, 이 책을 보기 전까지만 해도 일본사람이 만든 줄 알았다. 그런데 INNO는 김영세 선생님이 세운 한국회사 이름이었다. 게다가 카메라가 부착되어 있는 mp3 또한 그가 디자인한 것이었다. 이런 창조적인 디자인이 모두 같은 사람의 머리에서 나왔다니, 놀라움 그 자체였다. 난 책을 빨리 펴서 읽어보았다. 그리고 순식간에 그 자리에서 다 읽어버렸다.

대개 디자인이란 행위는 섬유, 패션, 건축, 인테리어, 산업 등에 장식적인 용도로 쓰인다고 생각한다. 하지만 디자인이라는 것이 꼭 이러한 분야에만 국한되어 있다는 것이 아니다. 디자인이란 책에서 나왔듯이 그 무엇인가를 '변화' 시키려는 노력 그 자체라는 것이다.

그렇기에 삶을 디자인한다는 말, 그리 어렵고 힘든 일이 아니다. 그저 자신에게 꼭 맞는 삶, 자신이 바라는 삶의 윤곽을 잡는 것이다. 『이노베이터』에서 김영세 선생님은 삶을 디자인하는 디자이너들에게 지침서가 될 만한 39가지 이야기를 해준다. 삶에 대한 39가지 방법과 정의, 그가 디자이너가 되기 위해서 내렸던 수많은 결정과 그 속에서 겪은 고난들 그리고 삶에 대한 태도까지 말이다.

## 2. 채색하다

이 모든 것을 읽으면서 내 미래와 꿈, 삶에 대한 생각이 끊이질 않았다. 내가 가장 좋아하는 것과 하고 싶은 것, 김영세 선생님처럼 자신의 삶을 바쳐 정열적으로 할 수 있는 그 어떤 것이 나에게는 있는지, 내 꿈은 무엇인지, 아직 아무것도 확실히 정해지지 않은 내 인생을 어떻게 디자인해야 하는지, 이 모든 것을 좀 더 치열하게 고민할 수 있었다. 내가 고민했던 것들을 여기에 조금 풀어놓으려고 한다.

어렸을 때 피아노가 좋았고 그래서 하루 종일 피아노를 쳤고 피아니스트가 내 장래희망이었다. 그런데 중학교에 들어가니 예전만큼 열정적으로 피아노 치는 것을 좋아하지 않는 내 자신을 보았고 내 꿈은 사라졌다. 그러다가 중2가 되어 인디고 서원에서 하는 인문학 강좌인 '열두 달 작은 강의' 를 듣게 되었다. 그때 『13세의 헬로 워크』라는 책을 통해 음악치료사와 미술치료사라는 직업을 처음 알게 되었다. 미술과 음악, 무엇보다 예술을 도구로 다른 사람의 마음을 치유해준다는 건 정말 매력적이라는 생각이 들었다. 그 후에도 웃음치료사, 인형치료사와 같이 심리치료사의 종류는 정말 많다는 것을 알게 되었다. 생각해보니 가끔 꼬마 애들이 우리 집에 놀러 오면 나는 주로 내 인형을 이용해서 아이들과 친해진다. 그러다 보면 아이들의 성격이 보이는 것 같다. 이렇게 아이들이랑 노는 것, 그러면서 상처가 나 있는 아이들의 모난 마음을 둥그스름하게 해주고 싶다. 이와 가장 비슷한 것이 아동 심리치료사가 아닌가 싶다. 이런 생각을 하면서 내가 좋아하는 것을 어렴풋이나마 정리할 수 있게 되었다.

디자인으로 자신의 인생을 '이노베이티브' 하면서 살고 있고 또 design is 라는 39가지 정의를 내리시면서 그 속에서 자신의 삶도 함께 정의 내리신 김영세 선생님처럼, 나도 내 삶을 대신할 만한 단어, 내 꿈이 될 단어, 내 전부가 될 단어에 이노베이티브한 정의를 내리면서 꿈을 실현하려고 노력할 것이다.

## 3. 덧칠하다

이 책으로 아람샘과 수업을 함께하면서 다른 아이들의 이야기도 들을 수 있었다. 어떤 한 친구는 자신의 삶에서 변화를 이루어냈기 때문에 자신있게 '나는 혁신가' 라고 말했다. 그 이야기는 나에게 감동을 주었고 수업이 끝난 후에도 계속 내 마음속에 머물고 있었다.

두 달 후, 나는 고등학생이 되었다. 아침에 봉고차를 타고 등교해 수업을 받고 쉬는 시간이 되면 친구들과 놀다가 점심시간과 석식시간이 되면 밥을 먹고, 야간자율학습까지 끝내고 다시 집에 돌아오면 침대에 쓰러져 정신없이 자버리고. 또 겨우겨우 일어나 아침에 씻고, 똑같은 하루는 그렇게 반복되었다. 쳇바퀴처럼 굴러가는 삶, 중학교 때의 여유로웠던 생활과 달리 이런 삶에 적응하느라 내 고등학교 생활 첫 한 달 그리고 그 다음 달도 정신없이 지나갔다. 그냥 아무 생각도 없이 학교에 질질 끌려 다니고 있는 나를 발견했다. 단조로운 하루하루가 답답하고 시간이 무의미하게 가버리는 것은 당연한 일이었다. 몇 달 전 친구의 이야기를 떠올렸다. 스스로 삶의 변화를 만들고 혁신했던 친구. 내 삶의 이노베이터가 되겠다고 했던 나의 결심들도 말이다. 나는 이노베이터가 해준 말을 다시 떠올렸다. 해결책은 자기 자신한테 있는 거라고, 또 변화는 나 스스로 만드는 거라고.

내 삶의 작은 변화를 만들기 위해서 한 것은 일기를 꼬박꼬박 쓰는 것이었다. 초등학교 때부터 일기 쓰는 것을 정말 싫어했다. 일기 쓰는 게 싫어서 학교가는 것이 싫었던 적도 많다. 그리고 중학교 때에도 다른 애들이 다이어리를 사서 예쁘게 꾸미는 것을 보고 부러워 몇 개 사봤지만 앞에 몇 장을 쓰다가 모두 연습장이 되어 서랍에 차곡차곡 쌓여버렸다. 매일 매일 일기를 쓰면서 가끔은 귀찮을 때도 많았다. 하지만 스르륵 흘러가버리는 시간 속에 하루에 몇십 분 시간을 내서 잠시 멈춰 뒤를 돌아보며 깨닫고 반성하는 시간은 그 무엇과도 바꿀 수 없는 내 삶의 행복한 순간이 되었다. 또 평소에 느꼈던 순간의 감정들, 예를 들면 친구가 웃는 모습이 갑자기 사랑스러워 보였다거나, 문득 본 하늘 구름이 비행기 모양이라서 기분이 좋았다던가 아님 어떤 미래에 대한 생각이 막 스쳐지나갈 때 그런 감정들이 흩어지지 않게 내 일기장에 꼭꼭 담아둔다.

아무 계획 없이 학교에 이끌려 다니는 삶을 살았던 두 달에 비해, 그 다음 달은 조금 더 나아졌다는 생각이 들었다. 이것만으로 충분하다. 더 나아졌다는 것, 곧 더 나아질 거라는 희망을 갖는 것 말이다.

이렇듯 삶에서 변화를 일구어내는 것, 그리 큰 일이 아니다. 우리의 삶이 지루해지는 건 바로 이러한 작은 변화조차 스스로 만들려고 노력하지 않는다는 것이다. 행복해지는 것은 그리 멀리 있는 것이 아니다. 일상에 아주 조그마한 것에서부터 변화를 만들고 혁신을 이루어내는 것. 자기 삶을 멋지게 디자인할 수 있는 밑바탕이 될 것이다.**성민경**

**나의 생각지도** ·····································································

· 내 삶은 과연 어떠한 혁신을 창조할 수 있을까?

· 새로운 좌우명 39가지.

· 나의 이노베이션-내가 좋아하는 춤을 통해 가동시키자.

· 내 삶의 주인공이 되기 위해서는 어떻게 해야 할까?

# 얼마나 많은 사랑을 남겼는가

『Friendship』, 『Love』, 『Family』, 메이브 빈치, 정현종 옮김, 이레

## 1. 스케치하다

아, 참 좋다. 보자마자 이런 느낌이 든 책이다. 일단 사진으로 구성되어 있어 무언가를 읽어야 한다는 압박은 없다. (사실 이 점이 굉장히 좋았다.) 그렇다고 이 책이 가볍거나 한 것은 아니다. 오히려 내가 추구해야 할 진정한 가치가 무엇인지 다시 한 번 '느끼게' 해준 고마운 책이다.

삶이 외롭고 지칠 때, 우울해질 때, 위로받고 싶다면 망설임 없이 이 책을 권하고 싶다. 보고 있으면 나도 모르게 미소짓게 된다. 때론 눈물이 나려고 한다. 척박한 세상에서도 진실되게 웃는 그들을 발견하기 때문이다. 서로 사랑하는 그들이 있기에 내가 살아가야 하는 이유가 생긴다. 우정과 사랑, 가족들이 우리 삶 속에 없다면 우리는 삶을 '살아가' 는 게 아니라 마지못해 '사는' 것이다. 마지못해 사는 삶, 결국 그런 삶은 빈 껍데기에 지나지 않을 것이다.

## 2. 채색하다

소파 뒤로 넘어갈 만큼 즐거워 깔깔대고 웃는 아이들, 친구들과 걸음을 맞추려고 바지가 흘러내려가는 것도 모르고 열심히 걷는 아이의 뒷모습, 아기에게 사랑이 담긴 눈빛으로 부드럽게 입맞춤하고 따뜻한 손길로 쓰다듬는 어머니의 모습. 이 사진 속에는 해피엔딩으로 끝나는 영화의 마지막 장면같이 행복한 순간들이 녹아 있었다. 영화의 마지막 장면, 배우들의 행복한 모습과 함께 음악이 나오고 자막이 올라간다. 그리고 나는 현실로 돌아온다. '내 삶이 영화같이 행복한 순간이 될 순 없을까?', '영화의 마지막 장면같이 행복한 사랑을 한 번이라도 해봤으면⋯⋯' 하고 스크린 속 배우들을 부러워한다. 동시에 그렇지 않은 내 삶 속에서 허탈함을 느낀다. 그러나 이 사진집을 보고 나면 그들이 부러우면서도 내 마음속에는 허탈함이 아닌 나를 즐겁게 해주는 감정들이 가득가득 차오르는 것 같은 느낌이 든다.

이 사진집을 한 장 한 장 넘길 때마다 우리의 삶도 이렇게 순수하고 아름다울 수 있다는 것에 감탄과 놀라움을 표현하게 된다. 이 사진에 대해 내가 놀라움을 느낀다는 것은 그 동안 우리의 삶이 얼마나 메말라 있었는지를 보여준다. 시험과 성적으로 나뉜 친구들 사이에는 서로를 이기기 위한 경쟁으로 진정한 우정은 그 의미가 지키기 힘들어졌고, 사람들의 소유욕과 쾌락추구에 의해 감동적이어야 할 사랑은 자꾸자꾸 밋밋해지고 있다. 또 사는 것이 너무 바쁘다는 핑계로 가장 소중히 해야 할 가족들을 내팽개치는 사회가 지금 우리의 사회이다. 그럼에도 불구하고, 우리는 그 속에서 깨닫고 느껴야 한다. 그 친구를 이기는 것보다 소중한 건 친구와 함께하는 웃음이고 자기 만족만을 위한 사랑보단 서로 영혼의 울림이 있는 사랑이 더 아름답고, 항상 곁에 있기에 가족들은 더 소중하고, 더 사랑해야 된다는 것 말이다. 이런 것들이 우리 삶을 행복하게 만들고 사회를 아름답게 만들 것이다. 책에서도 이렇게 말한다. "성공한 인생인지 아닌지를 판단하는 기준은 직업적으로 이 세상에 무엇을 남겼는지가 아니라 얼마나 많은 사랑을 남겼는가 하는 것이다."

항상 우리는 사랑(가족과 우정에 관한 모든 것을 포함한 것)을 가슴에 뜨겁게 품고 살아가야 한다. 그런 뜨거운 가슴만이 진정으로 세상을 바꿀 수 있기 때문이다. '사랑이 아니면 우리의 인생은 아무것도 아니다.'

## 3. 덧칠하다

이 사진들을 보는 순간 행복함이 밀려왔다. 보고 난 후에는 그 행복함으로 가슴이 가득 차올라서 터질 것만 같았다. 그런 순간들의 느낌들을 마냥 공중으로 사라져버리게 하고 싶지 않다면, 사진에 그 느낌들을 적어놓는 것도 좋은 방법이다. 떠오르는 시, 소설, 노래 아니면 자신이 그 사진에 대해 또 다른 이야기를 만들거나 자신의 이야기를 적어도 좋다. 마음껏 상상의 나래를 펼쳐 자유롭게 표현해보자. **성민경**

---

**나의 생각지도** ·····································································

· 이 책을 읽고 사진에 얽힌 이야기를 하며 함께 웃고 울고 느끼는 시간을 가졌다.

# 색은 살아 있다

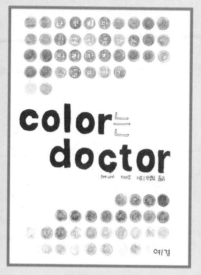

『color 는 doctor』, 스에가나 타미오 지음, 박필임 옮김, 예경

## 1. 스케치하다

우리는 색에 둘러싸여 살고 있다. 그리고 이 세상에는 엄청나게 많은 색들이 존재한다. 그런데 요즘 나의 마음을 흔들어놓은 색이 있다. 그것은 바로 검정색이다. 요즘 고등학교에 입학하여 힘든 하루하루를 보내고 있다. 그리고 나는 고등학교에 들어오고 나서는 성격이 더욱 까칠해졌고 말이 많이 줄었다. 책에서는 반항이라는 단어로 검정을 표현했지만 나에게는 반항할 여유도 없었다. 이 책은 많은 색들의 영향과 특성에 대해 잘 나타나 있다. 그럼 한번 들어가보자. 내가 좋아하는 색 위주로 글을 써보겠다. 나머지는 여러분에게 맡기겠다. 이 책을 읽다 보면 자신이 좋아하는 색이 생겨나거나 바뀔 것이다.

## 2. 채색하다

내가 가장 좋아하는 색은 노란색이다. 노랑은 심리적으로는 희망이나 바람과 결부되어 나타나며, 생리적으로는 욕구가 높아진 것을 나타내는 등, 외향적인 요구와 같이 나타난다. 그리고 심신에 해방감을 준다. 그리고 우리는 '노랑' 하면 '혁명' 이란 단어가 떠오르곤 한다. 예를 들어, 필리핀 혁명이 있다. 아키노의 암살 사건이 일어난 후, 대규모 반정부운동이 일어났다. 곧 마르코스 독재체제가 무너졌으며, 그 결과 아내 코라손 아키노가 정계에 나서서 남편에 대한 지지를 기반으로 필리핀 역사상 최초의 여성 대통령이 되었다. 그런데 왜 노란색 혁명이라 할까? 아키노의 장례에 무수한 사람들이 노란 면옷을 입었고 나무둘레에 노란 리본을 묶었기 때문이다. 나도 이처럼 내 안에서 혁명을 일구어내고 있다. 아무도 시키지 않은 봉사활동을 하고, 반의 구성원으로 반을 위해 최선을 다하며 나의 미래를 위해 열심히 노력하고 있기 때문에 나는 내 안에서 혁명을 일으킨다고 당당히 말할 수 있다. 노랑은 당당한 색이다.

　두 번째, 요즘 이 책을 읽고 애착이 가는 초록색이다. 초록은 탄생, 영원 등 생명의 재생력과 함께 나타난다. 그리고 마음과 몸의 이완을 촉진하며 생명의 성장과 항상성의 이미지를 준다. 초록 하면 떠오르는 이미지로는 무엇이 있을까? 아마 대부분이 자연이라 할 것이다. 원래 우리는 자연에서 나왔으며 지금도 자연의 영향을 많이 받고 있다. 그런데 요즘 환경파괴가 많이 이뤄지고 있다. 이에 반해 사람들은 그린연합을 만들어 환경파괴에 대응한다. 또한 원조병원의 색인 하얀색이 점점 초록색으로 바뀌고 있다. 이는 하얀색으로 인한 스트레스와 예민함을 초록색의 편안함과 재생으로 바꾸는 것이다. 사람들은 녹색 사이에 있으면 마음이 차분해지고 편안해진다. 초록색을 건물에 배색하는 것은 커다란 숲을 건물에 가져다놓은 것이 될 것이다. 초록색은 우리의 생명과 많은 관련이 있는 것 같다. 초록은 고마운 색이다.

세 번째, 파랑은 정신집중, 자율심 등 구심적인 마음의 움직임과 함께 나타난다. 또한 청정, 진정 등 에너지를 흡수하는 이미지를 가져다준다. '파랑' 하니 아람샘과 함께하는 인디고 아이들이 떠오른다. 여기서의 파랑은 밝은 색이다. 이에 반해 피카소의 파랑에서는 고독이 묻어난다. 이렇게 파랑은 다른 어느 색보다도 다양한 인간의 마음을 나타낼 수 있는 폭이 넓다. 밝고 환한 하늘색에서 짙고 가라앉는 느낌의 남색에 이르기까지 파랑의 변화는 풍부하다. 그리고 그 변화는 인간 감정 변화의 복잡한 과정과 밀접한 연관이 있다. 나는 주로 밝은 파랑을 좋아한다. 파랑은 복잡한 감정의 색이다.

이러한 색들을 우리는 느끼고 색들로부터 치료받으며 살아간다. 우리는 색을 먹는다. 음식에는 많은 색들이 있다. 그리고 색에 따라 식욕이 올라가기도 하고 떨어지기도 한다. 우리는 음식을 먹음으로써 색도 먹는 것이다. 그리고 한의사들은 얼굴색을 보고 전반적인 건강상태를 예측할 수 있다고 한다. 또한 인간의 피부색은 몸상태뿐만 아니라 감정의 변화에 따라서도 변한다. 글자 그대로 '빨갛게 되어 화를 내고', '공포에 파랗게 질린다'. 그러므로 우리들은 '얼굴색을 읽는다' 라는 말을 쓴다. 우리는 많은 영화에서나 책에서 주인공의 옷색깔로 그 사람의 심리를 표현하는 것을 많이 보아왔다. 이렇듯 색은 그 사람의 심리를 대변하기도 한다. 지금까지 살면서 우리 옆을 떠나지 않았던 광고에서 역시나 색은 정말 중요하다. 많은 기업들이 빨강과 파랑의 조합을 쓴다. 왜 그럴까? 빨강은 에너지의 고양을 느끼게 하고 파랑은 안정이나 성실 등을 느끼게 하기 때문이다. 어떤 책에서는 '노랑'을 표지나 광고로 내면 망한다고 했다. 그러나 요즘 '옐로 붐'이 일고 있다. 그만큼 사회가 개방화된다는 것이다. 여러분은 녹색파라고 들어봤는가? 녹색파의 대두는 지금 우리의 정치가 그 틀을 넓혀야 할 시기에 와 있다는 것을 상징한다. 녹색정치의 조류는 우파도 좌파도 아니며, 한 종류로서 인간 재생의 꿈틀거림을 확고히 정치에 더해가고 있는 것이다. 우리나라에도 이런 것을 주장하는 민주노동당이 있다. 민주노동당은 "낡은 진보를 깨고 녹색혁명을 꿈꾸다"라는 명제를 내걸고 녹색파로 변화하려고 노력하고 있다. 이러한 색들로 우리는 컬러 워크숍을 할 수 있다. 인간의 커뮤니케이션 대부분은 언어에 의존한다. 일반적으로 카운슬링이나 심리분석 등도 대부분 언어에 의해 행해진다. 그러나 언어의 어딘가에는 반드시 표면적일 뿐인 내용이 묻어난다. 예를 들면 가족 간에 문제가 생겼을 경우 카운슬러가 "남편을 어떻게 생각하십니까?" 또는 "아버지에 대한 감정은 어떻습니까?"라고 물었다고 하자. 만약 반감을 지니고 있었다고 해도 그러한 부정적인 감정을 말로 표현하기는 어려울 것이다. 그러나 색깔이나 그림은 잠잘 때 꾸는 꿈과 같이 극히 시각적이고 유동적인 것이다. 좋아하고 싫어하는 것은 있어도 좋은 색, 나쁜 색이라는 것은 없다. 즉 어떤 색을 쓰더라도 그로 인해 비난받거나 창피를 당하는 일은 없는 것이다. 그만큼 자신의 기분을 나타내기 쉽다.

## 3. 덧칠하다

최근 우리나라도 문화수준이 향상됨에 따라 모든 일상생활과 관련한 디자인과 색에 대한 관심이 부쩍 늘어났다. 그에 따라 자연스레 색에 대한 전문적 지식이 필요하게 되었고, 색채연구가 활발해지고 있는 추세다. 또 미술치료 분야에서도 색채와 관련된 연구발표가 활발히 이루어지는 실정이다. 이러한 때 전문분야 종사자들뿐만 아니라, 일반인들 누구나 쉽게 접할 수 있는 미술 및 색채치료교실이 사회 곳곳에 꼭 필요하다는 생각이 더욱 간절해졌다. 이것은 물질문명의 발달과 반비례해서 아동들의 정신적 또는 정서적 장애가 급증하고 있는 오늘날의 현대문명사회에서는 꼭 필요한 분야라 하지 않을 수 없다.이정한

**나의 생각지도** ·······················································································

· 색에 담긴 많은 추억과 이야깃거리들이 떠오른다.

· 표정은 속여도 색은 못 속여.

· 내 안에서 뿜어져 나오는 색깔은 무슨 색일까.

· 검정색은 조용히 다독거려준다.

# 나를 미치게 하는 클래식

『이 곡만 듣고 나면 살맛이 난다』, 정태상 지음, 서울미디어

## 1. 스케치하다

노래는 우리와 같이 살아간다. 노래 없는 삶이라······ 생각해보았는가? 정말 지루하고 각박한 세상일 것이다. 우리는 매일 노래를 듣고 있으며 노래를 부르고 있다. 요즘에는 클래식이 많이 침체되고 가요가 유행하고 있다. 왜 이런 현상이 일어날까? 요즘에는 사회가 바빠지다 보니 클래식 같은 고전적이고 느린 음악을 지루해하고 싫어하는 것일 것이다. 이에 반해 가요는 우리의 직접적인 심리인 사랑, 이별, 행복 등과 일상생활의 이야기를 담고 있어 대중들에게 많은 관심을 받는다. 하지만 여기서는 구석에 처박아두었던 클래식을 꺼내어 그 매력에 빠져보려고 한다.

## 2. 채색하다

우리는 하프 하면 왠지 모르게 고상하고 운치를 지닌 악기라는 느낌이 든다. 그리스 로마 신화에서 신들이 하프로 연주를 한다는 것에 영향을 받아서 그런지 하프연주가들은 정말 고아한 정취를 풍기는 사람들 같아서 부러워한다. 그런데 혹시 그 아름다움 뒤에 숨겨져 있는 하피스트의 비애를 아시는지. 하피스트와 백조는 둘 다 그 우아한 이미지에 대한 대가를 치르기 위해 그들의 두 발은 매우 심한 중노동을 해야만 한다. 백조가 잔잔하게 물 위에 떠 있기 위해 물 밑에서는 쉴 새 없이 발을 움직이는 것과 같이, 하피스트들 또한 아름다운 음색과 우아한 이미지를 풍기기 위해서는 하프 끝에 달려 음과 조를 바꾸는 기능을 하는 7개의 페달과 끊임없는 상호관계를 맺어야만 한다. 하지만 우리들은 그저 하피스트가 부드럽게 양손을 움직이면서 줄을 뜯는 모습만 보고 감탄할 뿐, 그 긴 드레스 자락에 숨겨져 바쁘게 움직이며 노동하는 발에는 전혀 관심을 두지 않는다. 아무도 관심을 가져주지 않는 보이지 않는 곳에서도 끊임없이 땀을 흘리며 아름다운 곡을 만들기 위해 최선을 다하는 발에게 갈채를 보내자. 이렇게 연주되는 헨델의 〈하프 협주곡〉을 들어보자. 이 곡을 들으면 잔잔하게 시냇물이 흐르는 느낌이 들 것이다. 예전에는 독주부분이 오르간으로 연주되었지만 요즘은 하프가 대신하고 있다. 또한 이 곡에서는 주선율과 반주가 환상적인 조화를 이루는 것을 느낄 수 있다. 이 곡을 추천한다.

지난 2002년 6월 우리나라의 국민은 모두 붉은 악마가 되었다. 우리 대표팀은 4강이라는 파란을 일으킴으로써 개최국의 체면을 살렸음은 물론이고, 경기를 통해 단합된 힘과 국력을 세계만방에 유감없이 보여주어 돈으로는 환산할 수 없는 유무형의 소득까지 얻어낼 수 있었다. 우리 팀이 4강까지 올라갈 수 있었던 이유는 거장 히딩크 감독을 비롯한 감독진들의 탁월한 용병술과 태극전사 23명의 피와 땀과 눈물, 그리고 마지막으로 4,700만 전 국민의 열화와 같은 성원과 응원이 있었기 때문이다. 여러분은 중구삭금이라는 말을 아는가? 중구삭금이란 다수가 원하고 바란다면 그 기운은 무쇠도 녹일 수 있는 강한 힘이 된다는 것이다. 그래서 나는 전 국민의 뜨거운 응원과 원력으로 일구어낸 우리 팀의 월드컵 4강 신화는 전 국민이 간절히 원한다면 무쇠도 녹일 수 있는, 이른바 그 중구삭금의 간절한 염원이 있었기 때문에 가능했다고 생각한다. 여기에 어울리는 곡이 있는데 바로 안익태의 〈한국환상곡〉이다. 이 곡에는 우리의 자랑스러운 애국가 선율이 간헐적으로 몇 번인가 나오지만, 종장으로 치닫는 중간 부분쯤에서 봇물처럼 터져 나오는 애국가 합창은 듣는 이로 하여금 온통 감동의 물결 속으로 휩싸이게 한다. 그래서 나는 이것을 한국환상곡이라 부르기보다는 쉬운 말로 '애국가 교향곡'이라 불러도 되겠다고 생각한다. 한상우 선생님은 〈한국환상곡〉이야말로 우리나라의 역사를 음으로 표현해낸 장대한 민족 서사시라고 결론을 짓고 있다. 우리나라를 대표하는 〈한국환상곡〉을 추천한다.

모차르트는 음악사에서 천재로 손꼽히는 음악가였다. 그러나 그런 그에게도 넘지 못할 벽인 선배가 있었는데 그가 바로 하이든이다. 하이든과 모차르트는 서로가 서로에게 많은 영향을 주고받은 것으로 알려져 있는데, 하이든보다 24년 후배인 모차르트는 처음에 하이든으로부터 많은 영향을 받았고, 모차르트보다 18년을 더 산 하이든은 모차르트 사후에 그로부터 많은 영향을 받은 것으로 알려져 있다. 모차르트는 어떻게 해서든지 하이든과 견주거나 뛰어넘고 싶어 여섯 곡의 현악 4중주곡 앞에 하이든이라는 이름까지 붙였다. 이 여섯 곡 중 마지막 곡은 모차르트 현악 4중주 19번 k.465〈불협화음〉이다. 이 곡을 불협화음이라 부르는 까닭은 해결되지 않은 불협화음이 도처에 사용되고 있기 때문이다. 고전적 화성에서는 불안정한 불협화음은 반드시 안정된 협화음으로 해결하도록 되어 있다. 그런데 왜 모차르트는 이런 모험을 굳이 감행하려 하였을까. 이 곡의 특이한 화성에 주목하자. 다른 곡과 느낌이 다른 k.465〈불협화음〉을 추천한다.

## 3. 덧칠하다

우리는 보통 음악을 '듣는다'고 말한다. 그러나 음악은 '듣는' 입장에 서면, 아무래도 들려오는 음악을 수동적으로 들을 수밖에 없다. 그래서 나는 음악을 듣는다는 말보다 음악을 '만난다'는 표현을 주로 쓴다. 음악을 듣고 있으면서도 그 음악을 듣는 입장이 아니라 만나고 있는 입장에서 음악을 '대하는 것'이다. 이러면 듣고 있는 음악과 적극적인 의사소통이나 대화까지 가능해진다. (319쪽)

세계적인 대문호 괴테는 행복을 잡기 위한 다섯 가지 비결을 꼽았다. 후회하지 말 것, 미워하지 말 것, 현재를 즐길 것, 걱정하지 말 것, 나 같으면 여기에다 하나를 더 추가했을 것이다. '음악을 들으면서 하루를 마감하고 잠자리에 들 것'. (389쪽)

우리는 클래식을 들으며 좀 더 차분하고 느린 삶을 추구해야 한다. 요즘도 패스트에서 슬로 추세로 가고 있다고들 한다. 깊은 감동이 있는 클래식을 들어보는 것이 어떻겠는가? 눈을 감고 듣거나 따뜻한 차나 커피를 마시며 한 곡

들어보자. 바쁘고 거친 세상이 부드럽고 따뜻하게  바뀔 것이다.**이정한**

**나의 생각지도** ·······································································································

· 마음과 자연을 움직이게 만드는 신비한 힘 – 죽부.

· 슬픔을 치료해주는 아다지오.

· 미끄럽고 알싸한 향이 나는 샴페인 같은 즉흥곡.

· 마음을 변하게 하는 음악의 느낌이 참 좋다.

# 영화 속에서 찾은 인생

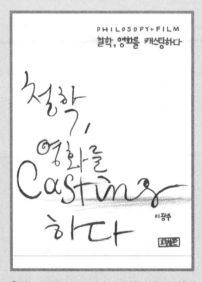

『철학, 영화를 casting하다』, 이왕주 지음, 효형출판

## 1. 스케치하다

나는 영화에 관심이 많다. 그래서 주말이면 친구들과 함께 영화를 보러 가곤 한다. 우리는 항상 이것 보자, 저것 보자 하면서 논쟁한다. 결국 흥행한 영화나 유명한 감독의 영화를 선택한다. 여러분도 대부분 그럴 것이다. 예를 들어 우리나라 사람들은 스티븐 스필버그가 만든 작품이면 모두들 좋다며 보러 갈 것이다. 그러나 이런 대박 영화가 있는가 하면, 개봉하자마자 사흘 만에 간판을 내리고 흔적도 없이 사라지는 영화도 있다. 그렇다고 해서 대박 영화가 오래가는 것도 아니다. 개봉관에서 몇 달 있다가 밀려나 비디오가게에서 잠시 반짝한 뒤 어쩌다 케이블 방송에서 한두 번 어른거리다가 세인의 기억 속으로 영영 사라지는 것이다. 이렇듯 영화의 한 살이는 너무 짧다. 그러므로 우리는 영화와 사귀는 법을 처음부터 다시 배워야 한다.

우리는 영화에서 작가의 뜻을 읽지만 말고 우리의 뜻을 만들 수도 있어야 한다. 예를 들어 영화 감상 후 글을 쓰는 것이다. 글을 쓰면서 영화의 흔적을 노트에 남기고 그 추억을 마음속에 간직하는 것이다. 앞에서 한 영화의 삶의 기간과 우리의 태도에 대해 언급했는데, 이것은 영화를 관람하는 모든 사람들에게 해당되는 기본적인 자세이다. 앞으로 내가 소개할 책에서는 영화 속의 삶의 철학에 대해 이야기한다. 영화 속의 삶은 우리의 실제 삶과 다를 게 없다. 이 책에서 내가 가장 흥미 있고 감명 깊게 읽었던 부분들을 소개하겠다. 여러분도 흥미를 갖고 이 책을 봤으면 하는 것이 나의 조그만 바람이다. 아마 이 글을 읽고 흥미를 느끼지 않는다면 할 수 없지만 나는 자신한다. '이 책은 정말 재밌고 색다르다고!!' 그러면 책 속으로 한번 빠져봅시다.

## 2. 채색하다

### 〈트루먼쇼〉 - 해방을 위하여

이 영화는 트루먼이라는 한 남자의 일생을 담은 쇼 프로그램이다. 그는 시헤이븐이라는 거대한 섬 하나의 세트장에서 주위 사람(배우)들과 함께 살아간다. 또한 그는 언제 어디서든 카메라의 감시를 받으며 살아간다. 그러나 그는 감시받는 사실을 꿈에도 모른다. 그러던 어느 날 첫사랑 실비아라는 여자가 이 음모를 폭로한다. 이것으로 트루먼은 어느 순간 자신을 둘러싼 음모를 꿰뚫어 보게 되었다. 마침내 시혜이븐이라는 세트장 바깥으로 탈출한다. 대충 이런 내용이다. 이 영화를 보고 나면 모든 이에게 우리의 세계도 이렇게 만들어진 세트장일 수 있다는 생각이 들 것이다. 지금 하고 있는 모든 일이 생방송으로 중계되고 있다고 생각해보라. 이 얼마나 소름 돋는 이야기인가! 만약 성말 이런 사실을 세상 사람들이 알면 이 세상에 범죄자나 거짓말하는 사람이 없을 것이다. 영화에서 트루먼이 제기하고 있는 물음은 "어떻게 카메라 앞에서 부끄럽지 않고 떳떳해지느냐"가 아니라 "어떻게 카메라 바깥으로 나서느냐"다.

〈매트릭스〉 – 자기 성찰
대부분의 사람들은 모두 한 번씩 이 영화를 보았을 것이다. 그러나 이 영화를 제대로 이해하기는 정말 힘들 것이다. 나도 처음 봤을 땐 무슨 이야긴지 이해를 못 하였다. 그래서 내가 정리를 해보기로 했다. 인공지능이 이 세상을 지배하게 된다. 그들은 사람들을 자신들이 조작한 가상공간인 매트릭스에 살게 한다. 그러나 사람의 본체는 거의 반 죽은 식물인간 상태로 있다. 이런 사람들을 구하기 위해 네오가 가상공간에 들어가 이 세상을 구하려는 내용이다. 앞으로 이런 세상이 정말 올까? 만약 온다 하더라도 진짜 인간의 기준은 변함없는 것이니, 우리는 그런 기준으로 가짜 인간과 진짜 인간을 구분한다. 그것은 선택, 믿음, 사랑을 통해 자신을 어떤 존재로 만들어가며 실존하는 대자 존재다.

〈굿 윌 헌팅〉 – 세상과의 화해
이인성의 소설 〈당신에 대해서〉는 이런 문장으로 시작한다. "우선, 이 소설을 읽으려는 당신에게, 잠깐 동안 눈을 감도록 권하겠다." 이것은 무엇을 뜻할까? 눈을 한 번 감았다 뜨는 그 짧은 순간에도 어쨌든 그토록 친숙했던 세상이 조금이라도 낯설게 보이고 그토록 자명하던 현실의 모든 것들이 부정되거나 도전받거나 의문스러워지는 느낌을 느낄 것이다. 이렇게 혁명적인 깨달음은 순간에 이뤄진다. 이렇게 쉬운 것은 주인공 윌 헌팅은 몰랐던 것이다. 윌은 천재적인 소년이었다. 그리고 그의 재주는 단지 내면의 두려움에 대한 방패막이었다. 이런 윌을 알아본 램보 교수는 많은 의사를 고용하여 정신병을 고치려 해본다. 하지만 그때마다 윌은 교수들을 농락하여 쫓아냈다. 마지막으로 교수는 숀이라는 대학 동창이자 정신과 교수를 소개시켜 주었다. 숀에게도 전 교수들과 마찬가지로 농락하려 했지만 그는 그리 호락호락하지 않았다. 윌의 마음속 두려움을 찾아낸 숀은 윌을 세상과 화해하게 한다. 마지막으로 현실에서는 영화에서의 윌처럼 숀과 같이 자기를 알아봐줄 사람을 만나는 것은 누구에게나 주어지는 행운이 아니다. 그러므로 우리는 어떤 식으로든 내면의 자아를 찾기 위한 모험과 탐색의 길을 떠나야 한다. 우리를 유혹하는 세상의 온갖 현란한 사물들로부터 한 걸음 성큼 물러서서 지그시 눈을 감아보자. 그런 다음 내 영혼의 내명에서 들려오는 희미한 외침에도 한번은 진지하게 귀기울여보자. 그리고 이런 물음 앞에 겸허하게 서보자. 내가 이 세상과 진정으로 화해하기 위해 지금 멈춰야 하는 것은 무엇이고 이제 시작해야 하는 것은 또 무엇인가를.

## 3. 덧칠하다

위에 소개한 내용은 책의 일부분밖에 되지 않는다. 『철학, 영화를 casting하다』에는 더욱더 재미있는 영화들이 기다리고 있다. 나는 개인적으로 〈굿 윌 헌팅〉이 가장 재미있었고 감명 깊었다. 그래서 이참에 영화도 한번 보려고 한다. 여기 숀이 윌에게 들려준 〈굿 윌 헌팅〉의 백미가 있다. 한번 들어보자.

내가 미술에 대해 물으면 넌 온갖 정보를 다 갖다대겠지. 미켈란젤로를 예로 들어볼까. 물론 너는 미켈란젤로에 대해 너무도 잘 알고 있을 거다. 그의 걸작품이며, 정치적 야심이며, 교황과의 관계, 심지어 그의 성적 특성에 대해서까지도. 하지만 그가 천장화를 그린 시스티나 성당의 향기가 어떤지 너는 알겠니?(…) 여자에 대해 물으면, 넌 네 타입의 여자들을 이런저런 기준으로 논하면서 장황하게 떠들어대겠지. 하지만 한 여인 옆에서 평화롭게 잠들었다가 아침에 다시 눈뜰 때 느끼는 행복이 뭔지는 모를 거다. 전쟁에 관해 묻는다면 너는 다시 셰익스피어의 명언 따위를 주절거리며 또 멋진 이야기들을 풀어놓겠지. 하지만 넌 상상도 못할 거다. 전우가 간절한 도움을 갈구하는 눈빛으로 널 바라보다 마지막 숨을 거두는 걸 지켜보는 참담함이 어떤 것인지. 사랑에 관해 물으면 넌 멋진 사랑의 시 한 구절까지 읊조리면서 답해주겠지만, 한 여인을 만나 사랑하고 절망하면서 그 쾌락뿐 아니라 그 아픔까지 뼛속 깊이 느껴본 적은 없을 거다.

나는 이 대사를 듣고 가슴이 뭉클했다. 세상이 그렇다. 모든 것이 객관적인 것으로만 이루어져 있지 않다고. 마음, 생각 등 많은 것들이 우리 주위를 채우고 있다. 이런 면이 있기에 우리는 서로 아끼고, 사랑하고, 의지하며 사는 것이다. _이정한_

**나의 생각지도** ·······················································································

· 우리 시대의 진정한 사랑을 찾아서.

· 과연 나는 바깥으로 나갈 수 있을까?

· 자신의 세계를 만든다는 것은 참 어려운 일이다.

# 있는 그대로 바라보다

『그림 같은 세상』, 황경신 지음, 아트북스

## 1. 스케치하다

가끔 두 손의 엄지와 검지를 교차시켜 팔을 쭉 뻗고 한쪽 눈을 감은 뒤 그 공간을 통해 세상을 들여다본다. 그 안에 담긴 세상은 평소 그냥 바라보던 세상과는 다르다. 상상력을 발휘하여 그 안에 담긴 세상을 내 마음대로 재구성하여 바라보면, 저 나무는 울고 있는 것 같아, 저 사람은 지금 사랑하는 사람을 만나고 오는 길인가 보다, 방금 떨어진 저 벚꽃은 이제 흩날려서 어디로 여행하게 될까 하고 생각하게 된다. 하지만 같은 곳을 바라봐도 보는 사람에 따라서 재구성의 결과는 다르다. 모든 사람은 이때까지 살아온 날이 다르고 그것을 바라보는 순간의 감정도 다르기 때문에 자신의 주관적인 생각이 앞서는 것이다.

학교 미술시간은 자신의 시각으로 그림을 감상하는 시간을 주지 않는다. 유명 화가의 그림을 제대로 감상할 시간조차 주지 않고, 인상주의니 초현실주의니 하며 이론적인 미술만을 가르친다. 이런 미술시간을 학생들은 거부하게 되고, 자연스레 그림과도 거리가 멀어지게 된다. 자, 이제 그런 친구들을 위하여 『그림 같은 세상』이라는 책을 소개하려 한다. 지금까지 보지 못했던 가슴 설레는 그림이 가득하고, 내가 그림을 어떻게 바라보든 그것이 곧 정답이 되는. 작가부터 새롭고 독특한 시각으로 그림에 다가서는 떨림 가득한 책이다.

## 2. 채색하다

『그림 같은 세상』은 봄, 여름, 가을, 겨울로 각 장을 나누어 22명의 화가와 그들의 그림으로 구성되어 있다. 책을 펼치는 순간부터 여행을 떠나는 느낌인데, 봄에 출발하여 겨울에 도착할 때까지 떨리는 기분이 가득하다. 따뜻함, 시원함, 쓸쓸함, 외로움, 위로, 정겨움, 공허함…… 여행이 끝난 후에는 이 감정들이 소용돌이쳐서 가슴속이 꽉 찬 느낌이 들 것이다.

'봄'은 구스타브 클림트의 화려한 붓터치가 가득한 유채화로 시작하여 개인적으로 좋아하는 모네의 정원을 거쳐 몽환적인 샤갈의 그림까지 보여준다.

작가가 들려주는 감상은 어떤 기법이나 화법에 대한 것이 아니다. 그림에서 느껴지는 색채, 그림이 뿜어내는 느낌, 과거 자신의 경험에 비추어져 바라본 생각 등이다. 그러다보면 자연스레 나도 내 생각을 한 겹 덧칠하게 되고, 책장을 한 장 넘길 때마다 한 그림에 오래 머무르게 된다.

'여름'을 여는 첫장은 파란 하늘과 파란 바다가 서로 섞인 듯, 섞이지 않은 듯 나를 반긴다. '여름'에 실린 그림들은 전체적으로 시원하고 화려해서 '봄'보다도 오히려 산뜻한 느낌이다. 난 쭉 그림을 보며 넘어가다가 르네 마그리트의 그림에서 멈추어 섰다. 나의 개인적인 감상을 붙이자면 (그러면서도 대부분의 사람들은 나와 같은 느낌일 것이다) 마그리트의 그림은 굉장히 당황스럽고 현실적이지 않아 위화감마저 느껴진다. 그는 초현실주의적 그림을 많이 남겼는데 많은 사람들은 그런 그의 그림을 보며 그림에 담겨 있는 의미나 상징성을 찾아내려고 노력한다. 하지만 마그리트는 그런 행동을 질타하며 "이미지는 '있는 모습 그대로' 보여야 한다"라고 말했다. 마그리트는 정확한 해답을 내놓은 것 같다. 그림이 의미하는 바나 상징성을 찾아내는 것이 목적이 아니라 그 그림에서 보이는 그대로, 느껴지는 그대로를 보고 느끼는 것이 그림 바라보기의 목적이다.

가을의 속성을 잘 표현하는 사랑과 불안이 동시에 느껴지는 뭉크의 그림을 시작으로 '가을'이 전개된다. '가을'에서는 흔히 보고 들어왔던 화가 빈센트 반 고흐의 그림을 실컷 볼 수 있다. 난 빈센트의 그림을 보며 '분명히 이 그림들은 학교 교과서에서 봤던 그림과 똑같은 것인데, 왜 그때는 보지 못했던 것들이 지금은 보이는 것일까' 하고 생각했다. 그때는 그저 가난한 화가의 그림이라고밖에 보지 못했던 그림의 그 붓터치가 왜 지금은 꿈틀거리는 것 같아 보일까. 반성해볼 문제다.

'겨울'은 〈진주귀걸이를 한 소녀〉라는 명화로 친숙한 얀 베르메르의 그림으로 시작해서 『그림 같은 세상』 전체 중 유일하게 한국 화가인 이중섭의 그림으로 마무리된다. 이렇게 앞에서 쭉 봤던 서양화와는 다른 동양화의 색다른 느낌으로 긴 여행을 마치게 된다.

## 3. 덧칠하다

전체 22명의 화가 중 한국 화가가 한 명밖에 없다는 점이 살짝 아쉬웠다. 동양화의 수수하고 깊은 매력을 각 장마다 계절별로 살리면 좋을 텐데 하는 생각이 든다. 한국 사람이면서도 서양화에 더 익숙해진 현실이 안타깝다.

이 책에는 그림이 실린 장마다 여백이 많이 남아서 그 공간에 자신의 그림 바라보기를 기록할 수 있다. 물론 작가가 의도적으로 그렇게 만든 것은 아니겠지만 (어쩌면 의도적일 수도 있다.) 짧게 적힌 작가의 감상 밑에 얼마든지 그 순간의 느낌을 메모할 수 있는 여백이 참 좋다.

『그림 같은 세상』을 읽고 나면 그토록 지루하고 재미없었던 미술감상이 즐거워질 것이다. 그림 바라보기는 그 그림의 의미나 상징을 찾아내는 것이 아니다. 그림에 보이는 것 그대로가 결국 화가의 의도이고, 우리가 느끼는 그대로가 그 작품에 대한 정답이다. 그럼 이제 『그림 같은 세상』 속의, 또 다른 세상의 그림 같은 눈부신 그림을 바라보자. **홍정윤**

**나의 생각지도** ····················································································································

· 오늘은 내 인생에도 햇빛이 쏟아지는 날이다.

· 불꽃, 그 빛의 아름다움은 정말이지 대단하다.

· 그림을 보고 있자니 올해는 봄이 더 빨리 올 것만 같다.

· 왜 카렐은 이토록 애절한 그림에 황금방울새를 출연시킨 것일까.

**우리가 뽑은 추천도서 목록**

· 서양미술사 | E.H 곰브리치 지음 | 백승길, 이종승 옮김 | 예경 | 1997

· 클래식은 내 친구 1,2 | 김정환 지음 | 웅진닷컴 | 1995

· 김석철의 세계건축기행 | 김석철 지음 | 창비 | 1997

· 음악이 있는 풍경 1,2 | 김정환 지음 | 이론과 실천 | 1997

· 김병종의 화첩기행 1,2,3 | 김병종 지음 | 효형출판 | 1999

· 옛 그림 읽기의 즐거움 1, 2 | 오주석 지음 | 솔 | 1999

· 돌 위에 새긴 생각 | 정민 지음 | 열림원 | 2000

· 내 영혼의 음악 | 김정환 | 청년사 | 2001

· 아름다운 사람 이중섭 | 전인권 지음 | 문학과지성사 | 2000

· 예술가로 산다는 것 | 박영택 지음 | 김홍희 사진 | 마음산책 | 2001

· 청춘. 길 | 베르나르 포콩 지음 | 백선희 옮김 | 마음산책 | 2001

· 화인열전 1,2 | 유홍준 | 역사비평사 | 2001

· 10cm 예술 | 김점선 지음 | 마음산책 | 2002

· 나는 내 것이 아름답다 | 최순우 지음 | 학고재 | 2002

· 뒷모습 | 미셸 투르니에 지음 | 에두아르 부바 사진 | 김화영 옮김 | 현대문학 | 2002

· 원작 없는 그림들 | 강홍구 지음 | 아트북스 | 2002

· 나는 박물관에 공부하러 간다 | 이원복 지음 | 효형출판 | 2003

· 나무로 깎은 책벌레 이야기 | 김진송 | 현문서가 | 2003

· 사랑의 방 | 베르나르 포콩 지음 | 심민화 옮김 | 마음산책 | 2003

· 세상에서 가장 아름다운 집 | 서윤영 지음 | 궁리 | 2003

· 그 섬에 내가 있었네 | 김영갑 지음 | Human & Books | 2004

· 사랑한다면 그림을 보여줘 | 공주형 지음 | 학고재 | 2004

· 우리 문화의 수수께끼 1, 2 | 주강현 지음 | 한겨레신문사 | 2004

· 하늘에서 본 지구 | 얀 아르튀스-베르트랑 | 조형준 외 옮김 | 새물결 | 2004

· 화가처럼 생각하기 1,2 | 김재준 지음 | 아트북스 | 2004

· 아름다움을 훔치다 | 김수남 지음 | 디새집 | 2004

· 이중섭 평전 | 고은 지음 | 향연 | 2004

· 빈센트가 사랑한 밀레 | 박홍규 지음 | 아트북스 | 2005

· 집宇집宙 | 서윤영 지음 | 궁리 | 2005

· 판소리와 놀자 | 이경재, 윤정주 지음 | 창비 | 2005

· 14세 소년, 극장에 가다 | 이대현 지음 | 다할미디어 | 2006

· 내 친구 빈센트 | 박홍규 지음 | 소나무 | 2006

· 세계의 민속음악 | 박창호 지음 | 현암사 | 2006

· 세상은 놀라운 미술 선생님 | 김정애 지음 | 아트북스 | 2006

· 왜 공공미술인가 | 박삼철 지음 | 학고재 | 2006

· 절터, 그 아름다운 만행 | 이지누 지음 | 호미 | 2006

· 청소년을 위한 추천 영화 77편 | 이승민, 강안 지음 | 씨네 21 | 2006

· 딸과 함께 떠나는 건축여행 | 이용재 지음 | 멘토 | 2007

· 필로디자인 | 김민수 지음 | 그린비 | 2007

· 희망의 예술 | 경기문화재단 지음 | 솔 | 2007

# 꿈꾸는 청소년, 우리들의 미래를 말하다

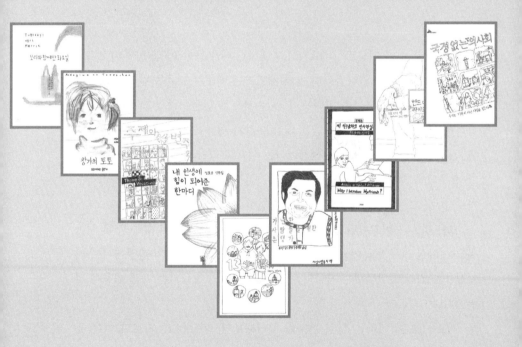

교육, 하면 무엇이 떠오르시나요? 학교, 학원, 과외 등이 가장 먼저 떠오르는 것은 모두가 어쩔 수 없나봅니다. 입시제도라는 체계는 교육을 단지 시험이라는 것에 맞춰버린, 다시는 쳐다보기 싫은 것으로 만들어버렸습니다. 단순히 성적을 더 잘 내기 위해서 더 좋은 대학을 가기 위해서 발버둥치고, 푸르디푸른, 큰 꿈을 품어야 할 청춘을 성적이라는 선으로 억압하는, 그런 교육은 어딘가 잘못되어 있다고 생각하지 않으세요? 성적과 시험에 관계없이 우리들을 바로잡아주고, 마음을 살찌게 하는 게 진정한 교육이 아닐까요?

그런 것들과 비교하면 우리가 푸른 청춘을 바쳐서 혼신의 힘을 다해 배운 것들은 사실 아무것도 아닐지도 모릅니다. 우리가 정말로 삶의 현장에서 우리 자신을 다스리기 위해서는 지금의 이런 입시 위주의 교육과는 다른 배움이 절실합니다.

'교육(教育)'이라는 말의 한자를 풀이해보면 '가르치고, 기르다'라는 뜻이 됩니다. 학교에서의 교육은 '가르치다'라는 부분을 충족시킬지는 몰라도, '기르다'라는 부분은 만족시키지 못합니다. 그렇기 때문에 대학에 들어가서 자살하고, 무엇을 할지, 무엇을 해야 할지 알지 못한 채 방황하는 청소년들이 늘어나는 것입니다.

'우리는 대체 왜 배우는 걸까?', '우리에게 정말로 필요한 게 뭘까?' 더 이상 이런 의문이 사치스럽고 이상한 질문이 되어서는 안 됩니다. 지극히 당연하고 누구나 거쳐야 하는 '자연스러운' 의문이 되어야 합니다. 끊임없이 자신의 미래에 대해서 고민하고, '나'를 찾아서 정말로 나에게 필요하고 절실한 것이 무엇인지 아는 것이 청소년으로서 자연스러운 것이며, 그것을 이끌어주는 것이야말로 진정한 교육이 아닐까요?

이 교육 부분에서는 우리의 생활 속에 숨어 있는 작은 문제들에서부터 타인을 이해하고 받아들일 수 있는 그런 넓은 마음까지, 우리에게 가장 부족하고, 가장 필요하다고 생각되는 것들을 담고 있는 책들을 모았습니다.

죽음을 앞둔 모리 교수님과 그의 제자 미치의 마지막 수업을 다룬『모리와 함께한 화요일』, 주인공 토토의 어린 시절을 추억하며, 자연과 더불어 사는 삶의 아름다움과 아이들의 인격과 개성을 존중한 수업의 탁월함을 보여준『창가의 토토』, 책이라는 평면적 한계를 벗어나 저자와 독자를 이어준『주제와 변주』, 정호승 선생님의 경험을 통해, 인생에 힘이 되어준 한마디들을 들려주는『내 인생에 힘이 되어준 한마디』, 다양한 직업의 세계를 제시해준『13세의 헬로 워크』, 무하마드 유누스라는 인물과 그라민 은행을 통해 가난 구제의 길을 제시한『가난한 사람들을 위한 은행가』, 진실된 만남과 다른 사람들을 존중한다는 것이 무엇인지 일깨워준,『제 친구들하고 인사하실래요?』, 자연과 함께 하는 일상을 통해 진정으로 평화로운 삶이 무엇인지를 가르쳐준『핸드메이드 라이프』, '국경 없는 의사회'란 무엇이며, 그들이 하는 일이 어떤 것인지를 이야기해준『국경 없는 의사회』. 한 권 한 권이 아름다운 빛을 뿜어내는 보석 같은 내용을 담고 있는 책들이랍니다. 어떻게 보면 사소한, 어떻게 보면 너무도 일상적인 그런 가르침들. 하지만 우리에겐 없는 진정한 배움과 가르침을 아홉 권의 책들 속에서 찾아보셨으면 합니다.

# 떠나는 자와 남는 자의 마지막 수업

『모리와 함께한 화요일』, 미치 앨봄 지음, 공경희 옮김, 세종서적

영혼의 은사. 어때요? 뭔가 있어 보이는 듯한 말이지 않나요? 세상에는 수많은 '은사'들이 계십니다. 그 은사에는 학교에서 만난 담임선생님, 삶에 큰 영향을 끼친 인생의 스승 등 많은 은사님들이 계시지요. 하지만 영혼의 스승님, 은사님이라는 말을 붙일 만한 분은 평생에 몇 분이나 만날 수 있을까요. 한 분? 두 분? 제가 생각하기에는 한 분을 만나는 것만으로도 엄청난 행운일 거라고 생각합니다. 상대방을 마음속 깊은 곳에서부터 '선생님'이라고 부를 수 있다는 건 아주 힘들 거라고 생각하니 말이죠. 그러니 '선생님'이라는 이 짧은 말에 깃들어 있는 모든 존경과 공경에 어울리는 분이야말로 '영혼의 은사님'이 아닐까요?

　놀랍게도 저는 (그리고 우리는) 그런 분을 한 분 알고 있습니다. 그분은 비록 지금은 안 계시지만 지금도 그분을 기억하는 사람들의 마음속에서 살아계십니다. 그분은 바로 이 『모리와 함께한 화요일』에 등장하는 모리 교수님이십니다. 먼저 이 책에 대해 짤막하게 소개해보도록 하겠습니다. 『모리와 함께한 화요일』은 대학교수인 모리와 그의 제자인 미치 앨봄의 마지막 수업들을 기록한 책입니다. 어째서 '마지막'이냐 하면 모리 선생님이 루게릭병에 걸려 더 이상 움직일 수도 없이 죽을 날만을 기다리는 몸이 되었기 때문입니다. 죽음을 앞둔, 그러나 너무나도 멋진 선생님인 모리와 그를 존경하는 제자 미치의 마지막 수업. 하지만 그 수업들은 결코 슬프지도 우울하지도 않았습니다. 세상, 후회, 죽음, 가족, 감정, 나이 드는 두려움, 돈, 결혼, 문화, 용서와 같은 그런 일상적인 주제들을 다룬, 학교에서와 같은 딱딱한 수업이 아닌 '삶'에 대한 수업이었기 때문입니다.


　'내가 알기론, 내 노은사 모리 선생님은 자립방법 제공 비즈니스와는 관련이 없었다. 그는 죽음이라는 열차의 기적소리를 들으면서 철로에 서 있었으며, 인생에서 무엇이 중요한지 분명히 알고 있었다. 난 그런 분명함을 원했다. 내가 아는 한, 혼란과 고통에서 헤매는 영혼은 누구나 그런 분

명함을 원했다.'

모리 선생님과 직접 만날 수 있었다는 것은 미치에게, 그리고 생전에 그와 만났던 모든 사람들에게 최고의 행운이고 엄청난 영광이었겠죠. 하지만 우리는 비록 모리 선생님의 수업을 직접 들을 수는 없지만 그의 가르침은, 그의 정신과는 만날 수 있습니다. 이런 멋진 책을 통해서 말이죠.

'우리가 서로 사랑하고, 우리가 가졌던 사랑의 감정을 기억할 수 있는 한, 우리는 진짜 우리를 기억하는 사람들의 마음속에 잊혀지지 않고 죽을 수 있네.'

'죽음은 생명이 끝나는 것이지, 관계가 끝나는 것은 아니네.'

모리 선생님의 말씀처럼, 죽음은 우리와 그가 만나는 것을 가로막았지만 그와 우리가 관계 맺는 것은 막을 수 없습니다. 저는 이제까지 이 책을 여덟 번이나 읽었습니다. 이젠 약간 허름하고 줄도 그어져 있는 책이지만, 그렇기에 저는 이 책에 더 애착이 갑니다. 그만큼 저는 이 책을 아꼈다는 의미니까요. 그럼 마지막으로 제가 이 책을 통해 얻은 최고의 교훈을 적어보겠습니다.

'죽음이라는 끝이 있기에 인생은 아름다운 것이다.' **송상근**

**나의 생각지도** ·······

· 이 책을 읽고, 자유로운 방식으로 책을 소개하고, 가장 좋았던 구절을 적은 뒤 발표하며 모두가 미치가 되고 모리가 되는 순간을 함께했다.

# 우리가 꿈꾸는 수업

『창가의 토토』, 구로야나기 테츠코 지음, 김난주 옮김, 프로메테우스

대한민국의 고등학생으로서 하고 싶은 일은 무궁무진합니다. 하지만 해야 할 일이 훨씬 더 무궁무진하지요. 언어, 외국어, 수리는 기본이고 내신도 신경써야 하고 논술도 챙겨야 하고, 문과와 이과는 또 각자의 과목을 준비해야 할 것이며 예체능계열은 열심히 실기 준비를 해야겠지요. 틈틈이 시간이 나면 봉사활동시간도 채워야 합니다. 중학교를 졸업한 순간부터 어른들은 우리에게 말씀하셨습니다. "이제 더 이상 중학생이 아니다. 고등학교에 들어가면 3년간은 그냥 죽었다고 생각하고 공부해야 한다" 하고요. 공부보다는 놀기를 좋아했던 나는 뭐 그러려니, 하고 새로운 학교에 첫발을 내딛었습니다.

하지만 만만치 않더군요. 0교시 보충수업부터 시작해서 10시에 끝나는 야간자율학습. 거의 15시간 정도를 학교에서 보내며 언제나 우리를 짓누르는 공부에 대한 부담감을 감당할 수 없었습니다. 중간고사, 기말고사 두 번의 시험을 통해 내신이 나오고, 또 한두 달에 한 번씩 거르지 않고 치는 모의고사 성적표를 보며 나의 위치를 어느 정도 깨닫습니다. 성적을 통해 줄을 세워서 진로를 결정하는 체계에 익숙해져야 할 때입니다.

하지만 나는 이해할 수 없습니다. 사람의 수많은 면과 재능 중에 고작 한 가지를 가지고 차례를 매겨서 모든 것을 결정지어버리는 단순한 체계를 벗어나고 싶습니다. 단순히 점수를 만들기 위한 공부를 하는 수업보다는 진정한 '나'를 만드는 수업을 듣고 싶습니다.

그런 면에서 『창가의 토토』의 도모에 학원은 이상적인 교육을 실현하고 있습니다. 선생님들은 아이들을 대할 때 우선 아이들의 입장에서 세상을 바라봅니다. 아이들을 먼저 생각하고 먼저 챙깁니다. 자신이 아끼던 지갑을 재래식 화장실에 빠뜨린 토토가 무작정 자루바가지를 들고 와서 분뇨를 퍼내는 걸 본 고바야시 교장선생님은 우리의 일반적인 사고방식과는 전혀 반대로 반응하십니다. 보통 어른들이라면 버럭 화를 내며 "이게 무슨 짓이냐!" 하시겠지요. 겁먹은 토토가 이유를 설명하려고 해도 "어디서 어른 말씀하시는데 말대꾸냐"며 더 화내실 것이 뻔합니다. 하지만 고바야시 교장선생님은 토토에게 "끝나고 나면 전부 원래대로 해놓거라" 라는 한마디 말만 하시고 그 자리를 떠나셨습니다. 물론 교장선생님도 적잖게 당황하셨겠지요. 하지만 토토에게도 그 나름의 사정이 있을 것이라고 짐작하셨기에 토토를 믿고 내버려두셨을 겁니다. 토토 역시 자신을 신뢰하고 있는 교장선생님의 마음을 알고 있었으니 씩씩하게 분 뇨더미를 원상복귀시킵니다. 비록 지갑은 찾지 못했지만 자신 혼자만의 힘으로 뭔가를 해냈다는 것에 대해 자랑스러워하면서요.

우리의 자존심을 깎아내리고 비난하는 게 아닌, 다독여주고 격려해주는 어른들의 말 한 마디가 아이들에게는 큰 변화를 가져옵니다. 일반 초등학교에 있던 시절 토토는 다른 사람을 배려하는 태도는 전혀 보이지 않았습니다. 수업 중에도 창가로 가서 소란을 피우고, 책상 서랍을 정신없이 열고 닫는 등 말이죠. 그런 토토를 선생님들은 다들 문제아로만 바라보지, 진심이 담긴 속마음은 들어보려 하지도 않았습니다. 그런 토토를 바꾸어놓은 것이 도모에 학원입니다. 친절한 선생님들과 꾸밈없지만 알찬 수업을 하며 토토는 새롭게 변화합니다. 집에서 키우는 개 로키와 놀다 크게 다쳤을 때도, 자기 걱정보다는 혹시 부모님이 로키를 야단치지는 않을까 염려해서 오히려 로키를 감싸주는 모습은 그것을 충분히 보여줍니다. 공부 잘하는 토토보다는 진정 인간다운 토토를 만들어준 것입니다.

요즘 학교는 많이 차갑습니다. 학생을 심하게 체벌하거나 성적이나 외모, 성격을 가지고 인격적으로 모욕하는 교사도 있고, 교사라는 책임을 잊은 채 행동하는 사람도 있는가 하면, 학생이 선생님을 공경할 줄 모르고 함부로 대들고, 심지어 폭행까지 하는 사건도 접하게 됩니다. 수업시간에 최소한의 예의도 없이 떠들거나 엎드려서 잠을 자는 건 예사지요. 무언가 잘못되었다고 생각하지 않나요? 어느새 우리는 그저 서로를 삭막한 존재로만 받아들이고 있는 것 같습니다. 학생들은 학생들대로 선생님을 고지식하고 답답한 사람으로, 선생님은 학생들을 열심히 노력하지도 않는 게으른 아이로만 생각하고 있는 건 아닌가요?

우리는 현실에 지친 우리들을 따뜻한 시선으로 바라봐주고 응원해주는 선생님이 절실합니다. 우리가 너무나 힘들 때 고바야시 선생님처럼 "넌 정말 착한 아이란다." 하며 조용히 머리를 쓰다듬어 주시는 선생님을 만나고 싶습니다. 가슴이 따뜻한 사람을 키우는 도모에 학원처럼요. **정재윤**

---

**나의 생각지도** ································································································································

· 내가 꿈꾸는 것들.

  -꿈을 실현할 수 있는 학교.

  -하루하루를 새롭게 다시 시작한다는 마음이 들게 해주는 학교.

  -전교생을 친구로 삼을 수 있는 학교.

  -유리창 너머로 보이는 파도의 물결, 소리를 듣는 수업.

# 오아시스의 장을 찾아서

『주제와 변주』, 인디고 서원 엮음, 궁리

책을 읽다가 갈증에 빠져본 적 있으세요? 머릿속에서 '더 줘, 더 줘, 알고 싶어, 알고 싶어'라는 소리가 들려오는 그런 갈증. 책을 읽다가도 '이분은 이 문제를 어떻게 생각하실까?', '이 부분은 어딘가 이상해'라는 생각이 떠오르는 그런 갈증. 그건 말이죠, 지식에 대한 갈증이랍니다. '지식'이라고 해서 거창한 게 아니라 단순히 책을 읽는 데 지쳤다고 할까요. 책이라는 단순한 종이에서 더 나아가 그 다음을 알고 싶은, 그런 갈증입니다. 사실 자기가 좋아하는 작품에는 그런 갈증을 느낄 때가 있죠. 그래서 팬픽을 적어보기도 하고, IF라는 상황을 상상해보기도 합니다. 잡지 《INDIGO +ing》 5호의 '토토, 모리를 만나다'도 IF의 이야기를 다룬 팬픽이라고 할 수 있겠네요.

다시 이야기를 되돌려서, 정신적 갈증이라는 것은 정말로 참기 힘든 거죠. 다음 이야기를 상상해보고, IF를 상상하며, 국어책에서 이야기하는 '책을 통한 작가와의 의사소통'이라는 것을 해봐도 결국은 상상, 허구. 어떤 명확한 답도 나오지 않기에 더 큰 갈증을 가져오는 것에 불과합니다.

그렇기에 『주제와 변주』라는 책은 하나의 오아시스라 할 수 있습니다. 책속에서 또는 상상 속에서민 일핏얼핏 보습을 드러내던 작가의 모습과 생각을 명확하게 보여주기 때문입니다. 물론, '주제와 변주'라는 독서토론회를 기록한 것이기에 약간 실망할 수도 있고 갈증이 완벽하게 풀리지 않을 수도 있습니다. 기껏 책 속을 탈출한 저자들을 다시 책 속에 얽어맨다는 사실에 투덜거릴 수도 있지만, 그렇다 해도 그게 얼마입니까! 비록 간접적일지라도 평소 꿈꿔왔던 저자들과의 만남이라니! 사랑에 빠진 소녀처럼 가슴이 두근두근 뛰지 않습니까?

앗, 정신 차리고 보니 여태 '주제와 변주' 소개를 하지 않았군요! 앞쪽에 내용을 추가하고 싶지만, 추가할 타이밍이 안 보이니 뒤늦게나마 '주제와 변주'에 대해서 이야기해보도록 하겠습니다.

'주제와 변주!' 어쩐지 음악과 관련 있는 것 같죠? 네, 맞습니다. 음악과 관련이 있습니다. 김정환 선생님이 쓰신 『음악이 있는 풍경』의 1장의 제목이 주제와 변주이고, 이 책의 제목도 그곳에서 따왔습니다. 이야기를 되돌려서, 주제와 변주는 인디고 서원에서 저자들을 초청하여 학생들과 이야기를 나누는 토론회입니다. 책을 읽으면서 느꼈던 모든 갈등들을 해소할 수 있는 '오아시스의 장' 이기도 하죠.

그런 주제와 변주가 2004년 10월 19일, 이왕주 선생님을 시작으로, 어느덧 27회를 훌쩍 넘겨버렸습니다. 『주제와 변주1, 2』는 그 주제와 변주를 책으로 엮어낸 것입니다. 각각 10회 분량의 '주제와 변주' 들을 담고 있는 주옥같은 책들이지요.

이제 『주제와 변주』가 어떤 책인지 감이 좀 잡히셨나요? 좀 알겠다, 라고 하신다면 다행이지만 '아직 모르겠어' 라고 하시면 난감하네요. 뭔가가 쓰고 싶은데 안 써지는 답답한 느낌 속에서, 최대한 이 『주제와 변주』라는 책이 안고 있는 마음을 잘 드러내 보이려고 했지만 아직 무리인 걸까요?

『주제와 변주』를 통해, 단순히 책이라는 공간을 벗어나 한층 더 가깝게 저자에게 다가설 수 있습니다. 우리가 미처 생각도 못했던 생각들이 '주제와 변주' 속에서 오가고, 또 우리는 그것을 보면서 한 걸음 더 앞으로 나아갈 수 있습니다. 저자와 독자라는 관계의 틀을 허물고 상대와 이야기할 수 있습니다.

이 책을 통해 상상 속에서만 존재했었던 저자와 만날 수 있었고, 다른 사람과의 '의사소통' 을 할 수 있었기에 저에겐 너무도 소중한 책입니다. 수많은 저자들의 이야기가, 삶이, 생각이 담겨 있는 책입니다. 『주제와 변주』가 그 책을 읽는 누군가에게 소중한 책이 되기를 빌면서……**송상근**

**나의 생각지도** ·······························································································

· 이 세상에는 60억 개의 양심이 있다.

· 진짜 울고 싶을 때 울 수 있는 사람이 되어야 한다.

· 문학은 하나의 신선한 매개체이다.

· 자기가 자신을 이끌어가야 한다.

# 너는 정말로 소중한 사람이야

『내 인생에 힘이 되어준 한마디』, 정호승 지음, 도서출판 비채

눈을 감고 마음속에서 어떤 소리가 나는지 귀기울여 보세요. 힘들고 지칠 땐 자리에 앉아 한 번쯤 뒤를 돌아보세요. 세상이 조용하고 울적해질 때면 고개를 숙이고 자신의 몸을 한 번 바라보세요.

무엇이 보이나요? 무엇이 들리나요? 무엇이 느껴지나요? 혹시 그 중에는 내 삶을 아름답게 해줄 아름다운 것들이 숨어 있지 않나요? 나에게 큰 힘이 되어주는 이야기가 숨어 있지 않나요? 차분히 그리고 천천히 한 번 생각해보세요.

이 책은 그런 책입니다. 우리가 알고 있었지만 느끼지 못했던 그러한 것들을 다시 한 번 이야기해주는, '너는 정말로 소중한 사람이야' 라고 속삭여주는 그런 책입니다.

우리는 평소에 유명한 사람들이 말하는 '내 인생에 힘이 되어준 한마디' 를 듣습니다. 라디오에서, TV에서 들을 수도 있고, 문제지에서, 어떤 책에서 읽을 수도 있습니다. 그렇다면 다시 한 번 눈을 감고 나의 '내 인생에 힘이 되어준 한마디' 를 찾아보세요. 생각하면 가슴 벅찬, 떠올리면 마음이 뚫리는 듯한, 우리가 진정으로 느끼는 한마디를.

만약 찾지 못했다면 이 책을 읽어보세요. 우리가 흘려들었던 이야기, 단순히 지나쳤던, 그런 어디에서나 들을 수 있는 한마디들을 다시 한 번 생각하게 해주는 그런 책이니까요.

힘들고 지칠 때면 '십자가를 등에 지고 가지 말고 품에 안고 가라' 라는 한마디를 떠올려보세요. 무거운 것을 고통스럽게 지고 가는 것은 억지로 지고 가는 것이기 때문에 고통스럽다는 뜻입니다. 반면, 십자가를 품에 안고 가는 것은 고통을 받아들이고자 하는 자기 의지와 인내가 있다는 의미인거죠.

누군가와 헤어졌을 때는 '천년을 함께 있어도 한 번은 이별해야 한다' 라는 한마디를 읽어보세요. 천년을 함께 살 수는 없지만, 설령 함께 산다고 해도 결국 한 번은 이별해야 합니다. 그렇게 생각하면 조금 힘이 생기지 않나요?

실패가 두려울 때는 '인생은 언제 어느 순간에도 다시 시작할 수 있다' 라는 한마디를 읊어보세요. 물론 인생에는 때가 있습니다. 어떤 일은 그때 하지 않으면 안 됩니다. 그래서 때를 놓쳐버리면 영영 못하게 될 수도 있습니다. 그러나 그 시기를 놓쳤다고 해서 그대로 주저앉아 있을 수 없는 게 우리의 인생입니다. 인간은 자신이 원하는 만큼 강해지는 법이니까요.

이 책은 저에게 사랑을, 희망을, 그리고 '지금'이라는 소중한 말의 의미를 깨닫게 해주었습니다. '닫힌 문을 너무 오랫동안 쳐다보고 있으면 열려 있는 등 뒤의 문을 보지 못한다'라는 한마디를 제 가슴속에 새겨주었습니다. 이런 한마디, 이런 소중한 이야기들을 들려주었습니다.

지금 이 글을 읽고 있는, 이 글을 눈에 담고 있는 분들, 이 글을 읽지 않아도 좋습니다. 지금 이 책을 덮어도 좋습니다. 하지만 단 한 가지. '내게 힘이 되어준, 힘이 되는 한마디는 뭘까'라고 단 한 번이라도 진지하게 생각해주세요. 그것이야말로 책을 읽는 것보다, 열심히 공부하는 것보다, 그 무엇보다도 귀중하고 소중한 시간일 테니까요.

너무 막연한가요? 그렇네요. 하지만 이 책은 그런 책이랍니다. 눈에 잡힐 듯, 눈에 보일 듯, 마음속으로 다가올 듯 말 듯한 그런 책이랍니다. 그러니까, 혹시 이 책 속의 한마디가 다가올 듯 말 듯하다면 기다리지 말고 붙잡으세요. 그것이 누구의 손에도 들어오는, 누구에게나 있는, 작고 보잘것없는 것이라 해도 그것은 분명 소중한 것일 테니까요. **송상근**

---

**나의 생각지도** ·······························································································

· 이 책을 읽고는 서로가 서로에게 힘이 되어주는 말을 마음을 다해 전달했다.

# 내가 진정 원하는 나의 미래에 대하여

『13세의 헬로 워크』, 무라카미 류 지음, 강라현 옮김, 이레

이 땅의 청소년들 중 다가올 내일을 미리 내다보고 착실히 대비하고 있는 사람은 과연 얼마나 될까요? 주위의 아이들은 특별히 자신의 진로를 생각하기보다는 SKY 입성을 목표로 삼고 무작정 공부만 합니다. 그렇지만 다들 많이 흔들리고 있습니다. 성적이 한번 내려가면 흔들. 모의고사 등급이 오르락내리락하면 또 흔들. 미래에 대한 확신도 없이 막연하게 공부만 하고 있으려니 내심 불안하기 때문입니다. 하지만 지금 이 시대에 자신이 진정으로 좋아하는 일에 몸을 던질 용기를 가진 청소년은 많지 않습니다. 오히려 그런 아이들은 '현실감이 없다' 느니, '지금이 어떤 시대인데 아직도 그런 생각을 하느냐' 라는 등 놀림을 받으며 웃음거리가 될지도 모릅니다.

그러면 반대로 생각해봅시다. 저는 제가 좋아하는 일을 할래요, 하고 그 길로 거침없이 나아가는 아이의 뒷모습을 흐뭇하게 바라볼 부모님과 선생님들은 과연 계실까요? 그것이 서울대나 연·고대를 졸업하고 의사나 판검사, 대기업 입사로 향하는 길이 아닌 이상 어른들은 앞을 가로막고 소리칠 것입니다. "말이 되는 소리를 해라!" 하시며 말이죠. "그게 왜 말이 안 되는 걸까?" 우리는 질문하겠지만 어른들은 대답이 없습니다. "일단 좋은 대학에 들어가야지. 그러고 나면 다 되는 거야." 그들의 눈빛은 대충 이렇게 말하고 있을 것입니다. 그리고 난 후에 우리들은 억지로 등 떠밀려 책상 앞에 앉게 되겠지요. 꿈과 희망을 말하기에 세상은 너무 냉담합니다.

우리가 우리의 인생에 한 번밖에 누리지 못하는 풋풋한 십대를 이렇게 공부에 바치는 이유는 좋은 대학을 나와서 좋은 직장을 얻기 위해서입니다. 그리고 궁극적인 목표는 돈을 많이 벌어 물질적인 풍요를 누리고 떵떵대며 남보다 더 잘 사는 것이지요. 그런 삶을 싫어하는 사람은 없겠지만, 현대사회는 그것을 행복한 삶이라고 여기며 자신의 아들 딸들이, 또는 제자들이 그렇게 성공하기를 바라면서 아이들을 쥐어짜고 허리띠를 졸라맵니다. 그렇지만 입신양명, 사회의 고위층이 되어서 이름을 날리는 것이 과연 중요한 가치일까요? 자신이 좋아하는 일을 하며 즐겁게 살아가는 삶이 진짜 행복한 것이라는 간단한 이치를 왜 다들 모른 척하는 걸까요?

『13세의 헬로 워크』는 부모님과 선생님이 뭐라고 하시는지는 신경 쓰지 않는 책입니다. 맨 처음 꼭 봐야 할 차례에서는 다른 사람이 아닌 내가 좋아하는 것들, 내가 궁금해하는 것들을 제일 먼저 물어보니까요. 진로에 대해 생각하는 건 생각보다 힘들었습니다. 하지만 직업이라는 것이 사회적 평판이나 수입으로 정해지는 게 아니라 내가 하고 싶어하는 것을 제일 먼저 생각해야 된다는 걸 깨닫자, 차례는 마음껏 꿈꿀 수 있는 공간으로 변했습니다. 그렇게 찾은 직업은 무려 29가지나 되었습니다. 구체적인 설명을 읽어보며 차근차근 나의 미래를 상상해보았더니 대부분의 청소년들처럼 어떤 걸 해야 할지 막연하기만 하던 나의 미래가 구체적인 모습으로 다시 다가왔습니다. 앞날에 대한 확신이 든 것도 아마 이쯤이었지요. 성적에 갇혀서, 주위 사람들의 시선에 갇혀서 함부로 펼 수 없었던 어깨를 활짝 펴기 시작했습니다. 『13세의 헬로 워크』가 든든하고 편안하게 앞길을 인도해준 덕분이기도 합니다.

나는 예술을 좋아합니다. 춤이든 노래든 음악이든 그림이든 사진이든 예술이라는 분야는 언제나 나를 설레게 만듭니다. 예쁘고 아름다운 것들을 좋아합니다. 여유를 좋아합니다. 눈코 뜰 새 없이 치열한 것보다는 한숨 돌리며 느긋느긋하게 해결하는 것을 좋아합니다. 그리고 사람을 좋아합니다. 새로운 인연을 맺는 것도, 오래된 친구와 재회하는 것도 좋아합니다. 사람과 사람이 만나 서로 영감을 주고 또한 자극받으며 자신의 감성을 표현하는 것을 좋아합니다. 사채, 보증, 배신 등의 말에서도 알 수 있듯이 사람을 믿기 힘든 세상이지만 이런 각박한 세상 속에서도 아직은 눈이 맑은 사람을 찾아서 같이 진심을 나눌 수 있는 세상의 기분 좋은 이중적인 면을 좋아합니다. 사람을 믿는 것을 좋아합니다. 내가 믿는 상대가 나를 똑같은 무게로 믿고 있다면 그처럼 행복한 일은 없습니다. 내가 좋아하는 일을 하며 좋은 사람들을 만나고, 그렇게 세월과 같이 흘러가는 삶이라면 돈을 많이 못 벌어도 상관없다는 생각을 합니다.

그래서 나는 나와 같은 생각을 하는 사람들이 이 세상에 더욱 더 많아지기를 바랍니다. 쉽지 않은 길인 만큼 서로 흔들리지 않게 붙잡아주고 지탱해주며 각자의 꿈을 실천에 옮기는 사람들이라면 더욱 반갑겠지요. 자신이 좋아하는 길을 향해 나아가는 사람들이 점점 많아지고 많아지면 언젠가는 세상이 부와 명예만 쫓는 사람들을 이상한 시선으로 바라보게 될 것이니까요. 외부의 목소리에는 잠시 귀를 닫고, 내 자신의 소리에 귀를 기울여야 할 때가 있습니다. 우리 청소년들이 우리의 앞날에 대해 걱정하고 생각할 때, 바로 지금입니다. **정재윤**

**나의 생각지도** ·······················································································································

· 포장마차의 닭똥집 한 점이 스테이크 한 점보다 맛있습니다.—포장마차 요리사

· 책에 적힌 수백 가지의 직업들을 보면서 나는 색안경을 벗었다.

· 나는 뭘 좋아하고 왜 그걸 좋아할까?

# 희망을 빌려드립니다

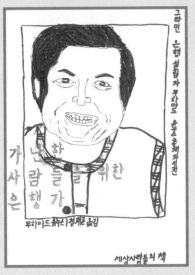

『가난한 사람들을 위한 은행가』, 무하마드 유누스 지음, 정재곤 옮김, 세상사람들의 책

가난. 20세기를 넘어서 21세기에 들어섰건만 아직까지도 사라지지 않는 것 중의 한 가지입니다. 세계의 많은 국가들이, 그 중에서도 '선진국'이라 불리는 다른 나라에 비해 경제적으로 우위를 보이는 국가들이 '가난'을 없애기 위해 노력하지만 여태껏 빈부격차는 사라지지 않았습니다. 그런 끈질긴 가난이 한 국가가 아닌 한 개인의 손에 의해 해결되고 있다면 믿을 수 있으시겠어요?

무하마드 유누스. 2006년에 노벨 평화상을 받음으로써, 이제는 익숙해진 이름입니다. 이번에 소개할 책은 바로 그 유누스 선생님의 자서전, 『가난한 사람들을 위한 은행가』라는 책입니다. 이 책에 대해서 알기 전에 먼저 무하마드 유누스 씨에 대해서 먼저 알아야겠지요.

무하마드 유누스 선생님은 그라민 은행의 총재로서, 소액 융자 프로그램을 만들어 가난한 사람들에게 '무담보, 무보증'으로 돈을 빌려주신 분입니다. 그는 원조와 적선보다는 가난을 이겨낼 수 있는 기반을 닦아주는 것이 더 효율적이고 더 쉽게 가난에서 벗어날 수 있다고 생각하신 분이지요.

게다가 더욱 놀라운 것은 그라민 은행이 가난한 여성들에게 초점이 맞추어졌다는 사실입니다. 방글라데시에서는 '푸르다'라 하여, 남성과 여성에 대한 차별이 인정되고 있습니다. 그런 '남녀차별'이 당연시된 사회 속에서 '여성'에게 초점을 맞추었다는 사실은 놀라운 것이지요. 하지만 아무 이유도 없이 여성을 우대한 것이 아닙니다. 여성은 남성보다 적응력이 뛰어나고 자녀의 미래에 관심이 더 많기 때문에 가난에서 벗어나는 주체가 되기에 적합하다고 판단했던 것입니다. 그런 사람들의 가난을 극복하고자 하는 의지와 그라민 은행의 원조로 그들은 가내 수공업과 농업을 비롯한 여러 분야에서 활동하여, 적은 돈을 기반으로 가난에서 벗어나는 데 성공하였습니다.

그가 가난한 사람들에게 준 것은 소액의 돈뿐만 아니라, 그들이 스스로의 능력을 개발할 수 있는 기회와 자신감. 그리고 인간의 존엄성을 회복할 수 있다는 희망까지도 안겨주었습니다. '무담보 대출'이라는 얼핏 보기에는 무모해 보이기도 하는 도전. 하지만 지난 26년간 그라민 은행에서 융자받은 사람들의 총 42%가 가난에서 벗어났으며, 현재는 1,175개의 지점과 240만의 회원을 가지고 있습니다. 42%는 결코 작은 수가 아닙니다. 물론 수치상으로 보자면 반수도 안 되어 보이지만, 나머지 58% 역시 예전의 생활보다도 훨씬 나아졌다는 사실은 부정할 수 없을 것입니다.

그런 '가난에서 벗어나기'에 빈손으로 앞장선 무하마드 유누스 선생님. 그가 한 행동은 가난 구제 외에도 또 한 가지 큰 의미를 지닙니다. 그것은 바로 '인간의 선의를 믿는다'라는 것입니다. 무담보 대출이라는 것은 상대방을 신뢰하지 않는 이상 쉽사리 실천할 수 있는 것이 아닙니다. 그럼에도 무하마드 유누스 선생님은 그것을 이루었고, 98% 이상의 상환율을 이루었습니다. 저는 그러한 '나를 믿고 너를 믿으며 인간 본래의 선한 마음을 믿는 행위'는 현대에서 가장 결핍되어 있는 동시에 가장 필요한 것이라고 믿고 있습니다. 그렇기에 이 책이 그런 '인간과 인간 사이의 신뢰'를 회복시켜주기를 바랍니다. **송상근**

---

**나의 생각지도** ·······································································································

· 물질적 담보보다 인간적 교감을 우선하는 그라민 은행.

· 우리가 꿈꾸는 사회의 이상형이다.

· 우리 손으로는 어떤 도움을 실천할 수 있을까?

지금 내 곁에서 함께 진심을 나누고 있는
소중한 사람들에게, 그리고 앞으로 만나게
될 나의 친구들에게

『제 친구들하고 인사하실래요?』, 조병준 지음, 그린비

굉장히 얇고 가벼운 책 한 권을 읽었어요. 특별히 새로운 정보를 얻거나, 내용이 어렵거나 한 그런 책이 아니라서 금세 술술 읽었는데, 그냥 마음이 찡해졌어요. 모든 사람은 섬이라서 결국 고독하게 혼자 살아가야 하지만 그래도 이런 사람들이 아직 있다는 것은 삶이 그렇게 춥고 외로운 것만은 아니라는 기분을 느끼게 하네요.

요즘은 왜 이렇게 세상이 차가워졌는지 모르겠어요. 진짜 진심이란 것이 있기는 할까 싶을 정도로 우리 주변에서는 무서운 일들이 많이 일어납니다. 귀신보다 사람이 더 무섭다는 말도 있잖아요. 어린 여중생을 감금해놓고 성매매를 강요해 그걸로 번 돈을 가로챘다는 기사를 읽고는 치가 떨렸습니다. 게다가 그 여중생을 돈주고 산 사람들이 그 사실을 묵인했다는 것도 충격적이었습니다. 돈 때문에 사람의 탈을 쓰고는 짐승만도 못한 짓을 저지르는 사람들과 우리는 같은 시대에 살아가고 있습니다. 사랑은 진실을 잃은 지 오래입니다. 청소년들도 풋풋하고 설레이는 첫사랑을 말하지 않습니다. 서로를 소유하려고 안달하다가도 쉽게 이별하고, 쉽게 아파하고, 쉽게 잊고 또 쉽게 다시 만납니다. 이런 세상에서 진심은 살아남을 수 있을까요?

가끔씩, 마법 같은 순간이 있습니다. 계산적인 세상에 지쳐서, 높은 파도가 온 몸을 던져 해변을 내리칠 때처럼 삶이 나를 덮쳐올 때 아무 말 없이 어깨를 감싸주는 사람을 느낄 때입니다. 토닥토닥, 괜찮다고 다독여줄 때 내 입에서 조심스럽게 나오는 '고마워' 라는 말은 마음이 아릴 정도로 진실된 고마움입니다.

목에 힘을 꽉 주고 주위 사람들을 경계하며 나조차도 내가 아닌 것처럼 느껴지는 하루를 보내고 찝찝한 기분으로 자리에 앉은 뒤에 오랜만에 옛날 친구로부터 전화가 걸려옵니다. '여보세요' 인사를 하며 별일 아닌 일상적인 얘기를 하고 나서 '그럼 다음에 한번 놀자!' 하고 약속을 잡고 전화를 끊습니다. 아무렇지 않은 목소리를 냈었지만 심장은 두근두근 떨려올 때, 그리고 어느샌가 잔뜩 긴장해서 힘이 들어간 내 목과 어깨가 편안하게 힘 빼고 있다는 걸 느꼈을 때 나는 너무나 행복합니다.

그런 면에서, 이 책의 배경인 콜카타의 마더 테레사의 집은 마법 그 자체인 공간입니다. 가난하고 병든 자들을 데려다가 치료하고 또는 조금이라도 가는 길을 편안하게 해주는 그곳의 봉사자들은 세계 각국의 사람들입니다. 그들은 서로에게 조심스럽지만 또한 너무나 격정적입니다. 말로만 사랑하고, 말로만 챙겨주는 게 아니라 하나부터 열까지 진심이 아닌 게 없습니다. 비관주의자인 것처럼 보여도 사실은 아픈 이들을 위로해주는 어린아이 같은 이탈리아인 안젤로, 읽으면서 괜히 울컥했던 스페인의 친구들. 이별할 때 준을 위해 불러준 노래는 문자로 느껴도 정말 애틋합니다. 수박을 손수 한입 크기로 퍼내서 병문안을 온 로르는 또 어떻구요. 아파서 봉사하러 나오지 않는 준을 매일같이 기다리던 모하메드 할아버지 이야기는 기어코 눈물을 흘리게 만들었습니다. 힘들고 고된 봉사일에다 의식주를 풍요롭게 챙기기는 불편한 곳이지만 그런 사람들과 만날 수 있다면 지금이라도 떠나고 싶어질 정도입니다. 이렇게 서로를 생각하고, 아껴주는 사람들도 있구나…… 그런 사람들과 같은 시대에 살고 있다는 것이 자랑스럽습니다.

한동안 그런 사람들을 생각합니다. 진심으로 상대를 대할 줄 아는 사람들을 그리워합니다. 하지만 현대사회는 그런 사람들과 함께할 기회가 흔치 않습니다. 그래서 내가 더욱 그런 관계에 악착같이 목숨을 거는 것일지도 모릅니다. 항상 상상만 할 순 없겠지요. 조금 후면 다시 목에 뻣뻣하게 힘을 주고 주위를 두리번거리며 경계하는 눈빛을 지어야 합니다. 학교에서는 더더욱 그렇습니다. 아무것도 모르고 마음 편히 무방비 상태로 있다 보니, 벌써 아이들은 저만치 앞서서 달려가고 있더군요. 나도 이제부터는 어쩔 수 없이 신발끈을 꽉 조이고 그 아이들을 뒤쫓아야 하겠지요. 아, 힘들군요.

그렇지만 인도 콜카타의 사람들은 그들 나름대로, 또 한국의 나는 내 나름대로 진심이 통하는 세상을 꾸며나가려고 합니다. 각자의 길이 있으니까요. 비록 진심이 통하는 이들을 만나기는 더 힘들겠지요, 하지만 차가운 세상에서 하나 둘씩 지신의 온기를 가지고 다가오는 사람들을 발견하는 것이 오히려 더 즐거운 만남이 아닐까 하는 생각도 듭니다. 하늘은 흐리지만 마음만은 새파란 날이군요. 좋은 하루 되세요. **정재윤**

**나의 생각지도** ·····························································································

· 자신의 것을 최대한으로 나누는 봉사의 기쁨을 느껴봐야지.

· 정열적이고 따뜻한 마음의 소유자, 에르난.

· 안겨서 엉엉 울어보고 싶은, 따뜻함으로 빛나는 모하메드 할아버지.

· 상처받은 영혼의 손에 붕대를 감던 천사, 안젤로.

# 내가 직접 만드는 나의 인생

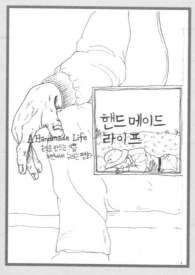

『핸드메이드 라이프』, 윌리엄 코퍼스웨이트 지음, 피터 포브스 사진, 이한중 옮김, 돌베개

인생의 주인공은 우리 자신입니다. 하지만 매순간이 새롭고 낯선 경험이기에 우리는 아직은 흔들흔들, 주춤거리며 나아갑니다. 어쩌다 중심이 잡힐라치면 어디선가 불어오는 세찬 바람에 다시 한번 크게 흔들리지요. 하지만 두려워하지 말고 나아가야 합니다. 하지만 더 나아가기 힘겨울 정도로 막막할 때는, 어떻게 해야 할까요? 나는 그러한 때 이 책을 읽어보라고 권하고 싶습니다. 우리의 인생을 스스로 디자인하는 디자이너로서 말이죠.

## 01.삶을 디자인하다

삶을 디자인한다, 는 말 자체가 생소하지만, 디자인이라는 개념을 '인간이 긍정적인 목적을 위해 무엇인가를 만들어간다' 라고 확장시키면 조금 더 쉽게 다가올지도 모르겠습니다. 우리는 그저 남들이 하는 대로 따라가며 시간을 허비하는 게 아니라 내가 주체가 되어서 삶을 이끌어가야 합니다. 그러면서도 사회를 구성하고 있는 수많은 유기체들과 공존하며 살아갈 수 있게 디자인하는 것이 진정한 삶이 아닐까 생각합니다.

## 02.아름다움, 새로운 시선

아름다운 것이란 현실과는 동떨어진 것일까요? 기분 좋은 날 아침의 파란 하늘, 친구가 내게 보여주는 환한 웃음은 언제나 마주칠 수 있을 정도로 흔한 것들이지만 우리는 그것들의 가치가 얼마나 큰 것인지 알아야 합니다. 그러한 흔하고 사소한 것들에 대한 애정이 결국에는 내가 존재하는 세상에 대한 사랑으로 바뀌는, 그 진정한 아름다움을 찾아보세요.

## 03.일과 밥벌이의 즐거움

우리들은 언젠가부터 밥벌이와 즐거움을 별개로 취급하고 있습니다. 일은 고되고 힘든 것이지만 그러한 고통의 대가로 번 돈으로 즐거움을 다시 취하는 것이라고 생각하지요. 『핸드메이드 라이프』는 아예 이 둘을 같은 것으로 생각하자고 주장합니다. 무의미한 일에 시간 낭비하지 말고 자발적이고 생산적인 노동을 통해 즐거움을 느끼고 대가도 버는 것이 진정 효율적인 것이 아닐까요? 개인적으로 이 부분은 나의 미래에 대해 한번 더 생각해보는 계기가 되었습니다.

## 04.배움과 가르침

지금 우리가 오랜 시간과 많은 돈을 투자해서 얻고자 하는 것은 진정한 배움이 아닙니다. 단지 방대한 정보를 한번에 암기하는 기술을 익힐 뿐이죠. 참된 경험으로 얻은 지식과 경험은 그 어떤 것들보다 소중합니다. 진정한 사람을 만드는 교육이 소중하다고 말하는 이 책을 읽으며 한편으로는 천진난만한 토토가 즐겁게 뛰어노는 모습이 그려졌습니다.

## 05.비폭력, 정중한 혁명

우리의 편견과 적대감은 얼마나 무서운 것인가요. 호화로운 대성당을 만들기 위해 희생되었을 약자들은 또 얼마나 밟히고 무시당했을까요. 우리 사회에는 숨어 있는 폭력이 많습니다. 폭력이 있어야만 역사가 바뀌고 새 시대가 열린다고들 하지만 평화의 귀중함을 깨닫지 못한 개혁은 아무런 가치가 없다고 생각합니다.

## 06.자발적인 가난함

강대국들이 자본을 불필요하게 많이 축적함으로써 약소국은 더욱더 빈곤해지고 어려워집니다. 힘있는 자들이 자신의 이익만 챙기려 욕심내고 있을 동안 약자들은 저항할 힘도 없이 이리저리 휘둘리기만 합니다. 우리에게는 남을 끌어내려서 짓밟고 올라설 권리가 없습니다. 모든 사람들이 평화롭게 자신의 것을 나누어 가지던 먼 과거는 그저 과거일 뿐일까요?

## 07.자연을 닮은 소박한 삶

너저분하고 불필요한 물건들 대신 일상생활에 꼭 필요한 물건만 갖자는 저자의 말은 하나도 틀린 것이 없지만 현대인들에게 가장 힘든 것 중 하나가 아닐까 싶습니다. 하지만 가장 실천하기 쉬운 것도 이것입니다. 우리가 조금만 욕심을 줄이면 더욱더 많은 것들을 살리고 얻을 수 있습니다.

## 08.평생 작업을 찾아서

소일거리나마 자신이 할 수 있는 일을 찾는 것은 멋지지 않은가요? 문명의 진보는 사람들이 잠시나마 자신에게 몰두할 수 있는 작은 일거리들을 다 잃게 만들었습니다. 소박한 삶의 실천은 결코 귀찮고 시간을 낭비하는 일이 아닙니다. 새로운 진보의 시작입니다.**정재윤**

**나의 생각지도** ··········································································································

· 물질적인 부와 마음의 평화는 비례하지 않는 것 같다.

· 배울 수는 있지만 가르칠 수 없는 것들이 있다.

· 비폭력이 머나먼 세계의 말처럼 느껴지지 않을 날이 곧 올 거라 믿는다.

· '인간적인 삶' 을 위한 계획서를 써봐야겠다.

# 작은 영웅들을 찾아서

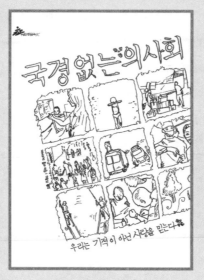

『국경없는 의사회』, 엘리어트 레이턴 지음, 박은영 옮김, 우물이있는집

전쟁이 터졌을 때, 그리고 부상자가 생겼을 때 그 누구보다도 먼저 뛰어나가는 사람들이 있습니다. 종군기자보다도, 상대방을 죽이기 위해 총칼을 들고 뛰어나가는 군인들보다도 먼저 달려가는 이들이 있습니다. 그들은 하는 일도, 일을 하는 목적도, 인종도, 국적도 다르지만, 단 한 가지, 부상자들을 치료하고 이들을 도와준다는 것만은 같습니다.

대체 이들은 누구일까요? 총알과 화염과 살의가 빗발치는 전쟁터를 가로질러 생명을 구하기 위해 힘쓰는 이들은 대체 누구일까요? 『국경 없는 의사회』는 이런 영웅들의 바로 그들의 이야기를 담고 있는 책입니다.

혹시 국경 없는 의사회를 들어보셨나요? 국경 없는 의사회는 '모든 재단의 피해자들은 전문적인 치료를 신속하게 그리고 차별 없이 제공받을 권리가 있다'라는 원칙 아래 활동하는 자원봉사단체입니다. 다만, 다른 구호기구 활동가들이 생명의 위협을 느껴 포기한 현장도 마다하지 않고 뛰어든다는 점이 다른 자원봉사단체와는 다른 점이라고 할 수 있겠군요.

**국경 없는 의사회 헌장**

MSF(국경없는 의사회)는 가난과 자연적 인위적 재해, 전쟁 등으로 고통받는 사람들을 인종과 종교, 정치적 신념에 관계없이 차별하지 않고 돕는다.

MSF는, 보편적 의료윤리 속에서 누구나 인도적 지원을 받을 권리가 있으므로, 누구에게도 방해받지 않고 중립적인 기능을 행사하는 데 필요한 완전한 자유를 요구한다.

MSF 회원들은 직업윤리를 지키며, 어떤 정치적 · 경제적 · 종교적 권력으로부터도 완전한 독립성을 유지할 것을 맹세한다.

MSF 회원들은 수행하는 임무의 위험성을 인지하며, MSF가 제공할 수 있는 것 외에 어떠한 보상을 요구할 권리도 갖지 않는다.

이제 이들이 어떤 사람들인지 어느 정도는 아시겠지요? 그들이 어떤 활동을 하고, 어디에서 일하는지. 저는 이들이야말로 현대의 '영웅'이라고 생각합니다. 그들이 아무리 그것을 부정하더라도 저는 그들이 영웅이라는 사실에 한 치의 의심도 가지지 않습니다. 아프리카라는. 그것도 생명과 죽음이 교차하는 전쟁터에서 그들은 한 사람이라도 살리기 위해 몸을 움직입니다.

그곳에는 생명을 위협하는 총이, 폭탄이, 전염병이 있습니다. 때로는 본의 아니게 '목격자'가 되었다는 이유로 처형당하기도 합니다. 자신들이 하고 있는 행동이 정말로 옳은 것인가 하는 생각이, 한 생명을 살리지 못했다는 생각이 저주가 되어 그들을 짓누르기도 합니다. 그런 위험 속을 걸어 다니면서도, 괴로워하면서도 '우리는 영웅이 아닙니다'라고. 그들은 한결같이 이야기합니다. 자신들은 어떤 숭고한 이상 때문이 아니라, 어떤 이는 '취업이 안 돼서' 또 다른 이는 '틀에 박힌 생활이 지겨워서', 심지어 '모험을 하기 위해서' 이런 일을 한다고 합니다. 하지만, 그럼에도 저는 이들을 '영웅'이라 부르고 싶습니다. 결과론을 말하는 것은 아니지만, 그들이 많은 생명을 구하고 있다는 사실은 틀림없습니다. 비록 처음 의도가 불순했다 하더라도, 그들이 분쟁지역을 떠나지 않고 구호행위를 계속한다는 사실은 변하지 않으며, 그 자체만으로도 충분히 '영웅'이라 불릴 자격이 있다고 생각합니다.

어떤 이는 자신의 능력을 시험해보기 위해, 어떤 이는 진실로 자신이 살아 있음을 느끼기 위해, 또 어떤 이는 인간을 느끼기 위해. 각자 저마다의 이유를 품고, 지금 이 시간에도 바쁘게 뛰어다니고 있을 국경 없는 의사회 사람들. 그들은 그곳에서 무엇을 보고 무엇을 느끼는 걸까요? 많은 돈을 쓰면서, 가끔은 목숨의 위협을 받으면서까지 분쟁지역으로 돌아가는 이유는 무엇일까요? 우리들은 결코 그것을 알지 못하겠지요. 하지만, 이런 사람들이 있다는 것을, 이들이 어떤 활동을 하고 있는가. 그것을 아는 것 정도는 할 수 있습니다. 비록 직접적으로 도울 순 없다 하더라도. 이들에 대해서 알고, 이들을 인정해주는 것만으로도 그들에게는 큰 힘이 되겠지요.

자아, 이 영웅 아닌 영웅, 고집쟁이들을 만나러 가볼까요?**송상근**

**나의 생각지도** ·····················································································

· 국제적인 원조에 대해 되돌아 봐야 하지 않을까.

· 깨어 있는 시각으로 바라보기.

· 내면의 사랑과 인내, 깊은 삶의 의미.

· 가장 행복한 삶이란 어떤 것일까?

**우리가 뽑은 추천도서 목록**

· 어린이 공화국 벤포스타 | 에비하르트 뫼비우스 지음 | 김라합 옮김 | 보리 | 2000

· 미래에서 온 편지 | 현경 지음 | 열림원 | 2001

· Book+ing | 수유연구실+연구공간 '너머' 지음 | 그린비 | 2002

· 꽃으로도 아이를 때리지 말라 | 박홍규 지음 | 우물이있는집 | 2002

· 성공하는 사람들의 아름다운 습관, 나눔 | 박원순 지음 | 랜덤하우스코리아 | 2002

· 페다고지 | 파울로 프레이리 지음 | 남경태 옮김 | 그린비 | 2002

· 강수돌 교수의 '나부터' 교육혁명 | 강수돌 지음 | 그린비 | 2003

· 강철로 된 책들 | 장석주 지음 | 바움 | 2003

· flow : 미치도록 행복한 나를 만난다 | 미하이 칙센트미하이 지음 | 최인수 옮김 | 한울림어린이 | 2004

· 간디와 마틴 루터 킹에게서 배우는 비폭력 | 마리 아네스 꽁브끄, 귀 들뢰리 지음 | 이재형 옮김 | 삼인 | 2004

· 너희가 책이다 | 허병두 지음 | 청어람미디어 | 2004

· 소년의 눈물 | 서경식 지음 | 이목 옮김 | 돌베개 | 2004

· 아름다운 참여 | 김원태 외 지음 | 돌베개 | 2004

· 이웃의 가난은 나의 수치입니다 | 아베 피에르 지음 | 김주경 옮김 | 우물이있는집 | 2004

· 지식의 원전 | 존 캐리 지음 | 이광렬 외 옮김 | 바다출판사 | 2004

· 책으로 읽는 21세기 | 김호기 외지음 | 길 | 2004

· 체 게바라 자서전 | 체 게바라 지음 | 박지민 옮김 | 황매 | 2004

· 틱낫한에서 촘스키까지 | 존 스페이드, 제이 월재스퍼 지음 | 원재길 옮김 | 마음산책 | 2004

· 학교 없는 사회 | 이반 일리히 지음 | 심성보 옮김 | 미토 | 2004

· 학벌사회 | 김상봉 지음 | 한길사 | 2004

· My Beautiful girl, Indigo-내 청춘의 오아시스 | 아람샘과 인디고 아이들 지음 | 궁리 | 2005

· 교실 혁명 | 페에 치쉬 지음 | 이동용 옮김 | 리좀 | 2005

· 교양의 즐거움 | 박홍규 외 지음 | 북하우스 | 2005

· 내가 무슨 선생 노릇을 했다고 | 이오덕 지음 | 삼인 | 2005

· 두려움과 배움은 함께 춤출 수 없다 | 크리스 메르코글리아노 지음 | 공양희 옮김 | 민들레 | 2005

· 바보 만들기 | 존 테일러 개토 지음 | 김기협 옮김 | 민들레 | 2005

· 슬픔은 흘러야 한다 | 윤정은 지음 | 즐거운상상 | 2005

· 아름다운 가치 사전 | 채인선 지음 | 한울림어린이 | 2005

· 안면도가 우리 학교야 | 김용성 외 지음 | 디딤돌 | 2005

· 어린이와 평화 | 박기범 지음 | 창비 | 2005

· 오카방고의 숲속학교 | 트래버스 외 지음 | 홍한별 옮김 | 갈라파고스 | 2005

· 우리 모두를 위한 비폭력 교과서 | 아키 유키오 지음 | 하시모토 마사루 그림 | 김원식 옮김 | 부키 | 2005

· 젊은 날의 깨달음 | 조정래 외 지음 | 인물과사상사 | 2005

· 좋은사람 | 피에로 페르치 지음 | 임정재 옮김 | 한스미디어 | 2005

· 의적, 정의를 훔치다 외 박홍규 선생님이 쓰신 평전들

· 히말라야를 넘는 아이들 | 마리아 블루멘크론 지음 | 유영미 옮김 | 지식의 숲 | 2005

· 간디, 나의 교육 철학 | 마하트마 간디 지음 | 고병헌 옮김 | 문예출판사 | 2006

· 공상이상 직업의 세계 | 김봉석 지음 | 한겨레출판 | 2006

· 미래의 교육에 반드시 필요한 7가지 원칙 | 에드가 모랭 지음 | 고영림 옮김 | 당대 | 2006

· 아이들은 자연이다 | 장영란, 김광화 지음 | 돌베개 | 2006

· 아이들이 꿈꾸는 학교 | 크리스토퍼 클라우더 외 지음 | 박정화 옮김 | 양철북 | 2006

· 우리가 걸어가면 길이 됩니다 | 파울로 프레이리 외 지음 | 프락시스 옮김 | 아침이슬 | 2006

· 애들아, 학교 가자 | 안 부앵 지음 | 선선 옮김 | 푸른숲 | 2006

· 평화는 나의 여행 | 임영신 지음 | 소나무 | 2006

· 희망의 인문학 | 얼 쇼리스 지음 | 고병헌 외 옮김 | 이매진 | 2006

· 간디 자서전-나의 진실 이야기 | 간디 지음 | 박홍규 옮김 | 문예출판사 | 2007

· 레오나르도 다 빈치 평전 | 찰스니콜 지음 | 안기순 옮김 | 고즈윈 | 2007

· 스무 살, 너희가 별이야 | 김택환 엮음 | 삼인 | 2007

· 옳다고 생각하면 행동하라 | 권준욱 지음 | 가야북스 | 2007

· 용기 | 유영만 지음 | 위즈덤하우스 | 2007

· 윌리엄 모리스 평전 | 박홍규 지음 | 개마고원 | 2007

**생태 · 환경**

# 에코토피아를 꿈꾸다

어렸을 때부터 길에 쓰레기를 함부로 버리는 아이가 있었습니다. 그 아이는 자라면서도 그 습관을 버리지 못하였습니다. 그는 그것이 잘못된 일인지 모르면서 살았으나 그가 여러 가지 환경책을 접하게 되면서 그의 의식에도 변화가 생겼습니다. 환경문제의 심각성을 깨닫게 되면서 마구 버렸던 쓰레기도 집에 들고 가서 분리수거하게 되었습니다. 그는 점점 파괴되어 가는 자연에 대해 항상 걱정하게 되었고 환경보호를 위해 무엇을 해야 할지 고민하게 되었습니다. 그 아이는 다른 청소년들도 자신과 같은 변화를 겪기를 원했습니다. 조금 더 나은 세상을 위해, 에코토피아를 위해, 청소년들을 위해 그 아이는 지금 이 머리말을 쓰고 있습니다. 또 우리들이 조그마한 것을 바꿔나감으로써 얼마나 많은 다른 것들을 바꿀 수 있는 지 알려주기 위해 글을 썼습니다.

그러나 사실 우리들이 당장 책을 읽고 무엇인가를 실천하기는 어려울 것입니다. 아직 경제적으로 자립하지 못했을 뿐더러 정신적으로도 미성숙했기 때문에 사회를 획기적으로 개혁하는 것은 힘들 것입니다. 그럼에도 불구하고 우리가 이런 책들을 읽어야 하는 것은 큰 변화란 어디까지나 작은 것에서부터 시작되며, 그 작은 것들을 실천하기 위해서는 그것과 관련된 지식이 필요하기 때문입니다.

『기후변화-지구의 미래에 희망은 있는가?』라는 책에는 환경오염의 피드백 작용에 대해서 설명하고 있습니다. 그 피드백 작용이란 한 번 환경이 오염됨으로 인해 연쇄적으로 환경오염이 진행된다는 것입니다. 쉽게 예를 들자면, 인간의 벌목으로 나무가 저장하고 있던 이산화탄소와 탄소가 배출되고 그 배출된 가스 때문에 온도가 올라가게 됩니다. 온도가 상승하게 되면 산호초와 다른 예민한 식물들이 죽게 됩니다. 그 식물들이 죽게 돼서 더 많은 이산화탄소와 탄소가 배출되는 것이지요. 이러한 악순환 그것을 피드백 작용이라고 부릅니다.

제가 왜 피드백 작용을 설명하는 걸까요? 우리가 환경과 관련된 책을 왜 읽어야 하는지가 피드백 작용으로 설명될 수 있기 때문입니다. 청소년들은 생태·환경 관련 서적들을 읽음으로써 지구가 어떤 위기에 처해 있는지 느끼며 자랄 것입니다. 그리고 그들이 자라서 사회의 한 구성원이 되었을 때 마음속으로만 느꼈던 것들을 실천하게 될 것입니다. 어렸을 때 책을 통해서 느꼈던 것들은 교육, 사회 등 여러 분야에서 응용될 것이고 그 영향으로 다음 세대의 청소년들도 그 전 세대 청소년들이 자라온 길을 밟게 될 것입니다. 환경파괴의 '부정적' 순환과는 다른 '긍정적' 순환이 계속되는 것입니다. 이러한 '긍정적' 순환을 위해 우리는 친구들에게 열한 권의 환경책을 소개하려고 합니다.

생태·환경 분야는 청소년들에게 '뉴스'를 보도하면서 시작됩니다. 그 '뉴스'는 바로 『에코토피아 뉴스』입니다. 100년 전에 지어진 이 책은 그때로부터 250년이 흐른 2150년을 배경으로 삼고 있다. 미래의 '뉴스' 그것은 허황된 꿈뿐인 것일까요?

미래에서 다시 현실로 돌아와서 『지구의 미래로 떠난 여행』을 읽어봅시다. 이 책은 집안과 학원에만 틀어박혀서 '왜 자꾸 더워지기만 할까'라고 짜증만 내며 에어컨을 틀 생각만 하고 있는 청소년들을 반성하게 만듭니다.

환경파괴가 심각하게 진행된 곳이 있는가 하면 아직 자연과 공존하며 살아가는 곳도 존재합니다. 그러나 『오래된 미래』에서 파괴되는 모습을 보면 어떠한 삶이 더욱 가치가 있는지 깨달을 수 있습니다.

『침묵의 봄』을 쓴 레이첼 카슨 선생님은 약 50년 전 이 책을 썼지만 이 책은 마치 현재를 보는듯한 착각을 하게 만듭니다. 피조물 '화학물질'과 싸우는 조물주인 '인간', 그들의 어리석은 싸움은 끝이 없습니다. 그리고『침묵의 봄』을 통해 '아직은 화학물질이 승리의 깃발을 잡고 있는 것이 아닐까?'라는 의문을 가져보게 됩니다.

요람에서 태어난 인간은 반드시 죽게 됩니다. 그 누구도 피할 수 없습니다. 그러나 인간이 만든 것들에는 요람에서 다시 요람으로 가는 것들이 있습니다. 그것은 바로 재활용품들입니다. 평소에는 왜 하는지 몰랐던 재활용, 『요람에서 요람으로』를 읽고 나면 재활용을 안 할 수가 없을 것입니다.

요즘 고등학생은 기본으로 휴대폰이 있고 중학생, 심지어 초등학생과 유치원생까지 휴대폰을 들고 다닙니다. 모든 이의 필수품이 되어버린 것이지요. 『고릴라는 핸드폰을 미워해』는 핸드폰의 이면에 숨겨져 있는 많은 아픈 진실들을 보여줍니다.

에코토피아 건설을 위해 노력하는 사람들의 사례를 『세상을 바꾸는 대안기업가 80인』에서 소개하고 있습니다. 81번째 대안기업가는 이 책을 읽고 가슴에 품은 열정을 활활 불태울 우리 청소년들이 될 것을 저는 확신합니다.

많은 공장이 들어서기 전, 숨이 탁 막히는 공기가 만들어지기 전 우리가 살던 도시는 어떠했을까요? 『세계의 환경도시를 가다』에 나오는 15개의 도시를 통해 대한민국의 많은 도시들이 나아가야 할 방향을 고민해볼 수 있습니다.

많은 사람들이 그토록 반대했던 새만금 간척사업은 왜 여론을 무시한 채 강행돌파를 한 것일까요? 『살아 있는 갯벌 이야기』를 읽으면 21세기 대한민국이 저지른 최대의 실수 중 하나인 새만금 간척사업이 더욱 어리석게만 느껴질 것입니다.

동물들을 주제로 한 영화를 본 적이 있습니까? 그 동물들은 말을 할 수 없지만 다른 유명한 배우들만큼 감동을 전달합니다. 이제 그 동물들은 지어낸

시나리오 안에서가 아닌 『아름답고 슬픈 야생동물 이야기』에서 소개된 현실에서 우리에게 감동과 함께 잊지 못할 교훈을 전달하고 있습니다.

시험공부를 할 때 마무리로 전체적인 내용을 훑어보면 더 잘 칠 수 있듯이 생태·환경 분야에서도 더 쉬운 이해를 위해 마지막으로 앞의 열 권을 정리해주는 책을 소개하고 있습니다. 『기후변화-지구의 미래에 희망은 있는가?』는 우리가 걸어왔던 길을 되돌아보게 만들고 앞으로 우리가 걸어가야 할 길을 제시해주고 있습니다.

생태·환경은 문학이나 다른 분야보다 더 읽기가 힘들 수도 있습니다. 과학적인 배경지식이 부족하다면 몇 번씩 읽어야 하는 부분도 있을 것입니다. 더군다나 다른 청소년들보다 약간 책을 더 많이 읽었을 뿐인 세 명의 청소년들이 소개하는 책들은 다른 '권장도서' 보다 덜 중요하게 보일 수도 있습니다. 그러나 인디고 아이들이 소개하는 생태·환경 분야의 책들이 피드백 작용의 시작점이 되어서 긍정적 순환으로 이어질 것이라고 믿고 있습니다.

# 기꺼이 물어주십시오

『에코토피아 뉴스』, 윌리엄 모리스 지음, 박홍규 옮김, 필맥

고등학교 수업을 처음 받던 날, 내 머릿속은 온통 뒤죽박죽이었다. 중학교 때 아무리 오래 남아봐야 5시를 넘기지 않던 학교생활이 갑자기 10시까지 늘어버리니, 답답하고 구속된 것만 같아 미칠 지경이었다. 물론 지금은 괜찮지만, 학교에 오랫동안 '갇혀 있다' 는 느낌은 끊임없이 나를 괴롭혀왔다.

그러다 문득 창밖을 바라보았다. 오늘도 어김없이 소리를 지르면서 공을 차고 있는 선배들과 친구들을 보면서 '얼마나 편안할까?' 라는 생각이 들었다. 그보다 더 밀리에는 자동차들이 보였고, 하늘을 유유히 날아다니는 새들도 보였다. 시멘트와 유리로 만들어진 사이로 보이던 지극히 평범하고 일상적인 삶들은 어느 순간부터 부러움과 동경의 대상이 되어버렸다.

월리엄 모리스도 그랬을까? 월리엄 모리스는 그의 책『에코토피아 뉴스』에서 너무나 황당하지만 누구나 한 번쯤은 꿈꿔봤을 세계를 묘사했다.

질의응답 -세계는 제2의 탄생을 맞이했습니다.-

"손님, 이제 우리는 의회를 한 곳에 두기가 어렵다는 점을 말씀드려야겠습니다. 왜냐하면 모든 사람이 우리의 의회이기 때문입니다."
"이해할 수 없습니다." 내가 말했다
"그럴 겁니다." 그가 말했다. "당신에게는 분명 충격이겠습니다만, 지금 우리에게는 다른 혹성에서 태어난 당신이 정부라고 부를 만한 것이 없습니다.

"그렇다면," 내가 말했다. "당신은 범죄를 단순히 발작적인 질병으로 보고, 그것을 다루는 형법체계는 전혀 필요 없다고 생각하시는 겁니까?"
"그렇습니다." 그가 말했다. "그리고 앞서 말씀드렸듯이 우리는 일반적으로 건강한 사람들이므로 그다지 그런 질병으로 고통스러워하지 않습니다."

"알겠습니다, 당신들은 민법도 형법도 갖고 있지 않군요."

내가 말했다. "정치는 어떻게 하고 있습니까?"
"정치와 관련해 우리는 매우 잘하고 있다고 말씀드릴 수 있습니다. 왜냐하면 정치라는 것이 존재하지 않기 때문입니다."

"지금 제가 당신에게 묻고자 하는 것은 이런 것입니다. 즉, 노동의 대가가 없는데 어떻게 사람들이 일을 하게 되는가? 특히 어떻게 그들이 열심히 일하게 되는가 하는 점입니다."
"노동의 대가가 없다고요?" 헤먼드는 진지하게 말했다. "노동의 대가는 '삶' 입니다. 그것으로 충분하지 않습니까?"

놀랍지 않은가? 헤먼드라는 노인이 사는 곳에는 정부도 정치도 법도 없다. 이곳은 글쓴이가 말하는 에코토피아. 우리와는 닮았지만 다른 곳이자, 글쓴이가 제시한 우리 사회가 나아가야 할 방향인 것이다.

그러나 너무 허황된 것이 아닐까? 지금 지구촌도 자본주의라는 경제적 큰 흐름과 하나의 통합된 정치를 추진하는 세계화 물결에 휩쓸리고 있다. 이런 흐름 속에서 개인의 이익을 보장하고 갈등을 조정하는 정부와 법의 역할은 어느 때보다 중요하게 여겨지고 있다. 사람들은 어느 시대보다 자신의 돈과 재산을 소중히 여기게 되었고 한 국가 내에서 멈추지 않고 세계에 영향을 미치려고 하고 있다. 이렇다 보니 사람들끼리 부딪치고 갈등을 빚는 일이 점차 늘어났다. 때문에 이 갈등을 조정할 WTO나 UN과 같은 세계연합정부가 만들어지고 사람들의 분쟁은 조금씩 조정되어갔다.

그러나 분쟁의 불씨가 완전히 사라진 것은 아니다. 대 테러와의 전쟁, 팔레스타인과 이스라엘의 유혈사태, 석유 때문이라는 루머가 지배적인 이라크 전 등, 세계는 2차 세계대전 이후 가장 복잡하고 불안한 세계가 되었다. 이런 세계 안에서 법과 정치가 사라진 에코토피아를 주장하기에는 너무 무리이지 않은가?

잔치의 시작, 그것은 하나의 꿈이라기보다 오히려 하나의 비전이라고 말할 수 있으리라.

그러나 우리 주변에는 이런 무리함을 성공으로 바꾼 많은 사례가 존재한다. 방글라데시의 무하마드 유누스가 처음으로 소액대출사업을 시작하려 했을 때 세계의 은행들은 코웃음을 쳤다. 일반은행에서의 대출금액의 환금을 너무나 중요시 여긴다. 때문에 갚을 수 있는 사람만 돈을 빌려주는 경우가 대부분이다. 이들의 관점에서 보았을 때 방글라데시 최빈층에게 돈을 빌려주는 것은 은행의 기업운영이 아닌 단순한 자선사업정도로 밖에 보이지 않았던 것이다.

하지만 지금 그 결과는 어떠한가? 유누스의 신념은 성공을 가져왔지 않은가. 그의 혜택을 받은 거의 모든 사람들이 빈곤에서 벗어나 경제적 자립을 이루었다. 또한 그의 활동이 세계로 뻗어나가 소액대출의 개념이 전 세계에 자리잡게 했다. 그가 처음 이 일을 시작했을 때 비웃던 은행도 이 개념을 도입해 지금 여러 활동을 하고 있지 않은가?

에코토피아도 마찬가지다. 지금은 비록 허황되고 불가능해 보일지라도 에코토피아의 개념이 우리 사회에 아주 뿌리내리지 못하는 것은 아니다. 세계의 많은 이들의 일부이기는 하지만 에코토피아 개념이 들어간 활동을 하고 그 개념을 널리 전파하는 것을 보면 언젠가 에코토피아처럼 될 날을 꿈꾸게 만든다.

유토피아나 파라다이스, 지상낙원과 같은 이상이 허황되고 부질없다고 말하는 이유는 단지 그게 '이상' 그 이상의 것이 아니기 때문이다. 어느 누구가 지금 잠을 자면 꿈을 꾸지만 그렇지 않으면 꿈을 이룬다고 말했다. 약간의 뉘앙스 차이는 있지만 '이상'을 단지 '이상'으로만 존재하게 할 수는 없다. 우리

가 이상을 진정한 현실로 만들어 가려면 '이상'을 꿈꿔야 하는 것이 아니라 꿈
을 이뤄나가야 할 것이다. **김태현**

**나의 생각지도** ·····························································································

· 에코토피아의 가능성을 꿈꾸다.

· 에코토피아와 점점 멀어지는 오늘날의 세계.

· 진정한 공동체는 어떤 것일까.

# 지구온난화의 최전방에 서서

『지구의 미래로 떠난 여행』, 마크 라이너스 지음, 이한중 옮김, 돌베개

지구의 기후변화에 대한 이론들을 다른 책들을 통해서도 많이 접할 수 있다. 그러나 '백문이불여일견'이라는 말이 있듯이 직접 최전방에 들어가 관찰한 것만큼 절실하게 느낄 수 있는 것은 없다. 마크 라이너스는 직접 전 세계를 돌아다니면서 기후변화, 특히 지구온난화로 인한 온도변화를 보여준다.

"기러기와 오리 때문에 중요한 해안습지인 블랙워터 국립야생동물보호구역은 1938년부터 1988년 사이에 전체 습지대의 3분의 1(2,000헥타르)이 물에 잠겨버렸다."

지구온난화의 피해를 살펴보기 위해 마크가 가장 먼저 찾아간 곳은 기온의 상승으로 육지가 점점 줄어들고 있는 투발루였다. 투발루에서의 많은 연구 중 어떠한 것들은 투발루의 육지는 전혀 줄어들지 않았고 기온상승의 피해를 보지 않았다고 말하고 있다. 그러나 투발루에 사는 주민들은 그것이 사실이 아님을 알고 있다. 이미 바다는 그들의 삶의 터전을 잠식해가고 있고, 투발루는 이제 뉴질랜드로 옮겨가고 있다. 그들은 미국과 호주를 중심으로 온실가스 배출에 대한 법적 소송을 준비하고 있다. 그러나 국가가 사라지는 일과 소멸되는 문화의 값은 어떻게 매길 것이며 어떻게 보상받을 수 있는 것일까?
  해수면 상승으로 투발루뿐만 아니라 많은 나라들이 바다 속으로 가라앉고 있다. 앞으로 정도가 심해지면 우리나라도 긍정적 미래를 가지기 힘들지도 모른다.

"결과는 단순히 영국의 날씨가 종잡을 수 없다는 것 정도가 아니라 무언가 대단히 희한한 현상이 진행되고 있음을 보여주었다."

기후변화로 인한 피해는 선진국이라고 피해갈 수는 없었다. 2000년 10월쯤 영국에는 엄청난 비가 내렸다. 모든 것이 둥둥 떠내려가고 강둑은 아예 자취를 감춰버렸다. 우즈 강은 알아볼 수 없을 정도가 되었다. 이 홍수는 예전의 홍수와는 달랐다, 확실히 달랐다. 육지가 섬이 되어버릴 정도로 비가 많이 쏟아졌으니 그 피해는 익히 짐작할 만하다. 과학자들은 이런 현상을 다른 곳에서도 발견하였다. 반면 강우량이 줄어들고 있는 곳도 있다. 지구의 비가 한 곳으로만 편중되는 것이다. 지구온난화에 대한 컴퓨터 모델들은 이런 현상을 예견했지만 이제는 현실이 되어버렸다. 영국에서는 이제 눈도 잘 오지 않는다. 겨울만 되면 오던 눈이 비로 내리는 것이다. 이것도 지구온난화의 영향이 아니고 무엇이겠는가?

대홍수가 나서 많은 사람들이 피해를 입고 몇몇 지방을 제외하고는 눈을 찾아볼 수 없게 된 영국이 한국과 비슷하다는 느낌이 드는 것은 왜일까? 한국과 영국에서 나타난 현상을 통해 무엇이 잘못되었고 무엇을 고쳐나가야 할 것인가를 해결하는 것이 우리에게 주어진 과제이다.

"5,000억 톤이나 되는 대륙빙하가 한 달 만에 분해된다는 게 아직도 믿기지 않는다."

세상에서 추위로는 둘째가라면 서러워할 알래스카도 점점 더 낮아지는 온도 때문에 심각한 고민을 하고 있다. 이곳 땅은 영구 동토층으로 이루어진 곳이 많은데 그 땅이 녹아내리면서 생활이 엉망이 되고 있다. 특히 어떤 집은 완전히 기울어져서 지금은 문이 제대로 닫히질 않는다. 알래스카에는 많은 석유 시추소가 존재한다. 이 석유 시추소가 지구온난화의 주범이 되는 것인데도 많은 알래스카인들은 이것을 깨닫지 못하고 있다. 아니 깨달아도 어떻게 할 수 없는 상황에 이르렀다. 그들은 당장의 생계를 위해 석유회사를 지지할 수밖에 없는 것이다. 이것은 매우 안타까운 일이 아닐 수 없다. 갈수록 알래스카를 포함한 북부지역이 녹을 것이다. 벌써 툰드라의 3분의 2가 줄어들었다. 자신들의 생계와 알래스카 전체 미래에서 갈등하는 알래스카인들이 취할 수 있는 방법은 무엇이 있을까?

현대사회는 물질적인 것이 없으면 살 수 없는 세상이다. 아마 알래스카인들도 그럴 것이다. 그렇기에 그들은 석유회사를 지지하는 것이다. 어떤 사람은 알래스카인들을 욕할 수도 있다. 그러나 알래스카인들을 뭐라 하기 전에 우리 자신도 돈이나 다른 현대적 가치와 자연적 가치 사이에서 물질적인 것을 택한 적은 없는지 반성해야 할 것이다.

온도의 상승으로 빙하가 녹는 일은 알래스카만의 문제가 아니다. 고도가 높은 곳에 분포해 있는 페루의 도시들에서는 만년설을 찾아보기가 쉬웠다. 이곳에는 만년설을 찾아보기가 쉽다. 그러나 이제는 만년설이라는 명성을 이어나갈 수 없게 되어버렸다. 마크 라이너스가 찾아간 대부분의 장소에는 더 이상 예전 같은 빙하와 눈을 찾을 수가 없었기 때문이다. 빙하가 몇 킬로미터씩 후퇴하는가 하면 서울 크기의 6분의 1만한 빙하가 없어져버리는 일이 생겼다. 특히 그의 아버지가 예전에 페루에서 찍은 사진과 비교해봤을 때 빙하는 엄청나게 빠른 속도로 사라지고 있다는 것을 증명할 수 있다.

빙하가 사라지게 된다면 어떤 영향을 끼치는지는 다른 책들을 통해서도 알 수 있을 것이다. 특히 『기후변화-지구의 미래에 희망은 있는가?』에서는 그 사태의 심각성을 꼬집고 있다. 만년설이라고 불렸던 눈이 이제는 천년설, 백년설 혹은 일년설로 이름을 바꿔야 할지도 모른다.

"전에는 여기 강물 폭이 100미터는 되었지요. 지금은 1년 동안 강물 흐르는 기간이 열흘밖에 되지 않습니다."

중국의 황사는 아마 이 책에서 우리와 가장 밀접한 관계를 지니고 있는 주제일 것이다. 봄마다 찾아오는 황사를 우리는 피할 수 없다. 그러니 중국에서 만든 황사를 중국에서 피할 수 있겠는가? 중국에서의 황사바람은 우리나라의 것과는 비교가 되지 않는다. 뒤룬이라는 곳에 마크 라이너스가 직접 찾아갔었는데 그곳의 황사는 정말로 한치 앞도 보이지 않는 '흑풍'이라고 한다. 이 '흑풍'은 지진과 맞먹는 피해를 입힌다고 한다. 또 한때는 밀밭이었던 곳이 흙만

남고 강이 통째로 사라지는 경우도 있다고 한다. 그야말로 상전벽해이다. 중국 과학계는 이러한 문제를 분석하고 해결하려고 하고 있으나 별로 좋은 결과는 얻지 못하고 나쁜 소식만 잔뜩 토해내고 있다. 황사 덕분에 마을이 하나 둘씩 없어지고 있다. 물 부족 현상도 심각하다. 중국이 세계 경제의 떠오르는 용이라는 말이 있다. 그러나 그 강대한 용은 사실 머리만 용이고 나머지는 도마뱀이라는 생각이 든다.

황사는 남의 일이 아니다. 우리도 어쩌면 황사로 인해 마을이 한두 개씩 사라질지도 모른다. 강이 통째로 사라질지도 모른다. 지금은 아니어도 우리의 자손들이 살아갈 미래에는……

"지구온난화 문제를 따지려면 지구적 규모로 열대성 사이클론의 활동을 살펴보아야 합니다."

미국 뉴올리언스 지역을 강타한 허리케인 카트리나를 모르는 사람은 없을 것이다. 그 피해는 엄청났다. 미국의 그 큰 주 한 개가 완전 마비될 정도였으니 말이다. 그러나 문제는 거기에서 그치지 않는다. 이런 대형 허리케인의 발생빈도가 점점 더 늘어나고 있다는 데 문제가 있다. 마크 라이너스가 '허리케인 추적 연구팀'을 통해 알아낸 바에 의하면 허리케인의 빈도가 점점 더 많아지고 있다고 한다. 이것은 별로 충격적인 내용이 아니다. 옛날에도 몇 년 주기를 가지고 허리케인이 증감했기 때문이다. 그러나 허리케인이 점점 더 혼돈상태에 가까워지는 것은 매우 충격적이다. 또 허리케인의 크기도 비정상적으로 커지고 있어서 앞으로 인류의 피해는 더 심각해질 것이다.

우리도 매년 여름 태풍으로 많은 피해를 받는다. 온실가스를 줄이는 데 드는 비용보다 허리케인으로 인해 파괴된 것을 복구시키는 데 돈이 더 많이 들어간다. 그렇다면 우리가 무엇을 더 중점적으로 해결해 나가야 하는지에 답이 나온 것이다.

지구온난화의 문제를 직접 본 사람에게 들은 이야기는 이론과 통계 결과만 들은 것보다 훨씬 더 끔직했다. 이 이야기 가운데 우리나라는 직접적으로 포함되어 있지는 않지만 우리도 겪게 될 가능성을 포함하고 있는 이야기는 많을 것이다. 특히 황사나 홍수는 우리나라의 가장 큰 환경시련이라고 할 수 있겠다. 기온상승으로 인해 피해를 입는 책임은 근본적으로 우리들에게 있다. 청소년들은 그런 실패한 역사를 공부하고 그것의 전철을 다시 밟는 일이 없어야 할 것이다. **신동진**

**나의 생각지도** ··········································································································

· 우리 모두가 인디언이나 에스키모들처럼 살았으면 얼마나 좋았을까.

· 나의 한 걸음이 인류의 한 걸음으로 커질 것을 나는 믿어 의심치 않는다.

· 지구를 아프게 한 내 모든 행동을 고백합니다.

# 라다크로부터 배운다

『오래된 미래』, 헬레나 노르베리-호지 지음, 김태언 옮김, 녹색평론사

"라다크 사람들의 다른 사람들과의 관계, 그들 주위와의 관계는 내면의 평정과 만족감을 키우는 데 도움이 되었다."

라다크는 자연과 공존하고 서로 배려하며 살아가는 아름다운 티베트의 시골 고장이다. 라다크의 생활은 계절에 따라 생활패턴이 바뀌고 땅과 물의 신령들을 달래는 제사가 있는 것에서 알 수 있듯이 자연으로부터 많은 영향을 받았다. 여기는 "낭비도 오염도 없는 사회, 범죄는 사실상 존재하지 않고 공동체는 건강하고 튼튼하며, 십대 소년이 너무나 자연스럽게 어머니나 할머니에게 유순하고 다정하게 대하는 사회"이다. 내가 생각하기에 라다크의 문화에서 가장 중요한 부분은 인간관계다. 그들의 문화생성과정에서 자연스럽게 생겨난 것이긴 하지만 이것을 잃어버리면 라다크의 환경 중 가장 아름다운 것이 사라진 꼴이 될 것이다. 그들의 인간관계는 행복의 근원지였다. 그것은 그 무엇보다 아름답고 중요한 자원이었다. 자연스럽게 형성된 인간관계는 그들 문화의 한 커다란 기둥이 되었고, 그것이 없어지게 된다면 그 고유의 문화에 아주 커다란 파괴력을 보이게 된다. 사람들이 주변과의 관계를 무시하고 자신만을 생각하게 되면 이웃부터 시작해서 자연까지 그 욕심에 의해 피해를 주게 되는 것이다. 그리고 그것은 서로에게 영향을 주어 주변 환경을 모두 파괴하게 될 것이다.

"그곳에서는 가까운 공동체 내에서, 그리고 가족 내에서까지 지난 2, 3년간 분쟁과 반목이 극적으로 증가하였다."

산업화는 그들의 관계를 분열시켰다. 관계의 분열은 커다란 손실이었다. 남자와 여자의 차별이 커져갔고 빈부의 격차도 늘어갔다. 예전의 서로 돕고 서로에게 배우는 능력은 크게 줄어 들어갔다. 예전에는 거의 없었던 언쟁도 산업화가 시작된 이후 늘어나기 시작했다.

또한 라다크인들은 그들 스스로 협동해서 처리했던 일들을 정부에게 떠넘기기 시작했고, 점차 수동적으로 변해갔다. 그들은 전통적으로 춤추기나 노래하기와 같은 문화생활이 풍부했다. 모든 나이의 사람들이 함께 즐겼다. 하지만 라다크에 라디오가 들어오자 그들은 서로 어울릴 필요가 없어졌다. 앉아서 그저 훌륭한 가수의 노래나 듣고 부를 수 있게 된 것이다. 이처럼 대중매체의 도입은 공동체를 더더욱 분열시켰던 것이다. 돈이 세상을 지배해가자 사람들은 인색해졌다. 결론적으로 산업화의 모든 변화는 그들의 공동체를 분열시켰다. 그리고 그것은 정말 아름다운 것을 잃게 만들었다. 너 이상 그들이 행복하게 웃는 모습을 볼 수 없었고, 시간에 쫓기고 가난에 찌들려 괴로워하는 모습이 그 모습을 대신하게 되었다.

"재생 가능한 에너지에 기초한 오염을 일으키지 않는 적정기술은 결코 이류 기술이 아니다. 그것은 개발도상국이나 선진국을 막론하고 사회의 장기적인 필요에 부응하는 고도로 효과적이고 효율적인 해결책이다."

라다크에서 산업화가 가속화되는 이유는 사람들이 서구문화의 좋은 부분만 보고 단점에 대한 것은 전혀 알지 못했기 때문이다. TV나 영화 같은 대중매체가 보여주는 환상적인 이미지만을 보게 되었기 때문이다 . 하지만 책의 저자인 헬레나 노르베리가 이러한 것을 알리기 위해 〈라다크여, 뛰기 전에 잘 보라!〉라는 연극을 만들고 유럽이나 북미에서 강연과 세미나도 했고 재생 가능한 에너지 이용을 증진시키기 위해서 태양열을 이용한 난방을 고안하기도 했다. 그러한 저자의 활동은 '라다크 프로젝트' 라는 조직으로 발전해갔고 후에는 '에콜로지 및 문화를 위한 국제협회 '가 되었다. 그들의 목표는 라다크인들이 보다 생태적이면서도 공동체 중심적인 생활방식을 유지하고, 자신들의 문화 이외의 다른 문화에까지 관심을 기울이도록 국제적인 시각을 기를 수 있도록 돕는 것이었다.

라다크 이야기는 우리 모두의 지속가능한 미래를 위해 필요한 토대가 무엇인지를 밝혀주고 있다. 그 토대라는 것은 바로 땅과 그들 간의 관계, 인간들 간의 관계 등의 그들의 전통적 방식을 잃지 않고 지속적으로 쓸 수 있는 재생 가능한 에너지를 이용하여 자연과의 관계를 깨지 않는 방식이다. 그들이 가장 민주적인 방식으로 개발을 하려면 먼저 자급자족이라는 것이 선행되어야 한다. 산업화와 세계화 같이 거대한 공동체들은 사람들을 서로 떼어놓고 자신들만 생각하게 만든다. 또 그들은 항상 자신만을 생각하기 때문에 쉽게 관계가 깨어진다. 그래서 자원의 이동이 끊어져서 결국은 그들 공동체 안에서 자급자족이 되지 않는 것이다. 그렇게 되면 그들과는 전혀 무관한 사람들의 아래에 놓이게 되어 그들을 통해 그들의 생태와 환경을 전혀 고려하지 않은 보편적인 개발을 하게 된다.

개발에서 잊지 말아야 할 아주 중요한 것이 바로 전통적인 여러 관계들이라고 생각한다. 그 모든 관계를 무시한 개발은 처음에는 우리에게 이득이 되는 것 같지만 결국 마지막에는 그 잠시의 이득에 대한 대가를 받게 될 것이다. 지금처럼 우리가 그들을 소외시키다 보면 결국 지기 자신의 소외를 불러오게 되는 법이니까. 결국은 모든 것을 잃어버린 셈이다. 모든 게 의미가 없어지게 될 것이기 때문이다. 아무리 돈이 많아도 진정한 행복을 찾을 수는 없을 것이다. 라다크의 이야기는 그것이 개발도상국만의 문제가 아니라 우리나라나 선진국들도 포함한 모든 국가가 현재의 상황에서 앞으로 어떻게 나아가야 할지를 보여주고 있는 것이다. **남윤호**

**나의 생각지도** ·······························································································

· 편하기 위해 살아가는 우리보다 더 편한 순수한 라다크.

· 가슴이 막힌 것 같은 느낌이 든다.

· 나에게 주어진 하루 하루를 전심전력으로 살아야지.

· 기계보다 자연에 더 가까워지자.

# 조물주와 피조물의 투쟁

『침묵의 봄』, 레이첼 카슨 지음, 김은령 옮김, 에코리브르

평소에 농약을 걱정하고 과일을 먹은 적이 있는가? 그럴 때면 '이 정도 농약 먹는다고 안 죽어' 라는 생각을 가지고 그냥 먹어버릴 때가 있다. 하지만 레이 첼 카슨은 이것이 얼마나 위험한 생각인지 보여주고 있다. 그녀는 인간이 만든 화학물질이 어떤 작용을 하며 어떤 악영향을 끼치는지 설명하고 있다.

"이렇듯 세상은 비탄에 잠겼다."

이 장에서는 카슨이 왜 자신이 이 책을 썼는지에 대해서 설명하고 있다. 그리고 자연을 무차별 파괴하는 인간들을 위한 우화를 하나 들려준다. 이 우화에는 마을이 등장한다. 이 마을은 자연이 아름답기로 소문난 마을이었다. 그러나 어느 날부터 원인 모를 병이 나타나기 시작하면서 생태계가 파괴되고 생물들이 죽어가기 시작했다. 이 마을은 비탄에 잠겼지만 아무도 마을이 이렇게 된 이유가 본인들에게 있다는 것을 깨닫지 못했다. 레이첼 카슨이 들려주는 이 우화는 많은 생각을 하고 반성을 하게 된다.

"인체의 정상적인 화학작용에서는 극미한 원인이 엄청난 결과를 불러온다."

레이첼 카슨이 '죽음의 비술' 이라 불렀던 화학물질은 우리의 몸 속, 태아나 태반에서까지 발견된다. 1960년대에는 제조된 화학물질의 양이 6억 파운드였다고 한다. 이것이 다 생태계 곳곳에 쌓여 있는 것이다. 한 화학자가 살충제의 위력을 체험하기 위해 해독제를 바로 옆에 두고 살충제를 먹었다고 한다. 그러나 이 화학자는 바로 옆에 있던 해독제를 먹기 전에 살충제 때문에 죽었다고 한다.

"영국 생태학자의 말처럼 '놀라운 죽음의 비' 가 지구 표면에 내리고 있다."

2차 대전이 끝나고 새로운 유기 살충제가 개발되고 비행기가 남아돌자 하늘에서 무차별적으로 살충제를 뿌리기 시작했다. 이러한 몰상식한 행위로 밖에 있던 동물들은 물론 집 안에 있던 동물들도 죽어갔다. 또 미처 집으로 들어가지 못했던 한 여성도 이 '죽음의 비'를 맞고 말았다. 희생을 감수한 살충제 살포에도 불구하고 처음에 노렸던 타깃은 줄어들지 않았다. 결국 사람들은 다른 방법으로 방제를 하게 되었다.

"그저 한 가지 위기에서 또 다른 위기로 옮겨갔고, 골치 아픈 문제를 다른 문제로 대체했을 뿐."

살충제로 곤충의 개체를 줄이겠다는 야망은 오래 가지 못했다. 그것은 처음부터 오래 갈 수 없었다. 자연의 법칙에 거스르는 행동을 하면 자연은 그것에 반발하기 때문이다. 살충제로 많은 곤충을 죽여도 그들은 더 많은 개체수로 불어났다. 일부 무식한 사람들은 그것들을 다시 살충제로 제압하려 할 것이고 그럴 때마다 개체 수는 더욱 불어날 것이다. 악순환이 반복되는 것이다.

"모든 먹이사슬을 지탱하는 것이 바로 물이라는 관점에서 이 문제를 인식해야 한다."

단 한 마리의 성가신 수생식물을 없애기 위해 강 전체에 화학물질들이 살포되는 일이 있다. 그러나 화학물질은 원했던 대로 한 마리만 없애지 않고 강 전체를 죽여버린다. 물을 마시고 떠나는 철새들도 오염된 강물을 마시고 한꺼번에 몰살당할 수도 있다. 우리는 자연을 구성하는 요소들이 어떤 것도 독자적으로 존재하지 않는다는 것을 기억해야 할 것이다.

"강에는 죽은 송어들이 떠올랐으며 길과 숲에는 죽어가는 새들이 발견되었다."

앞에서 새들이 죽은 원인 중 한 개가 강이라고 했다. 내가 보기에는 강의 오염이 제일 심각한 것 같다. 인간 이외의 거의 모든 동물들은 강의 물을 마신다. 그러나 그 물이 오염되면 얼마나 많은 동물들이 죽을 것인가? 특히 강에 사는 물고기는 그 피해가 막심하다. 물고기가 한번에 4만 마리씩이나 떼죽음을 당한 적도 있었다고 한다. 물고기 종 이외에도 새우 조개 굴 등 물 속에 사는 많은 생물들에게 DDT가 농축되고 있다. 그것을 마지막으로 먹는 것은 인간이다.

"토양에 뿌려지는 살충제에 관해 꼭 기억해야 할 것은 그 독성이 몇 달 혹은 심지어 몇 년까지도 지속된다는 사실이다."

토양에 한번 뿌려진 알드닌은 4년이 지나도록 없어지지 않는다고 한다. 농부들이 무심코 한번 뿌린 농약에 다음해부터는 농사를 지을 수 없게 될지도 모른다. 남아 있는 화학물질은 그 토양에 살고 있는 수많은 생물들을 죽이고 그 화학물질이 먹이사슬의 작용에 의해 결국 우리 입으로 들어오게 된다. 살충제는 방사능물질처럼 잠재적 위험을 지닌 것으로 판명됐다. 잠재적 위험성은 우리 주변에 사라지지 않고 남아 있다.

"화학약품을 팔거나 살포하는 사람들에게는 이런 식물이 그저 '잡초' 일 뿐이다."

지구의 녹색 외투, 숲도 다른 환경과 자유롭게 공생하며 살고 있다. 그러나 화학물질이 녹색 외투를 파괴해버려서 자연환경의 순환은 올바르지 않은 방향으로 흘러가고 있다. 화학물질을 살포하지 않고도 환경을 바꾸는 일은 가능하다. 사람들은 단지 그것을 쓰지 않고 있을 뿐이다. 자연적인 공법을 사용해서 환경개선을 꾀하려 한다면 상당한 이익을 얻을 수 있을 것이다.

살충제는 불필요한 살생까지 하고 있다. 그것이 어떤 특정 생물만 죽일 수 있는 것이 아니고 그냥 강한 독성을 가지고 있을 뿐이기에 당연한 것이다. 이렇게 대량으로 희생된 생물들을 복원하기는 매우 힘들다. 아마도 불가능할지도 모른다. 레이첼 카슨은 예로 풍뎅이를 들고 있다. 풍뎅이를 없애기 위해 화학물질을 쓴 것과 자연공법을 쓴 것을 비교해놓았는데 어느 것이 결과가 좋았는지는 말 안 해도 알 것이다.

먹이사슬에 의해서 결국 오염물질이 인간에게도 도달하는 것은 익히 알고 있는 사실이다. 새들도 그 먹이사슬의 운명을 피해갈 수 없었다. 새들은 오염된 지렁이와 물을 마시고 서서히 멸종의 길로 들어서고 있다. 이제 새들은 세대를 이어나갈 수 있는 능력도 상실되고 있어 멸종이 확산되고 있는 추세이다.

로마 시대의 보르자 가문은 손님을 초대해놓고 독살시키는 것으로 유명했다고 한다. 레이첼 카슨은 우리가 지금 독살될 위기에 있다는 것을 무척 흥미롭게 표현하고 있다. 그렇다면 우리가 왜 독살될 것인가? 일상생활에서도 아무렇지 않게 쓰이는 DDT 등의 화학물질 때문이다. 우리는 해충 방제법 같은 해결책이 대규모로 시도될 때까지 안심해서는 안 된다.

새로운 형태의 환경오염이다."

이 장에서는 DDT가 우리 인간에게 어떠한 직접적 영향을 끼치는지 설명해주고 있다. 이때까지 동물들이 어떻게 죽어가는 지를 보았지만 이제는 인간이 어떻게 죽어가는지를 보아야 할 차례이다. 한 영국 과학자가 DDT를 아세톤에 녹여 피부에 발라보았는데 그 사람은 결국 회복하지 못했다고 한다.

"이렇듯 생식기관에 DDT가 많이 축적되었기 때문인지 실험대상이 된 포유류에서 생식기 퇴화현상이 발견되었다."

DDT는 인간의 몸속으로 들어와 ATP 감소를 유발하기도 한다. ATP가 감소하면 비정상적인 아이가 태어날 확률이 높아지고 아이가 아닌 자신에게도 악영향을 끼칠 수 있다. 비정상적인 아이가 태어나는 등 눈에 보이는 뚜렷한 증거가 나타나자 강대국들은 곧바로 그 원인해명에 착수하였다.

"아직 암에 걸리지 않은 사람과 태어나지 않은 세대를 위한 암의 예방책 역시 반드시 필요하다."

암은 우리 사회가 안고 있는 가장 심각한 문제 중 하나다. 또 인간만이 자연에서 인공적으로 암을 만들어낼 수 있기 때문에 그 문제는 심각해진다. 암은 이제 네 명중 한 명꼴로 발생하고 있다. DDT와 다른 종류의 화학물질을 남용한 일은 우리에게 공포심을 심어주기에 충분한 일인 것 같다.

"자연을 통제하기 위해 살충제와 같은 무기에 의존하는 것은 우리의 지식과 능력 부족을 드러내는 증거다."

일찍이 1914년에 멜란더라는 박사는 곤충이 살충제에 저항력이 있을까라는 질문을 던졌다. 그 사실은 40년 뒤에 밝혀졌는데 대답은 yes였다. 몇몇 곤충들은 살충제에 오히려 적응하면서 더 난리를 피우기 시작하였다. 우리 주위에서도 그런 예를 찾아볼 수 있다. 요즘 모기는 정말 죽지 않는다. 살충제를 써도 그냥은 죽지 않고 몇 번을 맞아야 겨우 기절한다. 우리는 과학적 자만심에 너무 빠져 있어서 곤충들을 지배하려고 한다. 그런 우리에게 필요한 것은 겸손함이다.

"우리는 지금 길이 두 갈래로 나뉘는 곳에 서 있다."

한 가지 갈래는 계속 화학적 방제를 고수하는 일이다. 이것은 당장은 편한 계책일지는 모르겠지만 미래를 내다봤을 때는 걷지 말아야 할 길이다. 두 번째 갈래는 근대적 의미의 생물학적 방제이다. 이 길은 아직까지 희망이 남아 있는 길이다. 이 길에는 불임화와 미생물방제법 등 여러 가지 친환경적인 방제법이 있다. 우리는 어떠한 길을 택할 것인가?

"참아야 하는 것이 우리의 의무라면, 알아야 하는 것은 우리의 권리다."

우리가 스스로 만들어낸 화학물질은 많은 생물들을 독극물 중독으로 이끌고 죽여버린다. 그래서 레이첼 카슨은 살충제를 '살생제'라고 불렀다. 화학물질은 유전물질을 변형시키기까지 한다. 우리는 이미 이것을 해결하기 위한 지식을 보유하고 있다. 단지 우리가 활용하고 있는 것일 뿐. 참아야 하는 것은 더 이상 우리의 의무가 되어선 안 된다.

사실 이 책은 1962년에 출판되었기 때문에 약간 시대에 맞지 않는다는 것을 부정할 수는 없다. 벌써 40년이 넘게 흐른 것이다. 그 사이에 많은 일이 발생했을 것이다. 화학적 방제법은 서서히 줄어들었을 것이고 친 환경적인 해답을 찾기 위해 많은 연구가 이루어졌을 것이다. 그러나 이 책만큼 자연파괴의 문제점을 잘 드러내고 있는 책은 없다고 생각한다. 실제로 나는 이 책을 읽으면서 등골이 오싹했다. 이런 오싹함을 느끼고 문제를 발견하고 해결책을 찾는 것이 앞으로 우리 청소년들에게 주어진 과제이다.**신동진**

**나의 생각지도** ···········································································································

· 지금 우리들의 봄은 어떤 봄일까.

· 인간이 시작한 전쟁에 침묵하는 자연.

· 띄어쓰기를 할 수 없는, 이미 하나가 되어버린 슬픔, '환경오염'.

# 세대를 뛰어넘는 책임감을 느껴라

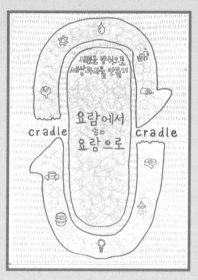

『요람에서 요람으로』, 윌리엄 맥도너 지음, 김은령 옮김, 에코리브르

'요람에서 무덤으로 아니야? 책을 펼치려던 나에게 친구들이 다가와서 대뜸 이렇게 물어본다. 당황스러웠다. 생각해보니 우리 주변에 있는 모든 것은 모두 요람에서 무덤으로 향하고 있었다. 내가 얼마 전까지 손에 쥐고 있던 샤프도, 수많은 필기와 공식들이 쓰여 있던 연습장도 그리고 나 자신까지도 한결같이 요람에서 무덤으로 가는 열차 위에 몸을 싣고 있다. 그런 세상에 요람으로 요람으로라니, 앞뒤가 안 맞아도 한참 안 맞는 이야기같이 느껴졌다.

하지만 요람에서 요람으로, 정말로 불가능한 일일까? 예전에 유행했던 공익광고 중에 재활용을 생활화하자는 내용의 광고가 있었다. 이 광고는 우리가 쓰고 버린 알루미늄 캔이 다시 알루미늄 캔으로 사용되는 모습을 보여주며 '쓰레기는 죽지 않는다. 다만 재활용될 뿐이다'라고 외쳤다. 광고 속에서 알루미늄캔은 요람에서 무덤이 아닌 요람으로 돌아왔다. 더 정확하게는 새로운 요람이 되었다. 이런 생활적인 분야에서도 조금씩 요람에서 요람으로가 실천되는 것이었다. 과연 그뿐일까? 요람에서 요람으로는 말 그대로 이런 새로운 방식으로 세상과 사물을 만들어가는 모습을 보여주고 있다.

내 방 왼쪽에는 내가 직접 만든 메모판이 있다. 코르크를 비커 모양, 삼각 플라스크 모양으로 잘라, 두꺼운 나무에 붙여서 만든, 세상에서 하나밖에 없는 나만의 메모판이다. 그래서 그런 걸까? 내가 직접 디자인하고 만든 메모판은 다른 어떠한 메모장보다 특별한 감정을 자아낸다.

## 디자인에 대한 의문, 재앙을 부를 전략인가, 변화를 이끌 전략인가

디자인도 마찬가지다. 세상 모든 물건에는 디자인이 포함되어 있다. 심지어 사각형 단순한 종이상자까지도. 때문에 디자인은 모든 물건의 운명까지도 결정한다. 만약 잘못된 디자인이 있다면, 그 디자인으로 인한 불편함과 고통은 불 보듯 뻔하다. 환경에서도 마찬가지다. 너무도 환경 친화적으로, 환경에 피해를 주지 않게 디자인한 물건은 환경에 매우 유익하다. 반대로 환경을 생각하지 않고 만든 물건이 있다면, 그 물건으로 인해 환경의 피해를 받을 것이다,

불행히도 우리의 사회는 환경에 반하는, 무관심하게 디자인된 상품들이 넘쳐나고 있다. 사회구조나 의식도 마찬가지다. 모든 디자인을 할 수 있는 곳에서 환경지향적이기보다는 생태적이지 못한 작업을 하는 게 사실이다. 자본주의라는 거대한 구조에서 모든 것이 획일화되고 상품은 대량생산을 지향하고 사회는 오직 성장만을 위해 디자인되었다. 환경을 지향하고 추구하는 요소는 어떠한 산업디자인에서도 찾아볼 수 없게 되었다. 그로 인해 우리의 주변은 새로운 요람이 아닌 무덤이 되어가고 있는 것이다.

원래 디자인이란 사람의 눈뿐만 아니라 물건을 접하는 모든 부분과 감정까지도 행복으로 넘쳐나게 만드는 것이다. 하지만 현대에서 디자인은 오히려 인간의 삶을 위협하고 있다. 사람들에게 뭔가 이익이 되고 도움이 되지 못할망정 더욱더 불편하고 고통스럽게 현실을 만들어 나가는 것이다. 우리는 과연 디자인을 재앙의 의식으로 사용하는가? 아님 새로운 혁신을 위한 전략으로서 사용하고 있는가? 새로운 디자인을 위한 고민은 지금부터 시작이다.

쓰레기통을 유심히 들여다보면(물론 악취는 심하겠지만) 전과는 달리 쓰레기의 종류 구분이 다양해졌음을 확인할 수 있다. 예전까지만 해도 쓰레기통에 붙어 있던 분류표는 종이, 캔, 기타 쓰레기로만 이루어져 있었다. 하지만 요즘의 쓰레기통을 보면 종류가 대여섯 가지나 된다. 그만큼 우리가 생활하면서 내보내는 쓰레기가 다양하고 재활용하기가 어려워졌다는 말이다.

**덜 나쁜 것이 왜 문제인가? 환경에 미치는 피해를 줄이는 가장 좋은 방법은 더욱 많이 재생하고 재활용하는 것이 아니라 처음부터 적게 생산하고 적게 버리는 것이다.**

대부분의 사람들은 재활용을 아주 긍정적인 의미로 받아들인다. 더 이상 쓸 수 없는 쓰레기를 다시 쓸 수 있게 만드는 것, 즉 생태적 효율성을 추구하는 것이야말로 진정으로 환경을 위한 것이라고 생각하는 것이다. 하지만 과연 그럴까? 우리는 쓰레기를 어떻게 다시 쓸 수 있게 만드는지를 간과하고 있다.

우리가 흔히 쓰는 페트병을 예로 들어보자. 음료수를 주로 담는 페트병은 언제든지 볼 수 있고 우리가 가장 쉽게 접하는 쓰레기다. 우리는 이 페트병을 모두 사용한 후 재활용 칸의 투명 플라스틱 용기함에 넣는다. 그리고는 뿌듯함과 함께 그 자리를 떠난다. 쓰레기통에 담겨진 페트병은 수거차로 재활용센터로 옮겨진다. 거기에서 일정한 과정을 거친 후 뜨거운 용광로에 빠지게 된다. 여기서 중요한 건 용광로에 빠지는 게 페트병의 플라스틱 성분뿐만 아니라 다른 플라스틱과 색을 내는 색소, 접착제와 함께라는 것이다. 이로 인해 용광로 속에는 순수한 플라스틱이 아닌 불순물이 많이 섞인 저급한 물질이 담겨 있다. 재활용 센터에서는 이것들을 활용해 우리가 재활용된 상품이라고 부르는 것들을 만들어낸다.

이 과정에서 알 수 있듯이 우리가 쓰고 있는 재활용품은 처음의 물건보다 질이 낮을 뿐만 아니라 오히려 환경적으로는 더 안 좋은 물건이 되었다. 생태적 효율성을 추구해 적은 비용으로 최대의 이윤을 창출하는 방식을 택했지만 결과적으로는 더 큰 피해만을 남겼다.

생태적 효율성은 겉으로 보았을 때 모든 환경적 피해를 덜 받게 해주었다, 하지만 이 덜 나쁜 영향은 결과적으로 고갈이나 파괴의 기간을 연장시키고 단지 그 영역만 좁히는 데만 그쳤다. 근본적인 문제는 제거되지 않은 것이다. 진정으로 환경문제를 줄이기 위해서는 이렇게 덜 쓰는 것이 아니라 쓰지 않는 것이 중요하다.

**생태적 효과성, 나쁜 것을 조금 덜 나쁘게 만드는 것이 아니라 올바른 제품과 올바른 서비스를 실행하는 것**

밥을 먹은 후 이에 붙어 있는 고춧가루 때문에 민망했던 적이  한 번씩은 있었을 것이다. 또 이에 긴 음식물 때문에 고생한 적도 있었을 것이다. 이때 우리는 항상 이쑤시개를 찾는다. 그런데 언제부터인가 이쑤시개 재질이 달라지기 시작했다. 예전에는 모든 이쑤시개가 나뭇결이 보이는 딱딱한 나무로 만들어졌는데, 요즘 이쑤시개는 반투명한 초록한 이쑤시개다. 또 이쑤시개가 휘어지기까지 한다. 이 이쑤시개의 주성분은 다름 아닌 녹말. 때문에 나무처럼 코팅을 할 필요도 없고 물에 녹기 때문에 처리도 용이하다. 심지어 먹을 수까지 있다. 또한 재생하기도 쉽다. 다 쓴 녹말 이쑤시개를 모아서 세척한 후 전분상태로 만들어 다시 제작도 가능하다.

이렇게 재활용을 통해 전과 같이, 전보다 더 낫게 만든 경우를 생태적 효과성이라고 한다. 위에서 살펴본 생태적 효율성은 너무나 효율성을 중시해 모든 쓰레기를 모아 전보다 저급한 상품을 만드는 다운 사이클인데 비해 생태적 효과성은 전보다 더 나은 업 사이클 과정이다. 때문에 쓰레기는 조금 덜 나쁜 것이 아니라 올바른 제품, 생태적 문제를 해결할 수 있는 알맞은 물건이 된 것이다.

## 쓰레기는 곧 식량이다

"A1, 지구 컴퓨터에 또 인간이 침입했어."

"뭐라고 A2, 이번에 어느 시스템인데?"

"어디 보자⋯⋯ 이거 골치 아프겠는 걸 인간이 생태계(ecosystem)에 침투했어."

"이거 난감한데, 인간은 우리 프로그램들을 자신이 필요한 것들로 만들어가는 바이러스니까, 빨리 치료하지 않으면 힘들겠어. 해일 프로그램하고 태풍 프로그램 아직 설치 안 했지?"

"응 안 했어, 아 가만있자, 기온상승 프로그램으로 간접적으로나마 태풍 프로그램을 대신할 수 있어."

"그래? 그럼 기온상승 프로그램으로 어떻게든 치료해보자."

아마 지구를 지켜보는 외계인이 있다면 인간의 활동을 보면서 이렇게 대화할 것이다. 모든 생명체는 자신이 소비했던 만큼 자연에 도움을 주고 있다. 예를 들어 지렁이는 자신이 흙에 섞인 것들을 먹는 대신 흙을 더 비옥하고 영양가 있게 만들어준다. 또 코끼리는 숲에 있는 먹이를 찾아다니며 먹는 대신 숲에 있는 큰 나무들을 넘어뜨려 숲을 전체적으로 솎아준다. 이렇게 모든 생명체는 각자의 임무를 가지고 생태계에 뭔가 유익한 일을 하고 있다.

그런데 인간은 어떤가? 만물의 영장이라고 말하면서 우리는 전혀 숲에 도움이 되고 있지 않다. 오히려 해가 되고 있다. 숲에 가서 나무를 베어오고 나무에 좋은 성분을 뽑는 등 우리는 위의 대화처럼 생태계라는 시스템에서 바이러스 같은 역할만 하고 있다. 또한 이렇게 자연에서부터 얻은 물질들을 다시 사용가능한 형태가 아닌 사용불가능한 형태로 만들어가고 있다.

고무를 예로 들어보자. 고무는 다들 아시다시피 고무나무에서 채취한다. 이를 여러 과정을 통해 만든 것이 우리가 일상생활에서 고무라고 부르는 것이다. 고무는 어디서나 쉽게 볼 수 있다. 집에서 자주 쓰는 노란 고무줄에서부터 차에 붙어 있는 고무타이어까지, 고무는 이렇게 일상생활을 편하게 하고 있다. 하지만 이것을 처리할 때는 골치가 아프다. 태우려고 하는 인간에게 해가 되는 화학물질을 배출하고 묻으려고 하는 잘 썩지도 않는다.

이렇게 인간은 자신에게 필요한 물질을 얻어놓고 다시 자연에 돌려주지 않는다. 말 그대로 요람에서 무덤까지인 것이다.

그러나 한 가지 희망적인 것은 요람에서 무덤까지 과정을 요람에서 요람으로의 과정으로 바꿀 수 있다. 말 그대로 쓰레기가 다시 식량이 되는 것이다. 지금까지의 요람에서 무덤까지의 과정은 파괴와 소비의 과정이었다. 하지만 이제는 바뀌어야 한다. 그리고 보여줘야 한다. 인류가 진정한 만류의 영장인 이유를.

**다양성을 존중하라. 우리 인간들도 효과적인 존재가 될 수 있을까?**
우리 집에는 유난히 난이 많다. 아버지가 회사에서 받으신 것도 있고 이곳 저

곳해서 받은 난이 자그마치 16개나 된다. 물론 난이 풍기는 향기와 난의 아름다움은 다른 식물에 비할 바가 못 된다. 하지만 너무 난만 있다보니 심심하기도 하고 뭔가 모자란 느낌이 들기도 한다.

우리 사회도 이렇다. 산업혁명 이후 대량생산체제로 돌아선 세계는 단일화되고 획일화된 제품을 생산하기 시작했다. 물론 자연에게도 이 영향이 전해졌다. 가장 밑에는 잔디와 이끼 같은 식물, 다음에 작은 나무, 큰 나무로 이어지는 숲을 불도저와 포크레인으로 없애버린 후 잔디만 깔았다. 예쁜 풀꽃도 잡초로 취급되어 잘려 나가고 '잔디 관리'라는 이름으로 대다수의 공원이 다른 식물들을 죽이고 있다.

이런 획일화된 게 과연 도움이 될까? 분명 효율성이라는 측면에서 봤을 때는 도움이 된다. 획일화되고 모두가 개성이 없기 때문에 두어 가지만 신경 쓰면 쉽게 생활할 수 있다 하지만 생태적으로 봤을 때는 이익보다는 해가 더 크다.

생태계는 다양한 생물들이 자신의 역할을 하며 살아간다. 하지만 세상에 완벽한 동물은 없기 때문에 불편한 점이 생기기 마련이다. 이러한 불편한 점을 다양성이 해결해준다. 서로 역할이 모자란 부분을 다른 동물과 식물이 도와주면서 편안히 살아가는 것이다.

하지만 인간은 다르다. 인간은 획일화된 잣대 아래 상품을 생산해 거기에 맞춰간다. 세제가 조금만 있어도, 세탁력이 작아도 괜찮은 지역인데 무조건 강한 상품, 세탁력이 우수한 상품만 강요한다. 때문에 그 지역의 다양성은 무시되고 더 나아가 파괴되고 있는 것이다.

땅을 유심히 보면 수많은 개미들이 길을 가고 있는 것이 보인다. 이 개미들은 자신이 사는 환경에 충실하게 그 환경에 맞게 최선을 다하는 삶을 살아가고 있다. 또 이러한 행동들이 자연을 더욱 나은 환경으로 만들어가게 해주고 있다. 과연 인간도 이런 효과적인 존재가 될 수 있을까?

학교 환경시간에 선생님이 가장 강조하시는 것은 '실천'이다. 우리들이 아무리 많이 배우고 많이 듣고 해도 실천하지 않으면 안 배운 만도 못하다는 게 선생님의 말씀이다.

**생태적 효과성을 실천하자. 세대를 뛰어넘는 책임감을 느끼자.**
누구나 실천을 하고 싶어하고 그런 마음을 가지고 살아간다. 그런데 우리가 하지 않는 이유는 무엇일까? 그건 아마 절박함이 없기 때문이다. 나 또한 마찬가지이다. 어딜 가도 에어컨이 있고, 여러 시설이 잘 갖춰져 있어서 불편한 줄 모르고 사는 날이 대부분이다. 학교에서 에어컨을 켜고 추워서 긴팔을 입는 친구들을 보면 이 세상이 너무나 풍족하고 편안하게만 느껴진다.

그런데 내가 만약 투발루에 산다면 이렇게 지낼 수 있을까? 투발루는 남반구의 태양의 섬이라고 불릴 만큼 아름다운 섬이다. 그런데 지구온난화로 인해 해수면이 상승해 이 섬이 곧 가라앉을 위기에 처했다고 한다. 투발루 정부는 눈물을 머금고 국민들을 다른 나라로 이주하는 정책을 펼치고 있고 대피준비에 서두르고 있다고 한다.

이들에게는 환경문제가 너무나 절박할 것이다. 그들에게 환경문제를 해결할 방법을 알려준다면 그들은 당장이라도 실천에 나설 것이다.

그런데 우리는 어떤가? 너무나 평온한 생활에 실천은커녕 더 소비하고 더욱더 낭비하고 있지 않은가? 더 많은 것을 자연에게서 빼내어 더 많은 것을 못쓰게 하고 있지 않은가? 과연 우리에게 이런 문제를 해결하고자 하는 의지가 있는가? 당장 우리에게 피해는 오지 않겠다고 생각하면서 환경문제를 간과하는 모습을 보면 우리에게 지구를 보호할 그런 마음이 있는지 의심스럽다.

이제는 달라져야 한다. 세대를 뛰어넘는 책임감을 느껴야 할 때다. 위험하고 어리석으며 잘못된 일을 하고 있다는 사실을 알면서도 또 그 일을 반복하는 것은 태만이다. 지금이 바로 변화를 시작할 때다. 내일부터 하겠다는 데서 태만은 시작된다. 지금이야말로 우리가 실천할 때다. **김태현**

**나의 생각지도** ⋯⋯⋯⋯⋯⋯⋯⋯⋯⋯⋯⋯⋯⋯⋯⋯⋯⋯⋯⋯⋯⋯⋯⋯⋯⋯⋯⋯⋯⋯⋯⋯⋯⋯

· 쓰레기에 대한 고정관념을 없애자.

· 나의 생태학적 입장을 정리해봤다.

· 가장 자연적인 것이 가장 좋은 것이다.

· 지구를 살리는 '세대를 뛰어넘는 책임감'.

· 영원히 시기를 놓쳐 지구와 환경을 더욱 망치지 않을까?

# 아름다운 지구를 지키는 20가지 생각

『고릴라는 핸드폰을 미워해』, 박경화 지음, 북센스

고릴라가 핸드폰을 미워한다고? 무슨 뚱딴지 같은 소리인가? 사람이 그렇다면 이해를 한다. 내가 바로 그런 사람 중 한 명이니까. 내가 핸드폰을 산건 중학교 1학년 때였다. 밖에 나가면 늦게 돌아오니까 '안전'이라는 이유를 들어 핸드폰을 샀다. 힘들게 부모님을 졸라서 산 핸드폰이니까 아껴 써야 하건만 2년이 채 못 가 바뀌고 말았다. 첫 번째 핸드폰이 고장 나자 나는 다시 아버지를 졸라 새 핸드폰을 샀다. 당시 DMB라는 게 처음 나왔기 때문에 호기심에 휩싸인 나는 비싼 DMB폰을 샀다.

그런데 고등학교 입학식에서 담임선생님이 '우리 학교는 핸드폰을 가지고 다닐 수 없다'고 말씀하셨다. 답답했다. 아쉬웠다. 이때까지 분신처럼 가지고 다니던 핸드폰을 이젠 가지고 다닐 수 없다니. 그리고는 4개월이 지났다.

요즘은 오히려 핸드폰 없는 것이 더 편하게만 느껴진다. 어쩌다 한 번 핸드폰을 가져가면 핸드폰 챙기랴, 오는 문자에 일일이 답해주랴, 내가 핸드폰을 소유한 것이 아니라 핸드폰이 나를 소유한 느낌이 든다.

이렇게 나처럼 핸드폰을 기피하는 사람은 이해를 하지만 생전 핸드폰을 만져 보지도 못한 고릴라가 왜 핸드폰을 싫어할까? 어떻게 우리의 행동 하나하나가 환경에 영향을 미칠까? 그 해답을 찾아가보자.

우리 집은 동물의 털 때문에 애완동물을 기르지 않지만, 거리를 걷다보면 애완동물과 함께 다니는 사람을 심심치 않게 볼 수 있다. TV를 켜도 방송에서 꼭 한 번씩은 동물 관련 프로그램을 보여준다.

이만큼 사람들은 동물과 서로 사랑하며 살아가고 있다. 자신은 컵라면에 티셔츠 정도만 입고 다녀도 되지만 애완동물은 고급 사료에 악세사리까지 입히는 걸 보면 그들의 사랑이 얼마나 지극한지 간접적으로나마 알 수 있다.

## 생명에 대한 생각

그런데 이런 사랑이 왜 멀리까지 퍼지지 않을까? 단적인 예로 고릴라를 들어보자. 고릴라는 산업화가 시작된 후 그 수가 급격하게 감소하고 있다. 지금 현재 고릴라는 콩고에 있는 카후지 비에가 국립공원에만 서식하고 있다. 그런데 지금 콩고는 내전 중이다. 정부군과 반란군이 치열하게 싸우고 있는 것이다. 일반적인 상식으로 국가의 재산을 이용한 정부군이 압도적으로 유리할 것 같지만 꼭 그렇지만은 않다. 반란군에게는 콜탄이 있기 때문이다.

콜탄은 탄탈의 주원료가 되는 회백색 모래이다. 콜탄을 정제해서 나오는 탄탈은 우리가 사용하는 핸드폰과 노트북의 주원료가 된다. 때문에 가치를 인정받지 못하고 있던 콜탄의 가격이 수십 배로 뛰었다. 반란군은 이 콜탄을 팔아서 무기를 사고, 이 무기로 사람을 죽이는 것이다.

그런데 이 콜탄이 주로 묻혀 있는 곳이 바로 카후지 비에가 국립공원이다. 때문에 막대한 금액을 노리고 오는 주민과 반란군들 때문에 이곳에 자리잡고 있던 고릴라들이 살 곳을 잃어가고 있는 것이다.

우리는 어떤가? 고릴라와 사람을 해치면서 얻은 탈탄으로 만든 핸드폰을 누구나 다 들고 있고, 신형 핸드폰이 나오면 가지고 있는 핸드폰을 부숴서라도 갖고 싶어한다. 또 이런 환경문제에 절박감이라든지 관심조차 가지지 않으려고 한다.

오늘도 TV에서는 통신회사가 여러 연예인을 앞세워 휴대폰 광고를 할 것이다. 휘황찬란한 디자인, 더욱더 많아지는 기능, 그 뒤에 가려진 사람과 야생동물의 울음소리가 들리지 않는다면 우리는 진정한 문명인이 맞을까?

얼마 전에 영화 〈트랜스포머〉를 봤다. 대강의 내용은 외계에서 온 기계생명체들이 큐브라는 물질을 찾아 또 지구를 지키기 위해 전쟁을 한다는 내용이다. 영화를 보는 내내 손에 땀을 쥐게 하는 액션과 영상으로 흥분되었지만 영화를 다 보고 집에 가면서 왠지 씁쓸한 기분이 들었다.

어렸을 때 보았던 만화영화에도, 영화에도 지구를 지키는 건 지구에 있는 사람들이 아니라 외계에서 온 생물들이었다. 물론 인간이 나와서 싸우기도 하지만 따지고 보면 그들이 가지고 있는 초인적인 힘은 지구 내에 있는 것이 아니라 외계에서 또는 다른 생명체가 준 힘이었다.

## 우리 이웃에 대한 생각

인간이 지구를 지킬 수는 없을까? 왜 남의 도움을 받을 수밖에 없는가? 사실 따지고 보면 인간이 하는 행동은 지구에게 피해만 줄 뿐이다. 물론 인간이 괴물을 만들어내는 것은 아니다. 만화영화에서 나오는 괴물은 총을 쏘고 거대해져서 파괴하는 등 우리 눈에 실제로 보이는 것들을 파괴해나간다. 하지만 인간이 환경에게 주는 피해는 다르다. 우리가 주는 피해들을 속에서부터 서서히 썩게 만드는 바이러스와 같은 것들이다.

종이를 생각해보자. 지금 내가 글을 쓰고 있는 것도 종이고, 교과서도 종이고, 신문지도 종이다. 우리의 삶에서 종이가 없어진다면 엄청난 대란이 일어날 것은 불 보듯 뻔한 일이다. 고대 중국에서 처음으로 만들어진 종이는 세월이 지날수록 그 영향력이 대단해졌다. 사실 인류의 문명이 이렇게 발전한 것도 어찌 보면 종이 때문에 가능했을지도 모른다.

하지만 인간은 종이를 너무 헤프게 썼다. 조금만 잘못해도 종이를 찢어버리고, 잉크가 섞이고 여러 화학물질이 더해진 종이를 아무 곳에나 버리고 말았다. 이로 인해 종이의 원료가 되는 나무는 계속 잘려 나갔고, 종이를 처리하기 위한 시설들은 계속 늘어만 갔다. 물론 공해도 마찬가지다.

이런 식으로 따지다 보면 인간은 지구에 정말로 필요한 존재일까라는 의문이 든다. 자기가 사는 곳 하나 제대로 지키지 못하면서 다른 일에만 골머리를 앓고 있는 나를 비롯한 모든 사람들을 보면 답답하기도 하고 한심하기도 하다. 만물의 영장이면 뭐하는가? 환경에 전혀 도움이 되지 못하고 오히려 방해만 되는데.

과연 우리가 앞으로 어떻게 해야 할 것인가? 우리의 삶을 반성하고 지구를 지켜나갈 수호자가 될 것인가? 아니면 계속해서 파괴하는 파괴자가 될 것인가? 지금이야말로 진정한 고민을 시작할 때다.

중학교 때였다. 한겨울 몹시 춥던 날, 우리 반은 체육을 하기 위해 옷을 갈아

입고 있었다. 남학교라서 그런지 추위에 아랑곳 없이 여름 체육복을 입고 온 녀석도 있었고, 긴 체육복에 코트까지 입은 녀석도 있었다. 그런데 그 중 한 아이가 내복을 입고 체육복을 갈아입고 있었다. 나와 다른 친구들은 '이제는 내복 졸업할 때 안 됐나?' 하고 놀렸지만 그 친구는 '한번 입어봐라, 따듯하다'라고 대꾸했다.

## 자연에 대한 생각

지금 생각해보면 어렸을 때는 추위를 잘 몰랐던 것 같다. 이곳저곳 돌아다녀도 정작 추운 곳은 볼이나 손 정도이고 몸은 전혀 춥지 않았다. 아마도 내복 때문이었을 것이다. 솔직히 내복이 민망한 건 사실이다. 몸에 착 달라붙은 모습을 보면 얼굴 붉히게 만드는 모습이 나왔으니까. 하지만 그만큼 따뜻했던 것도 사실이다.

그런데 어느 날부터 내복을 입기가 힘들어졌다. 아니 입기가 싫어졌다. 이제 컸으니까 그런 것 필요 없다는 둥 코트 입으면 되지 왜 내복을 입느냐는 둥, 여러 이유를 들어 내복을 멀리했다. 지금 입으라고 해도 그러겠다는 대답보다 조금만 생각해볼게라는 대답이 먼저 나온다.

내복을 입지 않은 후부터 나는 추위가 싫어졌다. 가뜩이나 얇은 교복 사이로 겨울바람이 지나가니 정말로 추웠다. 내가 다니던 중학교는 걸어서 30분 거리에 있었기 때문에 학교에 도착하면 내 피부는 파랗게 질려 있었다. 나는 가방을 내려놓기가 무섭게 히터를 켰다. 그러고는 1교시, 2교시……6교시까지 히터를 틀었다.

이렇게 하루 종일 히터를 틀면 물론 따뜻하다. 허나 거기에 드는 전기료를 생각하면, 엄청난 돈이 빠져 나간 것이다. 이럴 때 내복을 입으면 전기료도 아끼고 체온도 따뜻하게 유지할 수 있다고 한다.

우리 주변에 보면 이렇게 작은 실천으로 환경을 지키는 방법이 많이 있다. 대표적으로 비닐 대신에 장바구니, 휴지 대신에 걸레 등 조금만 생각하면 환경을 지킬 방법이 많이 있다. 하지만 대부분의 사람들은 나처럼 조그마한 자존심을 앞세워 이를 거부한다.

그런데 이게 정말 자존심일까? 다시 생각해보니 이 자존심은 지난 것을 버리지 못하는 고집밖에 되지 못하는 것 같다. 우리가 정말로 환경을 아끼고 사랑하는 마음이 있다면 당당히 이 자존심을 버려야 할 것이다.

약 6개월 전 나는 전에 살던 동네에서 떠나 지금 살고 있는 동네로 이사를 왔다. 이사 오기 전에 집안을 정리하는데 정말 대단했다. 무슨 버릴 물건이 그렇게도 많은지……오래된 서적을 비롯해서 이때까지 모아놨던 쓰레기, 못 쓰는 가전제품, 옷가지 등을 다 합치니까 주차장에 마련된 쓰레기 수거함이 꽉 차고도 모자라게 되었다.

## 살림살이에 대한 생각

이런 문제에 아마도 버리지 못하고 계속해서 모아두는 내 버릇도 한몫 했을 것이다. 나는 웬만해선 물건을 잘 버리지 못한다. 지금도 아버지께선 주말마다 책상에 필요 없는 책이나 종이는 제발 좀 버리라고 말씀하신다. 그런데도 나는 서랍에 탁상에 쌓아두면서 계속해서 쓰레기를 만들어가고 있다.

물론 내가 물건을 아끼지 않은 것도 문제이다. 문구점에 가서 좋은 샤프가 있으면 지난번에 샀음에도 불구하고 또 사곤 한다. 다른 학용품도 마찬가지다. 조금 특이하고 편해 보이는 게 있으면 주저하지 않고 사들인다.

이런 습관 때문에 내 방은 못 쓰는 물건, 쓸 수 있는 물건이 뒤죽박죽되어 버릴 때 한번에 버리고 다시 사들이는 악순환이 일어나는 장소로 바뀌었다.

지구도 마찬가지다. 사람들이 필요한 만큼 뽑아서 조금씩 나누어 써야 할 텐데, 너무나 풍족하게 쓰고 있다. 호미로 막을 것을 가래로 막는 일이 다반사이고 상점마다 쌓여 있는 모습을 보면서 물건이 주는 고마움을 당연하게만 느끼고 있다.

이런 현실 속에서 환경이 나아 질 거라는 기대는 어찌 보면 허황되고 잘못된 생각일 것이다. 전혀 재생하지 않고 피해만 안기는 이런 소비, 이런 살림들을 보며 우리가 정말로 환경을 사랑하는 마음이 있는지 의심이 든다. 초등학교, 중학교, 고등학교를 거치면서 모두다 환경문제에 대한 이론과 지식은 다 배웠을 것이다. 그런데 어떤가? 그대로 지키고 있는가? 모두 편안한 생활에 빠져 전혀 지키려고 하지 않고 있다.

하지만 이제는 지체할 시간이 없다. 우리가 이러는 동안에도 빙하는 녹고 나무는 잘리고 고릴라는 쫓기고 북극곰은 죽어나가고 사람들은 다치고 있다. 이때까지 배워온 실천을 미덕을 지금은 말 그대로 '실천' 할 때다.**김태현**

---

**나의 생각지도** ··································································································

· 세상을 아름답고 깨끗이 만들 수 있는 방법을 연구해야겠다.

· 인간, 동물, 식물, 모든 생명체가 공유할 수 있는 그런 밝은 세상을 꿈꾼다.

· 거창하지 않고 실천하기 좋은 '친절한 책'이다.

· 우리는 이 세상을 잠시 빌려 살고 있을 뿐이다.

# 비판을 넘어 대안으로

『세상을 바꾸는 대안기업가 80인』, 실벵 다르니 지음, 마고북스

학교에서 또는 사소한 대화에서 뭔가 문제가 발생하면, 제각기 각자의 생각을 고래고래 소리 지른다. 그럼에도 불구하고 마땅히 좋은 대안은 나타나지 않는다. 그때 짠하고 누군가 멋진 아이디어를 내놓는다. '멋지다, 그거 괜찮네' 하는 탄성과 함께 엉킨 실타래처럼 풀리지 않을 것같이 보였던 이 문제는 정말 놀라우리만큼 쉽게 해결된다.

이런 경험들 누구나 한 번쯤은 있을 것이다. 세상에는 여러 가지 문제가 있지만 어느 누구하나 멋진 대안을 쉽사리 내놓지 못한다. 특히 환경 분야에서는 더더욱 그렇다. 각 국가마다 사람과 말 그대로 환경이 너무나 다르기 때문이다. 하지만 Impossible is nothing! 세계 각국의 여러 인물들은 각 나라에 맞게 이 문제를 해결해 가고 있다.『세상을 바꾸는 대안기업가 80인』에 나타난 세계 각 대륙의 이야기들, 지금부터 살펴보자.

## 유럽 – 의식을 갖고 사회참여를 하는 몇몇 사람들의 작은 단체 하나만으로도 세상을 변화시킬 수 있다는 사실을 잊지 말자

유럽은 산업혁명의 발생지답게 우리가 경제대국, 선진국이라고 부르는 나라가 많이 속해 있다. 산업혁명과 제국주의가 휩쓸고 지나간 자리에는 세계 어느 나라 보다 우수한 기술과 문명이 남아 있었다. 허나 이는 자원의 고갈을 너무나도 빨리 가져왔고, 세계 어느 나라보다 먼저 환경문제에 직면하게 만들었다. 때문에 다른 어느 대륙보다 앞서서 환경정책을 펼쳐나가고 무엇보다 사람들의 의식 개혁 그리고 친환경 서비스에 초점을 맞춰서 환경정책을 펼쳐나갔다.

먼저 그들은 공정한 생산, 공정한 판매를 활성화시키기 위해 노력했다. 이 분야에는 트리스탕 르콩트, 피터 말레즈, 피터 코퍼트, 요르겐 크리스텐슨 등의 인물이 투입되었다. 이들은 어떻게 하면 인권에 위배되지 않게 물건을 생산할지, 어떻게 하면 생산 과정에서 나오는 오염물질을 줄일지 고민했다. 그 결과 공정거래(Fair trade)라든지 분해가 잘 되는 생명활동과 닮은 세제라든지, 한 공단에서 만든 쓰레기가 다른 공단에서는 원료가 되는 그런 유기적 결합과 같은 결과물을 만들어냈다. 이 과정을 통해 유럽의 경제활동은 조금 더 환경적인 면에서 삶의 질을 높여주는 상품을 만들어내는 새로운 물결을 점차 동화되었다.

재화가 친환경적으로 공급되면서 눈에 보이지 않는 서비스 또한 친환경적인 모습으로 변모했다. 안 페터 베르크비스트는 고급의 대명사로 알려진 호텔에 자연의 숨결을 불어넣었으며 칼 슈투즐은 어느 누구도 생각하지 못했던 염소 세제의 대여 사업을 일궈냈다. 또 카를로 페트리니는 바쁜 현대인의 삶에 느림의 미학, 슬로 푸드를 전파했다.

이렇게 유럽의 환경활동은 간단하고 사소하게 보이지만 전 국가에 전파되고 누구나 쉽게 참여할 수 있으며 어떠한 나라보다 국민의 동참을 효과적으로 이끌어내고 있다. 또한 환경을 중시하는 산업은 이윤을 창출할 수 없다는 고정관념을 보기 좋게 깨고 있다.

우리나라의 환경정책을 이 관점에서 본다면 정말 미비한 수준에 그친다. 국민들의 참여도도 지극히 낮을 뿐만 아니라 기업들 또한 효과적인 대안을 내놓지 못하고 있다. 이러한 상황에서 유럽의 '작은 환경혁명'을 본받을 필요가 있다. 또한 유럽의 선진화된 정책은 벤치마킹을 통해 우리나라에 적절히 투입해야 할 것이다.

우리나라가 급속도로 경제 성장을 할 당시 다른 나라들은 우리나라를 보고 아시아의 네 마리 용이라고 불렀다. 앞으로 경제뿐만이 아니라 환경 활동에 관해서도 용중에 한 마리가 될 대한민국의 모습을 기대해본다.


## 아시아 – 사람에게 희망을 되돌려줘야 합니다

전 세계 대륙 중 아시아만큼 파란만장한 역사를 가진 대륙도 없을 것이다. 아시아의 대부분의 나라는 유럽에서 시작된 산업혁명이라든지 여러 근대적 사고들이 비교적 늦게 도입되었다. 때문에 지금까지도 근대화의 진통을 겪는 나라가 다수 있으며 다른 어느 대륙보다 많은 인구 때문에 발생하는 각종 문제들로 골치를 썩고 있다. 이런 이유로 아시아의 환경운동은 사람들의 복지와 삶의 질을 향상시키는 것을 목표로 이루어지고 있다.

아시아에 대부분의 나라는 고질적으로 '가난'이라는 문제를 가지고 있다. 현대의 문명이 미치지 못한 것도 있지만 아시아 국가들이 공통적으로 가지고 오랜 역사로 만들어진 그들만의 오랜 풍습이 현대의 여러 것들과 잘 조화가 되지 못했기 때문이다. 이를 해결하기 위해 고빈다파 벤카타스와미, 데이비드 그린, 무하마드 유누스, 술로 슈레스타샤 등의 인물들은 현대의 여러 정책과 지방색을 적절히 조화시켜 그들에 맞는 활동을 펼쳤다. 고빈다파와 데이비드 그린은 고가의 안구수술을 인도의 경제 사정에 맞게 저렴한 수술로 바꿔나갔으며 무하마드 유누스는 소액대출을 통해 경제적으로 어려운 국민들을 자립할 수 있게 해주었다. 또한 술로 슈레스타 샤는 정당한 노동을 통해 여성들의 자립을 도왔다.

이러한 가난을 탈피하려는 정책과 함께 아시아에서는 전통적이고 인도적인 활동도 많이 이루어졌다. 찬드라 구룽은 자연 공원을 개선 그 지역 주민들의 이익을 보장했을 뿐만 아니라 야생동물 또한 지켜냈으며 다카오 후루노는 오리 농법과 같은 친환경 농업으로 환경에 해가 되는 여러 독성물질의 사용화 최소화하는 데 앞섰다.

이렇게 아시아 여러 나라에서 다양한 정책이 쏟아져 나오는 가운데 같은 아시아 국가인 우리나라의 사례는 소개되어 있지 않다. 우리나라에도 가난한 사람은 많고, 환경문제는 비일비재하다. 하지만 어떠한 혁신적인 활동도, 관심을 가질 활동도 이뤄지지 않고 있다. 국민들의 관심 또한 눈에 띄게 늘지 않고 있다. 이러한 현실을 우리는 어떻게 받아들이고 있는가?

**북아메리카 - 소신을 잃지 않고 좇을 만큼 큰 꿈을 갖는 것이 중요하다**
북아메리카는 국가 수로 봤을 때 다른 대륙에 비해 작지만 그 영향력은 대단하다. 거의 대부분의 국제행사에 북아메리카 국가가 참여한다. 특히 초강대국이라고 불리는 미국은 세계 어느 나라보다 그 영향력이 강하다. 그 만큼 북아메리카 대륙은 세계의 신기술과 경제를 선도하는 대륙이라 할 수 있겠다.

이렇다 보니 북아메리카의 환경활동은 기술과 경제활동에 밀접한 연관성을 갖는다. 대부분의 환경활동은 신기술을 통해 환경을 바꿔나가거나 새로운 기업운영을 통해 환경문제를 해결하고자 하는 방향으로 초점이 맞춰져 있다.

토마스 다인우디, 애머리 로빈스, 윌리엄 맥도너, 올리버 피플즈로 대표되는 미국의 친환경기술 개발자들은 어떻게 하면 조금 더 지구에 유익한 기술을 개발할지, 또 개선할지 고민했다. 그 결과 효율적인 태양에너지, 미생물에서 플라스틱을 뽑아내는 기술 등 다른 대륙과 차별화된 신기술로 환경문제와 맞서고 있다. 특히 윌리엄 맥도너의 친환경적인 건설물은 자연이 주는 것보다 더 깨끗하고 재활용도가 높은 부산물들을 배출한다.

이들의 기술은 단지 새로운 것이기 때문에 의미가 있는 것은 아니다. 예전 기술들은 소비적인데 비해 이들의 기술은 지속가능한 개발이 가능하다. 때문에 전과 달리 친환경적인 생산, 활동이 가능하게 되었다.

또한 제1의 경제대국답게 기업운영에서도 새로운 모습을 보여준다. 도브 차니, 에이미 도미니, 레이 앤더슨은 기업 내에서 환경윤리를 강조했으며 자신의 기업을 지속가능한 개발에 초점을 맞춰서 운영했다. 일반적인 고정관념인 '환경을 중시하는 산업은 이윤을 창출할 수 없다'는 사실을 여기서 무참하게 깨지고 만 것이다.

얼마 전 신문에 대한민국의 국민 대비 특허 수가 세계에서 네 번째라는 뉴스가 실렸다. 60년대 가난한 국가에서 벗어나 과학대국, 기술대국으로 우뚝 선 것이다. 이처럼 대한민국의 기술은 다른 어떠한 나라보다 우수하다고 자부할 수 있는 정도가 되었다. 하지만 그 기술이 지속가능한 기술이라고 보기는 어렵다.

대한민국 이 좁은 땅에 살고 있는 동물과 자연을 파괴할 기술은 더 이상 무의미하다. 지금이야말로 지속가능한 개발, 양심적이고 윤리적인 기술이 진가를 발휘할 때다!

**남아메리카와 아프리카－가장 위대한 일들은 항상 가장 사소한 것에서 비롯된다**
아프리카와 남아메리카의 역사는 슬픔으로 가득 차 있다. 강대국에 의해 식민지화되어 강제로 근대화를 맞게 된 이들 나라는 부유한 나라보단 가난한 나라가 주축으로 이루어져 있다. 또한 지나치게 강요된 근대화로 환경에 대한 관심과 의식이 많이 부족하다. 때문에 이들 나라에서 행해지는 활동은 작지만 환경 보호에 큰 역할을 하는 활동이 주축으로 이루어져 있다.

특히 눈에 띄는 것은 이 활동의 다양성이다. 하나의 틀 안에서 다양한 분야에 다양한 방식으로 환경활동에 참여하고 있는 것이다. 기와 네카 마르코발디는 동물과 인간의 상생을 강조함으로써 무분별한 사냥을 막고 있고, 호드리구 바기우와 파비우 호사는 컴퓨터와 전기로 청소년들에게 다양한 혜택을 주고 있다. 또한 환경친화적 도시로 유명한 구리찌바의 기획자이자 시장인 자이메 레르네르는 친환경 건설의 중요성과 효과성을 알리고 있다. 이뿐만이 아니다. 가스 제이펫은 매체를 통한 의식개혁을, 닉문과 에르난도 데 소토는 아프리카와 남아메리카의 죽어 있는 경제를 부활시키기 위한 정책을 펼치고 있다.

세계의 최빈국이 모여 있는 대륙에서 어찌 보면 환경문제의 해결을 위한 노력은 사치이고 허황된 것일 수도 있다. 오늘 식량이 없어 굶주리고 있는데 먹이로 쓸 거북이를 생태보호를 위해 잡지 말아야 한다고 하면 어느 누가 들으랴? 하지만 가난하기 때문에 자연을 파괴하고 자연 때문에 얻을 수 있는 것은 또다시 줄어들고 다시 자연을 파괴하고. 이런 악순환을 끊기 위해서는 환경문제와 의식 개혁이 꼭 필요하다. 때문에 환경문제는 절대로 간과해선 안 될 문제인 동시에 그들의 생명과도 같은 것이다.

전 세계의 국가들은 자신들의 국가의 문제를 정확히 파악해서 그에 알맞은 환경활동을 지원하고 펼쳐나가고 있다. 우리나라도 최근 몇 년 간 환경문제가 수시로 발생하고 있으며 그 피해 또한 늘고 있다. 하지만 우리나라에서는 대안기업가 80인처럼 혁신적이고 기존의 고정관념을 깰 수 있는 그런 정책이 나오지 않고 있다.

언제까지 이런 문제를 간과하고 있을 것인가? 환경문제에 대한 절박감이 느껴지지 않는가? 대한민국의 환경 문제는 서서히 우리의 목을 죄고 있다. 답답함이 느껴진다면 지금 행동하자.**김태현**

**나의 생각지도** ··········································································································································

· 이상과 현실을 조화시킨 피토 코퍼트.

· 인간의 존엄성을 되찾아준 사람, 무하마드 유누스.

· 자신의 꿈을 끝까지 좇아간 사람들, 세상을 바꿀 힘을 가진 아름다운 사람들을 만나는 기회였다.

· 이전에는 결코 존재하지 않았던 것을 상상할 수 있는 사람들이 필요하다.

# 에코 시스템의 복원을 꿈꾸는 도시

『세계의 환경도시를 가다』, 이노우에 토시히코 지음, 유영초 옮김, 사계절

한국은 급격한 산업화 때문에 친환경적인 개발 혹은 지속가능한 발전을 하지 못했다. 대부분의 공장에는 공기정화기를 달지 않아서 공장이 많이 들어선 지역은 숨이 막혀온다. 또 가끔 공장에서 폐수를 정화하지 않은 채 강에 버려서 물고기가 몰살당하기도 한다. 물론 사람이 그 물을 써서 피해를 받기도 한다. 국가, 사회, 개인의 복잡한 이해관계 속에서 발생하는 이러한 문제는 어느 부분부터 고쳐나가야 할지 막막하기만 하다. 이 책에는 이런 문제를 성공적으로 해결한 예들이 나와 있다.

"자연환경의 바퀴, 공동체의 바퀴, 사람과 사람의 바퀴가 서로 연결되어 호흡하는 것 여기서부터 미나마타의 자연과 사람의 삶이 융합하는 것이 아닐까 생각하고 있습니다."

개인이 환경문제를 해결하려고 해도 공동체와 자연환경이 따라주지 않는다면 결코 그 문제는 해결되지 않는다. 공동체가 노력해도 자연환경과 개인이 따라주지 않으면 또한 문제의 해결은 힘들다. 자연환경이 우수하다 하더라도 개인과 공동체가 노력하지 않으면 환경문제는 결코 해결되지 않는다.

자원이 풍부하여 공업이 발달한 채터누가 시는 1960년대와 1970년대까지만 해도 대기오염이 정말 심했다. 특히 1969년에는 환경보호국으로부터 '미국에서 대기오염이 가장 심한 거리'라는 판결까지 받았다. 그러나 환경보호국의 이러한 발표가 있자마자, 채터누가 시는 대기오염을 해결하려는 움직임을 보였다. 가장 처음으로 시에서 한 일은 각 공장에 의무적으로 필터를 설치하게 하는 것이었다. 이러한 적극적인 움직임으로 채터누가는 대기오염이 8년 사이에 환경보호국의 기준치를 11%나 웃돌 정도가 되었다. 적극적인 시민의 노력도 채터누가를 환경도시로 만드는 데 일조했다. 의원 메이블 홀리 씨는 시민들을 끌어들이는 '거리 살리기 프로젝트'를 실시했고 린드허스트 재단도 '거리 살리기 계획'을 응모하는 '비전 2000'을 운영하였다. 채터누가가 환경도시로 거듭나기 위한 노력은 거기서 끝이 아니었다. 채터누가 시는 전기버스를 도입하고 시내에는 차를 들여놓지 못하게 하여 차에서 나오는 매연을 줄일 수 있었고 전기버스의 뛰어난 효율성 덕분에 경제적으로도 이익을 얻을 수 있었다.

또 다른 공해도시였던 독일의 슈투트가르트. 이 도시는 삼면이 녹지 구릉에 싸여 있다. 또 풍속이 초속 2m/s로 매우 낮은 편이고 주변의 구릉지에 비해 기온이 높아 겨울철 접지역전층이 일어나게 된다. 이러한 환경 때문에 분지지형에 세워진 공장들이 내뿜는 오염된 공기가 도시 속에 갇혀버린다. 이러한 문제점을 해결하기 위해서 시에서는 도시의 토지와 건물의 형태를 제한하여 '바람길'을 만드는 '바람계획'을 세운다. 이 계획은 'F플랜'과 'B플랜'으로 나뉘는데 F플랜은 건설관리계획, B플랜은 토지이용계획을 말한다. 이 두 계획으로 도시에는 시간마다 1억 9,000m³의 신선한 공기가 들어와서 확산된다. 이제 슈투트가르트를 둘러싸고 있는 구릉은 공기를 도시속에 머무르게 하는 벽이 아니라 '바람길'의 바람을 생산하는 '공장'으로 자리매김하게 되었다.

미나마타시는 앞의 두 도시가 했던 것과는 달리, 즉 시의 정책으로 문제를 해결하는 것과는 약간 다르게 시민의 적극적인 노력으로 환경문제를 해결하였다. 그렇다고 앞의 두 도시가 시민의 노력 없이, 미나마타시가 시의 정책 없이 환경도시가 된 것은 절대 아니다. 미나마타 시에는 독자적인 ISO규격이 있다. 이것은 정식 'ISO(국제표준화규격) 14001'은 아니지만 일반 가정에 대해 나름대로 명예인증을 실시하는 것이다. 미나마타 시 시민들은 이런 ISO 규격을 지키려고 한다. 또 미나마타 시 시민들은 분리수거도 철저히 한다. 분리수거 품목은 23개이고 분리수거를 돕는 사람들은 모두 자원봉사자이다. 분리수거 품목이 보통 5개를 넘지 못하는 한국을 생각해보면 엄청난 양이다. 미나마타 시에서는 주민 참여 거리 만들기 프로젝트를 진행 중이고 이것 외에도 시민들은 '불편함을 받아들이는 거리'를 만들기 위해 노력하고 있다. 미나마타는 미나마타병으로 인해 시민들의 높은 환경의식을 이끌어낼 수 있었고 지금은 20년 후를 내다보는 도시계획을 추진하고 있다.

미나마타와 같은 나라에 있는 이타바시 구도 전국에서 늘 '워스트5'에 드는 '야마토초 교차로'가 있었지만 끊임없는 노력으로 환경도시가 될 수 있었다. 저공해 자동차를 널리 보급하는 것은 기본이고 '이타바시 구 오피스 리사이클 시스템'을 운영하여 쓰레기를 줄이면서 경제적인 이익까지 가져올 수 있었다. 또, 에코 폴리스 센터를 만들어 환경교육을 하고 환경정보를 모았다. 이타바시 구는 교육현장의 노력도 중시해왔다. 1997년 환경교육상을 받은 가나자와 초등학교에는 2,000그루의 나무가 심어져 있고 이 나무들을 통해 아이들은 환경을 직접 보고, 느끼는 공부를 하고 있다. 이타바시 구 아카츠카 다메이케 공원에는 용천수가 있는데 자원봉사자들이 모여 이 연못을 정비하는 적극성까지 보여주기도 하였다.

기타큐슈의 강은 1960년대까지만 해도 악취가 너무 심해서 코를 막지 않으면 건널 수가 없었다. 그러나 지금은 이 '마이너스 유산'을 '플러스 유산'으로 전환시켜 물 환경관을 세우는 등 환경산업을 진흥시키고 있다. 이제 기타큐슈는 해외도시의 환경사업까지 맡고 있다. 기타큐슈는 정부에서 승인받아 일본 첫 '에코타운'이 되었으며 실증연구단지 및 에코타운센터를 설립하였다. 이 실증연구단지에서는 각종 신기술을 연구하고 채산성이 있다고 판단되는 기술을 본격적으로 사업화시킨다. '생분해성 플라스틱'을 생성하는 프로젝트로 대표적인 예이다. 실증연구단지를 세우는 것 외에도 기타큐슈는 쓰레기를 유료화하는 간단한 방법으로 3년 사이에 2만 1,000톤의 쓰레기를 줄이는 놀라운 성과를 가져오기도 하였다. 쓰레기를 유료화한 돈으로 환경교육을 위해 필요한 교재를 만들기도 하여 환경 운동이 더 큰 환경운동으로 바뀌는 사이클이 이루어지고 있다.

다섯 개의 공해도시는 비슷한 정책도 펼치기는 했지만 다른 정책을 쓰기도 했다. 그러나 이 모든 활동들은 시민의 힘이 뒷받침되어 이루어졌다. 이러한 시민의식이 결여되어 있는 많은 공해도시들은 점점 더 환경이 나빠지고 있다. 한국도 그러한 사정은 마찬가지이다. 한국은 문화적 발전이 물질적 발전보다 늦기 때문에 환경에 대한 의식도 낮은 편이다. 아직까지 많은 사람들이 길거리에 쓰레기를 버리는 것을 당연하다는 듯이 생각한다. 학교에서도 분리수거를 하라고 쓰레기통을 여러 개 놔두지만 정작 학생들은 분리수거를 할 마음이 없어서 아무렇게나 쓰레기를 버리고 있는 실정이다. 점점 더 환경이 중요해지는 이 시기에 환경의식의 결여는 한국의 발전에 치명적일 것이다. 『세계의 환경도시를 가다』는 환경의식을 갖추는 데 청소년이 읽으면 좋을 책이라고 할 수 있다.

'몬테베르데 크라우드 포레스트를 방문하는 관광객은 연가나 5만 명이고, 관광수입은 60만 달러에 이른다.'

환경을 지키는 일은 그 자체로도 가치가 있는 것이지만 그것을 함으로써 부가적인 이득을 볼 수도 있다. 이런 이득을 얻고 있는 도시들이 바로 환경관광도시이다. 환경관광도시는 말 그대로 환경을 이용한 관광도시를 만드는 것이다. 이런 환경관광도시는 한국에서도 추진되고 있다고 한다. 한국이 환경관광도시를 만들 때 본받아야 할 세계적인 관광도시를 살펴보기로 하자.

코스타리카는 생태관광이라는 개념을 처음으로 도입한 나라이다. 이 나라의 원시림 중 25%가 국가의 보호를 받고 있으면 거국적으로 자연보호에 힘을 쏟고 있다. 정부는 숲을 지키는 것이 관광객을 불러 모으는 것이라고 생각하여 생태관광에 힘을 쏟기 시작하였고 1990년부터 관광업은 해마다 15%씩이나 성장하여 1992년에는 코스타리카 최고의 산업으로 발전하게 되었다. 코스타리카에는 지역 단위로 생태관광이 이루어지고 있는데 그중 개인이 운영하는 몬테베르데 크라우드 포레스트 자연보호구가 생태관광의 중심지로 유명하다. 이런 관광지에는 자연안내인이 있는데 이들은 생태안내는 물론 흡연구역

괴 쓰레기 처리방법 등에 대해서도 알려준다. 또 생태관광으로 생계를 방해받는 사람들에게는 경제적으로 도움을 주고 환경교육도 시키고 있다. 생태관광 도시를 만드는 데에는 새로운 아이디어를 생각해내는 것도 중요하다. 몬테베르데의 호텔 '아르코이리스'는 계란껍질을 퇴비에 섞어서 칼슘을 강화한 다든가 담배꽁초를 물에 담가두었다가 살충제로 사용하는 기발한 아이디어를 내어서 에코호텔협회에서 주는 가장 높은 별 다섯 개를 얻었다. 코스타리카는 생태관광으로 경제적인 이익을 얻기도 했지만 그보다 훨씬 더 값진 것을 얻었다.

라인 강과 도나우 강은 1970년대에 제방의 문이 완전히 닫혀버렸다. 이로 인해 만 안쪽은 완전히 담수호가 되어버렸다. 이 제방은 수해로부터 인간을 구할 수 있었으나 다른 생물체는 구하지 못했다. 아니 파괴했다는 것이 맞을 것이다. 다수를 희생해서 소수를 살린 이 프로젝트는 '델타 프로젝트'라고 불렸다. 원래 라인 강 하구의 델타지대는 갯벌과 사주가 복잡하게 얽혀 있었고 연어 등도 많이 있던 천혜의 어장이었다. 그러나 델타 프로젝트는 이 환경을 철저히 파괴시켰다. 그래서 네덜란드 정부와 국회가 몇 년에 걸쳐 논의한 끝에 이 하구언을 2005년부터 개방하기로 했다. 하구언을 개방함으로서 옛날의 지류를 회복시켜서 '건전한 물 시스템'을 만들 수 있고 범람원을 복원시켜 멸종되어 가는 동물을 살려낼 수 있으며 물을 정화하고, 홍수의 영향까지 막을 수 있다. 자연 그대로 상태로 되돌려놓는 것 그것이야말로 진정한 환경도시가 아닐까?

제럴드 모건 그렌빌은 영국 최고의 생태테마공원을 만든 창립자이다. 그 생태테마공원의 이름은 CAT(Centre for Alternative Technology)이다. CAT는 처음에 '친환경적인 생활'을 실천하는 공동체를 운영한 것에서 시작하였다. 이 공동체는 환경을 지킬 수 있는 다양한 기술과 노하우를 개발해냈다. 그리고 이 기술과 노하우를 전수하는 목적으로 테마공원이 만들어진 것이다. CAT는 쉽게 행할 수 있는 기술과 노하우를 공개했고 이를 보고 배우기 위해 연간 8만 명의 견학자가 들른다. CAT에서는 자연에너지로 모든 것을 충당한다. 전력의 대부분은 수력에 의해 만들어지고 모자라는 것은 풍력으로 보충한다. 또 CAT 안에서 채소를 재배해서 먹고 있다. 또 CAT 내부에 거주하는 자원봉사자들은 필요한 만큼의 에너지를 쓰며 낭비하지 않는다. 또 태양열과 풍력, 수력으로 전력을 생산하기 때문에 한달 전기료가 1.8파운드밖에 되지 않는다. 일반 영구 가정이 240파운드라고 하니 이것은 엄청난 절약인 셈이다. CAT의 책임자인 로저 케리 씨는 이제 다른 나라에도 CAT 이념을 살린 테마공원을 만들고 있다.

우리나라 강원도에는 폐광이 엄청나게 많다. 이런 폐광은 하천에 중금속을 흘려보냄으로써 환경오염까지 시킨다. 그러나 이런 폐광을 잘 살려서 다시 태어난 고장이 있는데 그곳이 바로 우그이스자와 정이다. 우그이스자와는 폐광을 재생의 활로로 생각하고 그것을 이용한 관광을 시작하였다. 처음에는 단순히 관광산업만 했다. 그러나 갈수록 관광객이 줄어들자 '재활용 마인 파크'를 만들기 시작했다. 우그이스자와는 납축전지의 재활용을 시작하였고 한 달에 2,600통의 고물 배터리를 1,300통의 납으로 재생산하기에 이르렀다. 또 옛 중학교 체육관을 이용해 텔레비전 브라운관 해체공장을 가동시켰다. 이곳에는 많은 학생들이 견학을 오는데 이 학생들이 이런 재활용과정을 보고 어른이 되었을 때 지구를 사랑하는 사람이 되었으면 하는 것이 우그이스자와 정의, 아니 전 지구의 바람이자 소망이다.

일본의 3대 악풍 중 하나인 '기요카와 다시'에 시달려온 다치카와 정이 그 바람을 이용하여 에코마을을 만드는 데 성공하였다. 다치카와에는 높이 46m의 풍차가 세 개 있다. 이 풍차는 원래 관광용으로 쓰려고 만들어졌다. 그런데 의외로 풍차의 성능이 좋아 풍력발전이 잘 되는 것을 알게 된 다치카와는 다치카와에서 사용하는 전력을 모두 충당하는 것을 목표로 풍차를 계속 만들어가기 시작했다. 다치카와는 풍차에서 시작한 생태마을 만들기를 작은 일부터 실천해가기 시작하였다. 관광도시에서 출발해서 생태도시에 도달한 다치카와, 물질을 중요하게 여기는 인간과 점점 더 파괴되어가는 자연과의 공생을 위한 답이 여기에 있다.

환경이 점점 더 중요해짐에 따라 환경도시도 점점 더 많이 생겨나고 있다. 아직 개발도상국인 코스타리카에도 생태관광도시가 있는 반면 우리나라에는 아직 자랑할 만한 생태관광도시가 없다. 생태관광도시가 꼭 있어야 한다는 것은 아니지만, 카지노를 만들어서 강원도를 부흥시키려는 것보다는 생태관광도시를 만드는 것이 더 나은 선택이 아닐까?

"이렇게 시민, 행정당국, 사업자들이 함께 힘을 합침으로써 여러 가지 아이디어가 나오고, 프로젝트를 실현해감에 따라 함 시는 1998년, 1999년에 환경수도로 뽑힌 것이다."

모든 일은 처음 만드는 계획이 중요하다. 인생의 계획이든 시험의 계획이든 계획의 우수성에 따라 그 결과가 판결난다. 우수한 계획으로 환경도시가 될 수 있었던 브라질의 꾸리찌바, 스웨덴의 예테보리 등의 도시를 구체적으로 살펴보기로 하자.

이 책에서 내가 가장 좋아했던 나라가 바로 브라질이다. 특히 브라질의 꾸리찌바가 어떻게 환경도시로 변할 수 있었는지를 보면 감탄을 금할 수 없다. 꾸리찌바는 일단 계몽활동을 펼쳤다. 그 계몽활동의 이름은 '녹색교환'인데 이 녹색교환이란 재활용 쓰레기를 채소나 달걀 등으로 바꿔주는 것을 의미한다. 이것 외에도 꾸리찌바에는 환경개선과 저소득층 지원을 보기 좋게 양립시킨 정책이 매우 많다. 또 급증하는 인구에 대비하기 위해 버스전용노선을 만들고 버스노선으로 도심부의 기능을 분산시켰다. 또 버스노선과 멀어질 수록 건물 높이를 제한하여 인구를 버스노선 근처에 분포시켜 자가용 사용을 억제시켰다. 이런 정책들로 다른 도시에 비해 자가용 교통량을 30%나 줄일 수 있었다. 도시 곳곳에는 녹색으로 뒤덮인 거대한 공원이 있다. 이런 정책을 펴낸

것은 브라질의 전 시장 자이메 레르네르이다. 그의 목표는 돈을 들이지 않고 구체적인 정책으로 살기 편한 도시를 만드는 것이었다. 그 예로 보행자 전용도로 '꽃길'이 있다. 그는 슬럼가가 생기는 것을 방지해 미리 공원을 만들어내었다. 그렇게 공원을 만든 결과 지금은 꾸리찌바의 1인당 공원면적이 세계 2위에 달한다. 전 시장 자이메 레르네르는 이제 이 정책들을 브라질 전체로 펼쳐나가고 있다.

예테보리는 볼보사를 중심으로 발달한 도시로 유명한데 이 도시는 석유에 의존하지 않는 정책과 환경을 배려하는 상품, 서비스를 선택적으로 이용하는 녹색소비자 운동이 정착되어 있다. 이 도시는 90%였던 석유 의존율을 1%로 낮춘 경이적인 기록을 가지고 있다. 석유 대신 폐열, 바이오매스, 풍력, 태양, 자연 에너지를 충분히 살린 것이다. 또 볼보사의 적극적인 노력에 힘입어 5년 만에 1만 대의 생태 자동차 프로젝트를 진행 중이다. 예테보리는 환경 핸드북을 만들어 그것을 시민들에게 나누어주고 있어서 녹색소비자 운동이 시민들의 생활에 친숙하게 흘러들어가고 있다. 마켓에는 환경라벨을 붙인 상품이 진열되고 있어서 고객의 환경의식을 자극하고 있다. 자신들이 만들어낸 환경문제는 자기들이 끝까지 돌보는 예테보리 시민의 비전에서, 21세기의 환경대책을 볼 수 있다.

환경도시를 만드는 데는 꼭 많은 돈이 들어가는 것은 아니다. 그것을 독일의 에칸페르데가 증명해냈다. 에칸페르데는 시 전체 도로의 70%에서 몇 가지 교통억제시책이 실시되고 있는데 이러한 값싼 방법으로 도시는 매력적으로 바뀌었다. 에칸페르데는 지리학자인 미하엘 팍시스를 고용했는데 이것이 도시에 엄청난 영향을 끼쳤다. 일단 팍시스는 엄청난 돈을 들여 복원해야 할 습지를 양동이 하나로 해결을 하였다. 또 도시 북부의 뛰어난 생태환경인 비오톱이 보전되도록 남쪽으로 산업개발지역을 옮기고 북쪽은 흙이나 자연으로 바꾸는 지역을 만들었다. 에칸페르데에서는 독자적인 요금설정을 만들기도 했다. 이 요금체제는 전력수요 절정기에 전기를 많이 사용하지 않도록 하기 위해 만든 것으로 집에 전력수치 램프를 붙여 현재 얼마의 돈이 드는지를 표시해주는 체제다. 이것으로 전기 요금을 79%나 줄이는 데 성공하였다. 에칸페르데가 환경수도가 될 수 있었던 까닭이 대중요법에 있었던 것이 아니라, 환경은 물론 경제, 복지 등 여러 가지 효과를 노리는 근본적인 정책입안과 지혜가 담긴 연구를 현실화한데 있었다는 것을 명심해야 할 것이다.

우그이스자와 정과 같은 폐광에서 환경수도로 변한 독일의 함 관광뿐만 아니라 다른 분야에서도 생태적으로 탈바꿈했다. 함의 폐광 중 하나는 '에코센터'로 되살아났다. 센터 안에는 환경을 위한 여러 기업이 자리잡고 있고 그것의 사무소 건물은 예전의 건물을 파괴하지 않고 친환경적으로 다시 살려내었다. 또 다른 폐광은 '맥시밀리언 파크'로 변신했다. 그 공원 역시 예전부터 있었던 건물을 식물원으로 바꿨다. 앞의 많은 도시들과 마찬가지로 함은 자가용 사용을 줄이기 위해 버스와 자전거 이용을 적극 권장하고 자전거의 '파크 앤 라이드'에도 힘을 기울여 주요 버스노선, 도시 중심가, 역 등에 자전거 보관소를 설치하였다. 또 함 시의회에서는 '어린이 놀이터를 계획, 건설하는 데 주변에 살고 있는 어린이가 참여해야 한다'고 결의해서 놀이터가 생태적인 곳으로 변하였다. 이제 함의 시민들은 스스로 '미래호히의'라는 워크숍에 참여하는 등 환경도시 만들기에 적극적인 자세를 보이고 있다. 함이 지속가능한 도시가 될 수 있는 원동력이 이런 시민의 자세가 아닐까?

나는 우리나라 정책 중 환경을 크게 변화시키는 정책을 보지 못했던 것 같다. 가끔씩 나무를 심는 다든가 하는 환경적인 일을 하지만 그 이상으로 발전해 나가는 경우는 거의 없다. 도시계획이 잘 서야 도시가 잘 산다. 청소년들이 그것을 명심하고 자랐을 때 어른이 되어서 더 나은 도시를 만들 수 있을 것이다.

우리는 환경을 보존해야 한다는 것을 알면서도 어떻게 실천해야 하는가를 몰라서 못하는 경우가 많다. 이 책을 읽으면 더 이상 그런 고민을 할 필요가 없을 것이다. 청소년들이 이 책을 읽고 그 '환경을 위해서 나는 무엇을 해야 하나?' 라는 질문에 스스로 대답하고 그것을 실천하게 되었으면 좋겠다.**신동진**

**나의 생각지도** ·······················································································································

· 만물의 아름다움과 영혼에 대하여 존경심을 길러야 한다.

· 성공이 무엇일까?

· 환경도시를 바라보는 우리의 시선. 무엇을 중요하게 봐야 할까.

· 자연보호는 더 이상 의무가 아닌 삶이다.

# 살아 있는 생명의 흙

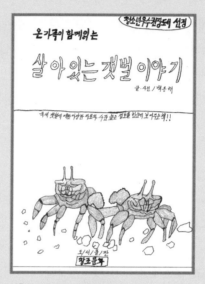

『살아 있는 갯벌 이야기』, 백용해 지음, 창조문화

"시시각각 모습을 달리하는 갯벌, 우리의 식량부터 시작하여 갯벌에서 서식하는 생물들의 먹이에 이르기까지, 또 어민들에게는 일터의 공간 등으로 여러 면으로 활용된다."

갯벌은 그 주변 주민들에겐 식량과 일터를 제공하고 수많은 갯벌 생물에게는 집과 식량을 마련해주었다. 또한 갯벌은 오염물질을 정화하는 역할도 해왔다. 갯벌이 생태계에 미치는 영향은 매우 컸다. 수많은 갯벌생물이 갯벌을 통해 살아가고 있었기에 개벌이 사라지게 된다면 집을 잃은 이 생물들은 갈 곳이 없어 다 죽을 수밖에 없다. 주변 주민들에겐 경제적인 커다란 자원이 고갈 된 것이다. 하지만 그들과 떨어진 곳에 살고 있는 사람들은 그들을 무시하고 갯벌을 파괴시키고 말았다.

"이처럼 자연생태계에서 없어서는 안 될 갯벌이 간척사업 등으로 사라지면 주변 연안 어장의 어획고가 급속히 격감하게 되고, 방조제의 배수갑문으로부터는 주기적으로 유독물질들이 배출돼 바다의 생태계에 치명적인 악영향을 끼친다."

간척사업이 일어나고 갯벌에 무수한 갯벌생물들이 죽어나갔다. 간척사업은 단순히 갯벌에 직접적인 관계를 맺고 있는 것들만이 아니라 바다의 생물들에게도 커다란 피해를 주었다. 갯벌이 없어짐으로써 정화능력은 점점 더 떨어져 그러한 피해를 입기 시작한 것이다. 간척사업뿐만 아니라 다른 여러 가지 사업으로 갯벌에게 피해를 주었다. 갯벌이 없어진 것은 여러 가지로 불행한 일이다. 우선 갯벌생물들은 더 이상 그곳에서 살 수가 없고 갯벌에서만 살던 생물은 꼼짝 못하고 죽을 수밖에 없었다. 그리고 주민들은 갯벌에서 더 이상 어패류를 잡을 수 없게 됨으로 그들의 경제력을 잃어버리게 되었다. 그리고 갯벌이 완전히 사라지게 된다면 그들만이 아니라 바다가 오염되고 그 바다의 오염으로 우리 또한 오염이 될 것이다.

책의 내용은 갯벌의 중요함과 갯벌의 파괴 등 갯벌문제들을 다루고 있었다. 갯벌에 대한 문제들은 누구나 어떻게든 들어본 적이 있을 것이다. 예를 들자면 새만금 간척사업이 있을 것이다. 한동안 인터넷에서도 많이 다루던 문제였는데 안타깝게도 그 사업을 멈추게 할 수는 없었다. 언젠가 이 일에 관련된 정치인들이 간척사업을 성공적으로 발전시켰다고 일종의 축배 같은 걸 드는 모습이 찍힌 기사를 보았다. 그들은 정말 환하게 웃고 기뻐하고 자축하고 있는 듯 했다. 어머니에게서 듣기로 그 간척사업이 오래전부터 진행되어 오던 것이라 어쩔 수 없었을 거라고 했는데, 만약 그랬다면 그들은 그때 자축하거나 즐거워하기보다 그들의 실수를 반성하고 사죄하고 있어야 할 것 아닌가. 그들의 무지식과 무책임함은 정말 나를 질리게 만들었다. 내가 그곳에서 살아보지 않아서 그곳이 어떻게 변화해왔는지 알 수는 없었다. 새만금 간척사업의 정확한 이유나 또 세세한 부분까지는 전혀 알지 못했다. 하지만 이 책은 그 당사자들에게 직접 다가가고 있어서 그 갯벌문제의 실태를 보여주고 있다. 그러한 부분부분마다 정말 인간들이 큰일부터 작은 일까지 그렇게 이기적일 수 있는가 라는 생각이 들었다. 그들의 주변에서 일어난 일이 아니라면 전혀 신경을 쓰지 않았다. 오히려 쓰레기나 더 던져놓고 갈 뿐이었다.

이 책에서는 갯벌을 소중히 여기는 마음을 담고 있다. 이대로 계속 진행된다면 미래에는 갯벌이란 것이 사라질지도 모른다고 경고하고 부탁하는 우리에게 날아온 갯벌의 구조요청 메시지인 것이다. 우리는 갯벌에 대해서 더 많이 알아야 할 필요가 있고 또한 그 갯벌의 중요함을 알아 갯벌을 다시 복구해야할 의무가 있다. 자연이 파괴되면 인간도 같이 피해를 입게 된다. 요즘에는 그래도 간척사업에 대해서는 여러 가지로 잘 알려져 그 해악을 알게 되었지만 이러한 요인에는 간척사업만이 아니라 여러 다른 사업들도 있다는 것을 사람들은 잘 모르고 있다. 그러한 요인들에 대해서도 심각성을 잘 알려 갯벌의 피해를 줄이도록 해야 할 것이다. 우리의 세대에서는 전 시대의 사람들이 잘못해 왔던 것을 고쳐나가야 할 것이다. 우리 때까지 자연에 더욱더 커다란 잘못을 한다면 우리 다음세대에는 정말 아무런 희망이 없다. 자손에게 푸른 하늘을, 생명력 넘치는 갯벌을 보여 주며 잊지 말고 한마디 해주자. "이 흙은 말이지 너희와 내가 살아 있음을 보여주는 생명의 흙이란다." **남윤호**

---

**나의 생각지도** ·······················································································································

· 이 책을 읽고는 한 번도 갯벌에 가보지 못한 친구들도 갯벌의 소중함에 대해 이야기할 수 있었다.

# 인간과 동물, 뭐가 다르다는 거야?

아름답고 슬픈 야생동물 이야기

어니스트 톰슨 시튼 제음 | 장석봉 옮김

그날 내내 내 마음은 이녀석 끝에 매달려 괴로움의 소용돌이쳤다.
워낙 거리 멀리 떨어진 곳이라 목소리 우렁찬이 없는
공포의 꽃을 가까이 닫지 들리는다고 절절 더 크게 들려왔다.
그것은 검열 동물에 정든 물사랑이었다. 그것도 인디언 어린이
그 무엇보다 똑똑한 동물이라 아니라 단지 같고 애처로운 물짖음이에 불과했다.
비바람 아래 "봄맞이! 봄맞이!" "우와, 보라 또했다.
드디어 번개를 짖어 우리가 봄날자유 즐긴 곳까지 온 여러분
가슬 꽤어보 내녀면 적은 울음소리 냈는데 너무 흘러시 듣기 힘든 정도였다.

푸른숲

『아름답고 슬픈 야생동물 이야기』, 어니스트 톰슨 시튼 지음, 장석봉 옮김, 푸른숲

『아름답고 슬픈 야생동물 이야기』의 모든 이야기들은 인간과 동물의 연관성을 말하고 있다. 동물과 사람은 서로 닮아 있다는 것을 이 책에서 야생동물들의 이야기로 증명해주는 듯하다. '인간은 사고하는 동물이다, 언어를 가진 동물이다' 등은 인간의 우월성을 나타내려는 말들이다. 하지만 이것들은 사실 인간만이 가지고 있는 것이 아니다. 사람과 동물은 서로 닮아 동물들도 이러한 것들을 할 수 있다는 것을 이 책을 통해 알 수 있었다.

"권좌를 빼앗긴 사자, 자유를 박탈당한 독수리, 짝을 잃은 비둘기 이들은 모두 심적인 충격으로 죽게 된다고 한다."

늑대왕 로보의 전설에서 사랑을 잃은 자의 슬픔, 몰락한 자의 허무감, 자유를 잃은 자의 갑갑함 혹은 포기를 잘 느낄 수 있었다. 늑대왕 로보는 용맹하고 영리한 늑대였다. 아름다운 아내와 강한 권력을 가지고 있었다. 로보가 가진 여럿을 하나하나 잃어 갈 때마다 나는 그의 심정을 느낄 수가 있었다. 그는 아내를 사랑했었고 아내의 죽음을 슬퍼했다. 늑대라고 아무런 감정도 없는 것이 아니었다. 그는 동물도 사랑을 한다는 것을 확실히 보여주고 있다.

"까마귀는 조직의 가치를 알고 있으며 인간 사회의 군인들보다 더 많은 훈련을 받는다."

까마귀들은 조직의 가치를 잘 알고 있다. 그래서 까마귀들은 항상 당번을 서고 전쟁을 치르고, 서로의 생명과 안전을 위해 책무를 다한다. 까마귀들은 여러 면에서 놀라운 사회체계를 지닌 새다. 그들은 지휘를 할 때 그들만의 언어로 명령을 내렸다. 그들의 명령은 좌로 가, 우로 가 하는 식의 정확한 언어를 가지고 있었다. 그들은 어릴 때부터 조직을 유지하는 방식 같은 여러 가지들을 배우게 된다. 낙오자는 있을 수가 없다. 낙오자에게는 죽음밖에는 남지 않는다. 은점박이의 이야기를 통해 까마귀들이 인간처럼 집단 생활을 중요시하고 정확한 언어를 가지고 있다는 것을 알 수 있었다.

"토끼가 우리가 생각하는 것과 같은 언어를 가지고 있지 않다는 것은 사실이지만, 그들도 소리나 몸 짓, 냄새, 수염을 통한 접촉 등의 방식으로 생각을 주고받을 수 있다"

토끼는 적이 많아 태어난 후 얼마 안 있어 살아남기 위한 훈련이 필요하다. 갈래귀가 볼리에게 살아남기 위한 기술을 배울 때 나에게 가장 오래 기억에 남는 것은 신호법을 배운 것이다. 그들의 통신법은 뒷발로 땅바닥을 쿵쿵 차는 것이다. 위험을 알리기 위해 서로의 수염을 건드려 도망을 가는 등 서로 의사소통을 한다. 소리뿐만 아니라 다양한 방식의 의사소통이 우리의 언어와 같지 않지만 오히려 그들에게 훨씬 더 효율적인 방식이다.

"빙고는 마지막까지도 나의 개였다. 그 무시무시한 고통 속에서 죽어가던 그 마지막 순간에 녀석이 찾던 것은 바로 나의 도움이었던 것이다."

빙고는 지은이의 개였다. 그가 이사를 가게 되어 다른 사람에게 넘겨주었다. 하지만 개의 원주인도 개도 주종관계가 깨어졌다고 생각하지 않았다. 결국 빙고가 독 미끼를 먹고 죽기 전 마지막으로 찾았던 것은 당시의 주인이 아닌 옛 주인이었다. 개와 인간의 유대감은 그토록 질기고 오래 갔던 것이다. 빙고는 어렸을 적 주인과의 우정과 추억을 죽음의 순간까지 못 잊어 그를 찾아왔던 것이 아닐까.

"하지만 이제 빅슨은 가슴속의 모성애를 억누르고 새끼를 자유롭게 해줄 수 있는 마지막 방법을 선택해야 했다."

빅슨은 모성애가 강한 여우이다. 남편인 스카페이스가 죽고 새끼들이 다 죽고 사람에게 잡힌 한 마리만 살아남자 집으로 찾아와 먹이를 주고 새끼를 묶고 있는 사슬을 끊어 자유를 찾아주려고 했다. 하지만 빅슨이 아무리 사슬을 끊으려고 해도 끊어지지 않았다. 빅슨은 자신이 이 세끼를 자유롭게 해줄 수 있는 방법은 단 한 가지뿐이라는 것을 알았다. 그 녀석은 결국 독미끼를 먹여 그 새끼를 죽여버렸다. 새끼에게 자유를 주기 위한 그 단 한 가지 방법은 그 구차한 생명을 끊어버리는 것이었다. 그 녀석에게는 새끼의 목숨보다 새끼의 자유가 더 중요하였기에 그 강한 모성애에도 불구하고 죽일 수밖에 없었던 것이다.

"그러나 이제는 자유의 몸이 되었다."

정말 자유를 상징하는 듯한 이야기는 이 검은 무스탕에 대한 이야기이다. 무스탕이라는 것은 야생마인데 이 야생마는 그 무엇보다 자유롭다는 느낌을 주었다. 하지만 사람들은 이 말을 가만히 두지 않았다. 사람들은 이 무스탕을 본 후로 이 말을 잡기 위해 혈안이 되었다. 많은 사람들이 탐낼 만큼 훌륭한 말이었던 이 녀석은 쉽게 잡히지 않다가 우여곡절 끝에 잡힌다. 그러나 무스탕은 잡혀서도 끝까지 저항하여 결국 절벽으로 떨어지는 데 성공하게 된다. 아래로 아래로 떨어진 녀석은 죽었다. 그러나 이제는 자유의 몸이 되었다.

"울리! 울리! 그게 사실이라니, 오, 울리, 네가 그 끔찍한 여우라니."

재칼형이 복원된 개는 영리하고 용기 있으며 늑대처럼 물줄도 안다. 이런 녀석들에게는 이상한 야생의 기질이 있는데 여러 좋은 특성을 가지고 있음에도 치명적인 배반행위를 저지른다. 올리라는 개는 남들에게는 아니었지만 최소한 주인과 그 가족에게는 친절함과 충성심이 있었다. 그 녀석은 어느 개보다도 양들을 잘 지켜냈다. 그런데 어느날 이웃집들의 양들이 어떤 여우에게 죽어가기 시작했다. 하지만 사실은 여우가 아니었고 결국 범인은 울리라고 밝혀지게 된다. 울리의 충성심을 알았던 주인 돌리와 그 가족은 믿을 수가 없었다. 주인조차 눈치체지 못한 그 양면성은 마치 인간을 보는 듯했다.

"단지 자신들이 알아들을 수 없는 언어를 쓴다는 이유만으로 살아 있는 생명체에게 그렇게 심한 고통을 오랫동안 가할 수 있는 권리가 인간에게 과연 있는 것일까?"

빨간목깃털은 자유로운 새였다. 하지만 인간은 그 녀석에게 커다란 고통을 주었다. 아내 형제 자녀들 모두 잃게 만들었다. 혼자남아 외로움에 사무치도록 만들었다. 그러고도 모자라 덫이라는 도구로 오래도록 고문을 하다 죽여버렸다. 앞서말한 야생동물들처럼 사람과 동물은 서로 닮아 있다. 사실은 인간이라는 존재가 그들 중 하나인데도 사람들은 동물과 자신을 다르다며 외면해왔다. 이 책은 서로 닮아 있는 동물을 인간이 무시하고 그러한 고통을 주는데 어떠한 정당함이 있는가를 묻는 게 아닐까?**남윤호**

**나의 생각지도** ·····························································································

· 애완동물에만 친숙했던 친구들이 야생동물 이야기를 읽고는 자연과 세상에 존재하는 많은 법칙들을 알게 되고, 아름다운 삶의 모습들도 느끼게 되었다.

# 기후변화, 그 출발부터 해결책까지

『기후변화-지구의 미래에 희망은 있는가?』, 디나르 고드레지 지음, 김민정 옮김, 이후

서울의 더위는 점점 더 심해지고 있다. 서울뿐만이 아니다. 부산, 대구, 대전 등도 모두 더워지고 있다. 한국뿐만 아니라 전 세계가 익고 있다. 4계절이 뚜렷했던 한국은 이제 여름 다음 바로 겨울이 온다. 더 이상 봄과 가을을 찾아볼 수 없게 된 것이다. 날씨의 변덕도 심해서 봄이나 가을에 눈이 오는 경우도 있다. 청소년들은 이 현상이 왜 일어나는지 어떻게 해결해야 할지 잘 모른다. 그러나 청소년들이 '정상적인' 지구에서 살기 위해서는 이 문제에 대해 더 깊이 생각해볼 필요가 있다. 이 책의 각 장 앞에는 질문이 몇 개씩 던져져 있다. 이런 질문에 답하면서 책을 읽는 것도 이 책을 더 맛깔나게 읽을 수 있을 뿐더러 책을 더 잘 이해하는 데 도움이 될 것이다.

"극도의 모순은, 오염 때문에 고통받는 것은 가난한 나라 사람들이며, 부자 나라가 그 오염의 원인이라는 사실이다."

최근 지구는 심각한 위기를 보이고 있다. 지구온도가 비정상적으로 상승하고 있기 때문이다. 지구의 기온이 0.8도 올라가자 이상기후가 발생하고 지역적으로도 큰 변화가 발생하였다. 이러한 기후변화는 환경적 요인이 작용하지 않았다는 말들이 나오기도 한다. 그러나 이미 과학은 이산화탄소 등에 의해 지구 온난화가 일어난다는 것을 보여주었다. 기후모델에 의하면 2100년에는 지구의 온도가 3도 상승할 것이라고 한다. 3도 상승이 별것 아닌 것 같아 보이는가? 그렇다면 빙하시대를 불러온 것이 3도 하강이라는 것을 명심해야 할 것이다. 온도상승은 이상기후를 불러일으키고 이상기후는 피드백 작용으로 온도를 더 상승시킨다. 특히 탄소를 저장하는 지구의 숲이 3분의 1 이상 사라지자 온난화는 더 심해졌다. 온도상승은 빙하를 녹이는 현상까지 일으켰다. 빙하가 녹게 되면 수면이 올라갈 것이고 수면이 올라가면 해안가나 강가에 있는 많은 사람들이 피해를 받게 될 것이다. 세계의 주요 도시인 뉴욕, 런던, 방콕에는 잦은 홍수가 일어날 것이며 세계 육지의 3퍼센트가 물에 잠기게 될 것이다. 더 심각한 문제는 이러한 피해가 개발도상국에 집중된다는 것이다. 온두라스의 대통령은 허리케인이 지나가고 난 후 "우리는 50년 동안 벌어들였던 것보다 더 많은 양을 72시간 동안에 잃어버렸다"라고 말했다. 한국도 나날이 태풍에 의한 피해가 늘어나고 있다. 그렇기 때문에 우리가 먼저 살펴봐야 하는 것은 지구온난화의 주역 오존층이다.

환경오염이라는 단어는 청소년들에게는 그렇게 중요한 단어가 아닐 것이다. 하지만 청소년들이 자라서 어른이 되었을 때도 '환경오염'은 중요한 단어가 아닐까? 분명 지금 청소년들이 어른이 되었을 때에는 환경오염에 의해 그들의 생명이 위협받고 있을 것이다. 따라서 지금부터 청소년들은 환경오염의 심각성에 대해 알아둘 필요가 있다.

"성층권의 오존층 손상을 막기 위해서는 오존 분자 10억 개당 염소 두 쌍을 넘지 말아야 한다. 오늘날 염소의 양은 제한선보다 적어도 세 배는 늘었다."

오존은 인간에게 매우 중요한 것이다. 오존이 없으면 자외선을 흡수하는 막이 사라지게 되어 암과 백내장 등 여러 질병을 유발할 수 있다. 오존을 파괴하는 주범은 염소와 브롬인데 파괴된 오존은 1, 2년 만에 회복할 수 있는 것이 아니다. 그러나 오존은 열을 가둬서 온실효과를 유발하는 모순적인 역할을 하고 있기도 하다. 오존을 고갈시키는 화학물질을 조절하자는 이야기는 1980년대에 제기되었다. 그러나 이 문제는 언제나 북반구가 유리하게 진행 되었다. 물론 북반구에서는 '다국적 기금 단체'를 통한 기금 전달을 하고는 있지만 과연 북반구가 오존을 파괴하는 부산물을 판 이익만큼 기금을 전달했느냐 라는 질문에 긍정적 대답을 내리기는 힘들어 보인다. 오존이 사라짐으로써 여러 불길한 징조가 나타나고 있다. 이러한 불길한 징조가 연속적으로 일어나면서 지구온난화가 나타난다.

언제나 강대국에게 피해를 입고 살고 있는 개발도상국들은 오존의 파괴에서도 피해를 받는다. 우리도 어쩌면 그 피해받는 대열에 있는지도 모른다. 또 어쩌면 피해를 주고 있는 국가일지도 모른다. 하지만 우리가 어느 곳에 속해 있던지 모순을 고쳐야 한다는 점에는 변화가 없다. 물론 청소년들이 그 해결에 앞서야 한다.

"판도라의 상자 속에서 튀어나온 질병은, 점점 따뜻해지는 지구에서 건강 수당 따위는 보잘것없는 것으로 보이게 하고 있다."

기후변화는 수면상승 같은 큰 현상만 일으켜서 지구를 위기에 몰아세우는 것만은 아니다. 도시지역에서 장기간 지속되는 더위는 스모그와 알레르기의 원인이 되어, 호흡기에 문제를 일으키고 기후재앙은 질병을 퍼뜨리는 중요한 요인이 되기도 한다. 이상기후, 특히 이상기온은 고위도에 질병을 퍼뜨리는 곤충들이 살기 좋은 환경으로 만들어서 저위도의 질병을 확산시킨다. 해수면 상승, 가뭄과 홍수, 변덕스러운 날씨는 사람들의 생존조건을 악화시켜 질병에 대해 무방비 상태가 되어버리고 만다. 질병에서도 나라간 차이가 발생하는 것이다.

점점 더 확산되는 질병들…… 한국도 그 질병들을 피해갈 수는 없을 것이다. 환경문제에는 기후만 포함되는 것이 아니며 질병을 억제하는 일은 의학적 접근이 필요할 뿐만 아니라 환경적 접근도 필요하다는 것을 우리는 깨달아야 한다.

"'과잉인구'를 얘기하기 전에 '과잉소비'에 대해 먼저 이야기하는 지혜를 가져야 한다"

영국 기상청의 하들리센터에서 기후모델을 만드는 사람이 예측한 것에 따르면 기후변화는 세계농업을 변화시키고 옮겨 가도록 만든다. 이 사실은 벌써 많은 예들로 증명된 것이다. 또 과학자들은 식량공급에 대해서도 세 가지 시나리오에 의해 다른 결론을 도출한다고 하는데, 이들의 공통점은 저위도 국가의 수확량이 떨어지고 굶주림이 증가한다는 것이다. 또 바다가 1m만 높아져도 세계곡물지대의 3분의 1이 잠기게 되어서 많은 사람들을 긴장하게 만들고 있다. 많은 이들이 이러한 기후변화 때문에 밥을 제대로 못 먹고 있는 가운데 미국은 밥이 넘쳐나서 걱정이다. 미국은 미국에서 생산된 모든 식량의 4분의 1도 먹지 않는다고 한다. 즉 애초에 문제는 기후변화에 의한 식량 생산의 감소에도 있지만 분배에도 그 문제가 있다는 것이다.

개발도상국의 많은 사람들은 아직도 1달러 미만으로 삶을 이어가고 있다. 반면 대한민국 청소년이 하루에 쓰는 돈은 최소한 평균 1달러는 넘어간다. 또 많은 사람들이 하루에 한 끼도 못 먹고 있는 반면, 한국 학교의 한 끼 급식 시간에 남기는 양은 어마어마하다. 청소년들은 멀리서 환경문제 해결책을 찾지 말고 가까운 데에서 찾고 실천해야 할 것이다.

"날씨 변화는 먹이사슬 파괴나, 물리적 환경변화, 포식자와 피식자의 균형파괴 같은 방식으로, 어떤 종을 아예 사라지게 하거나 이주하거나 감소하게 한다."

기후변화 때문에 많은 동물이 멸종되고 있다. 자그마치 한 시간 만에 3종이 사라진다고 한다. 산호초들은 아주 작은 온도변화로 인해 스트레스를 받아 죽어가고 있다. 수천 킬로미터에 이르는 산호초들이 죽어가고 있는 것이다. 이러한 산호초의 죽음은 산호초가 품고 있던 이산화탄소의 방출을 유발하게 되고 그것의 피드백 작용에 의해 기후변화가 더욱 악화될 것이다. 온도변화에 민감한 것은 물고기들도 마찬가지이다. 식물과 동물 중에는 온도에 민감한 종이 매우 많은데 이들의 서식지는 모두 변화하는 환경 때문에 점점 더 위로 밀려나고 있는 추세이다. 또 세계 동식물 종의 반을 포함하고 있다는 숲이 벌목과 화전농업 등으로 인해 사라져서 동물들의 입지가 줄어들고 있기도 하다.

홀로 사는 사람이 많아져 애완동물을 기르는 사람이 많아졌다. 이들은 자신들을 동물애호가로 칭한다. 그러나 자신의 애완동물만을 기르기에 여념이 없다. 강아지 한 마리 키우는데 아기 한 명을 키우는 것 못지 않은 돈이 나간다고 한다. 그들이 진정한 동물애호가라면 자신의 개가 감기에 걸리는 것을 걱정하지 말고 세계에 멸종되어가는 동물을 걱정을 해야 할 것이다.

"정치적 논쟁으로 지금까지 허비한 십 년을 되풀이하는 것보다는 실현 가능한 방출 감축 행동을 모색해야 한다."

많은 사람들이 행하려 해도 아무리 외쳐도 되지 않는 것이 정치인 것 같다. 환경문제에서도 그런 면을 볼 수 있다. 지금 환경문제에 허덕이고 환경문제를 해결하고자 하는 사람이 이 세계에 얼마나 많이 있을까? 아마 그들을 모두 합치면 지구 인구의 반은 가뿐히 넘길 것이다. 그러나 환경문제는 왜 해결되지 않는 것일까? 지구온난화가 여전히 정치인들에게는 외면당하고 있기 때문이다. 특히 세계의 권력을 휩쓸고 다니는 북반구 사람들은 여전히 환경문제의 '저편'에 있다. 그들은 기후변화에 대해 안심시키는 말들을 했지만 현실변화를 위한 행동에는 미온적이었다. 또 정치인들을 후원하는 기업들도 언론을 교묘하게 사용해서 환경문제를 덮어둔다. 교토의정서가 발효됨에도 불구하고 이들은 여전히 그 의정서를 피해서 온실가스를 늘리고 있다. 선진국들은 엄청난 성장에도 불구하고 여전히 자신들의 이익만 챙기는 것이다.

우리는 지금 '환경문제 해결'이라는 게임을 하고 있다. 이 게임에서 이기면 인류에게 희망은 있는 것이다. 이 게임의 중간 보스는 '환경에 대한 무지' 이지만 진정 강력한 보스는 '인간의 탐욕'이다. 인간의 탐욕은 그칠줄 모르기 때문에 이것은 '이길 수 없는 싸움'일지도 모른다. 그러나 인간은 탐욕을 조절할 줄 아는 '의지', '인내'라는 최강의 무기가 있기 때문에 아직 인류의 미래에 희망의 빛이 완전히 구름에 가린 것은 아닌 것 같다.

우리는 환경문제를 해결하기 위해 해야 할 일들을 학교에서 배운다. 그러나 그곳에 있는 지식은 현실정치를 생각하지 않는 환경논리만을 담고 있는 것 같다. 교토의정서는 탄소, 온실가스 등의 방출을 제한시켰지만 그것이 환경문제를 해결하기에는 턱없이 부족하다. 온실가스 배출에 대한 형평성도 맞지 않다. 미국은 온실가스의 25%나 방출하고 항공기를 가장 많이 사용하고 있다. 이처럼 오염은 북반구의 특정 국가가 다 하면서 뒤처리는 하지 않는다. 환경문제의 해결을 위해서는 정책도 중요하지만 기술도 중요하다. 그 중 대안에너지를 마련하는 것이 가장 중요하다. 풍력, 조력, 태양열 등 지속가능한 에너지가 필요하다.

아직 석유를 뛰어넘는 효율성을 가진 에너지가 개발 되지 않았다. 그런 에너지가 개발될 때까지 우리는 거대 석유회사와 강대국의 횡포에 휘둘려야 하는 것인가?

지구온난화가 아직은 멀게만 느껴지는가? 그렇다면 한여름에 에어컨과 선풍기 없이 살아 보아라. 지구의 높아진 온도가 절실히 느껴질 것이다. 사실 인간도 다른 식물과 동물들처럼 고위도로 올라갔어야 했다. 그러나 인간만 살기 위해 에어컨을 켜는 바람에 피드백 작용으로 지구 기온이 증가에 일조했다. 인간 이외의 모든 동물이 살 수 없는 온도를 생각해보았는가? 인간만이 살아남은 지구에서 과연 인간은 살아남을 수 있을지 의문이 든다. **신동진**

· 나는 무엇을 해야 하는가.

· 21세기 인간의 미래를 상상해본다.

· 생각이 바뀌기를 기다리기엔 지구는 너무 오랜 시간 참아왔다.

· 기후변화를 부추기는 국가 이기주의.

· 스콧니어링 자서전 | 스콧 니어링 지음 | 김라합 옮김 | 실천문학사 | 2000

· 작은 실천이 세상을 바꾼다 | 대니 서 지음 | 임지현 옮김 | 문학사상사 | 2000

· 래디컬 에콜로지 | 캐롤린 머천트 지음 | 허남혁 옮김 | 이후 | 2001

· 자연과 지식의 약탈자들 | 반다나 시바 지음 | 한재각 외 옮김 | 당대 | 2001

· 경제성장이 안 되면 우리는 풍요롭지 못할 것인가? | 더글러스 러비스 지음 | 김종철, 이반 옮김 | 녹색평론사 | 2002

· 꿈의도시 꾸리찌바 | 박용남 | 이후 | 2002

· 나눔 나눔 나눔 | 조병준 지음 | 그린비 | 2002

· 녹색시민 구보 씨의 하루 | 존 라이언 외 지음 | 고문영 옮김 | 그물코 | 2002

· 식물은 우리에게 무엇인가 | 수잔네 파울젠 지음 | 김숙희 옮김 | 풀빛 | 2002

· 조화로운 삶 | 헬렌 니어링, 스콧 니어링 지음 | 류시화 옮김 | 보리 | 2002

· 지구를 살리는 7가지 불가사의한 물건들 | 존 라이언 지음 | 이상훈 옮김 | 그물코 | 2002

· 굶주리는 세계 | 프랜씨스 무어 라페 지음 | 허남혁 옮김 | 창비 | 2003

· 나는 달린다 | 요쉬카 피셔 지음 | 선주성 옮김 | 궁리 | 2003

· 새들은 과외수업을 받지 않는다 | 김종철 외 지음 | 류연복 그림 | 샨티 | 2003

· 자발적 가난 | E.F. 슈마허 지음 | 이덕임 옮김 | 그물코 | 2003

· 100년 동안 인간이 저지른 가장 어리석은 짓들 | Think the Earth Project 지음 | 김세환 옮김 | 나무심는사람 | 2004

· 강이, 나무가, 꽃이 돼 보라 | 데이비드 스즈키 지음 | 이한중 옮김 | 나무와숲 | 2004

· 나비따라 나선 아이 나비가 되고 | 이가영 지음 | 뜨인돌 | 2004

· 비즈니스 생태학 | 폴 호켄 지음 | 정준형 옮김 | 에코리브르 | 2004

· 새벽의 건설자들 | 코린 맥러플린 외 지음 | 황대권 옮김 | 한겨레신문사 | 2004

· 세계의 환경도시를 가다 | 이노우에토시히코 외 지음 | 유영초 옮김 | 사계절 | 2004

· 즐거운 불편 | 후쿠오카 겐세이 지음 | 김경인 옮김 | 달팽이 | 2004

· 발바닥, 내 발바닥 | 김곰치 지음 | 녹색평론사 | 2005

· 사람보다 아름다운 꽃 이야기 | 오병훈 지음 | 도솔 | 2005

· 세상을 바꾸는 돈의 사용법 | 야마모토 료이치 외 지음 | 김하경 옮김 | 미래의 창 |
  2005

· 자연은 알고 있다 | 앤드루 비티 지음 | 이주영 옮김 | 궁리 | 2005

· 지구를 구하는 경제책 | 강수돌 지음 | 봄나무 | 2005

· 지구, 우주의 한 마을 | 게리 스나이더 지음 | 이상화 옮김 | 창비 | 2005

· 에코토이, 지구를 인터뷰하다 | 리오넬 오귀스트 지음 | 고정아 옮김 | 효형출판 | 2006

· 굿뉴스 | 데이비드 스즈키 지음 | 조응주 옮김 | 샨티 | 2006

· 느린 희망 | 유재현 지음 | 그린비 | 2006

· 도시의 생명력 그린웨이 | 문국현, 김기호 지음 | 랜덤하우스중앙 | 2006

· 들풀에서 줍는 과학 | 김준민 지음 | 지성사 | 2006

· 빈곤의 종말 | 제프리 삭스 지음 | 김현구 옮김 | 21세기북스 | 2006

· 숲은 더 큰 학교입니다 | 최소영 지음 | 랜덤하우스중앙 | 2006

· 스캇 펙 박사의 평화 만들기 | M. 스캇 펙 지음 | 김민예숙, 김예자 옮김 | 열음사 |
  2006

· 아이들은 자연이다 | 장영란, 김광화 지음 | 돌베개 | 2006

· 작은 실험들이 도시를 바꾼다 | 박용남 지음 | 시울 | 2006

· 타샤의 정원 | 타샤 튜더 지음 | 공경희 옮김 | 월북 | 2006

· 희망의 밥상 | 제인 구달 외 지음 | 김은영 옮김 | 사이언스북스 | 2006

· 나무의 죽음 | 차윤정 지음 | 웅진지식하우스 | 2007

· 내일은 어느 초원에서 잘까? | 비얌 바수렌 다바, 리자 라이쉬 지음 | 김라합 옮김 | 웅
  진지식하우스 | 2007

· 이것은 사라질 생명의 목록이 아니다 | 박병상 지음 | 알마 | 2007

· 최재천의 인간과 동물 | 최재천 지음 | 궁리 | 2007

친구들에게 보내는 메시지

고1이 되었을 때, 너무나도 기쁜 마음으로 교복을 입고 친구와 나란히 등교를 했었다. 그러나, 입학식 첫날부터

반장과 부반장을 성적순대로 뽑는 선생님의 행동에 충격을 받았고

처음으로 인생에서 큰 두려움을 가졌었고

너무나 빠르게 돌아가는 학교생활에는 도무지 적응이 되지 않았고

교실은 환풍기가 없는 좁은 감방같이 느껴지고

고등학교에 입학한 지도 벌써 4개월 정도가 지나고

시간이 흘러갈수록 초췌해질 대로 망가진 나의 얼굴을

매일 거울로 들여다보면서 말할 수 없는 슬픔이 밀려오고

또, 이런 싫증나는 일들을 즐겁게 바꾸지 못하는 나의 무능력함에 한 번 더 충격을 받았고!

이건 나의 일상에만 국한된 것이 아니었다. 우리(두빛나래) 모두 그랬다. 대한민국에 살면서 '수능' 이라는 관문은 통과해야 할 시험이지만, 우리는 그것을 즐기지 못한 채 힘들어했다. 우리 외에도 대한민국 고등학생이라면 누구나 느끼는 버거움이라 생각한다.

이래저래 많은 시련 가운데 우리에게 희망을 주는 소식 하나가 있었다.

"우리 책 한번 내볼까?" 하는 아람샘의 제안.

처음엔 별 대수롭지 않게 받아들인 우리는 고개를 끄덕였다. 한 번도 책을 써보지 않은 철부지들인 우리가 '책'이라는 것에 얼마나 많은 정성이 들어가는지도 모르고 말이다.

책을 만드는 일은 그리 만만한 작업이 아니었다. 아직 고등학교 적응기에 놓여 있는 우리에게 말이다. 우리가 왜 책을 쓰는지부터 시작해서 책의 형식, 차례, 제목 등 많은 것들을 생각해야 했고, 책의 형식을 정하는 데에만 몇 주일이 걸렸다. 물론 도중에는 친구들의 의견충돌도 잦았다. 각자 책의 차례와 형식에 대한 의견을 써서 일요일마다 토론했다. 잘 안 맞는 부분도 있었지만, 서로 자신의 생각을 양보하며 책의 기본을 다듬었다.

오랜 시간 끝에 여섯 개의 차례(문학, 역사·사회, 철학, 예술, 교육, 생태·환경)가 '인디고 서원'의 서가 분류이기도 하고, 많은 책을 엮기에 가장 적합해서 이렇게 기본 틀을 다졌다. 1학기 기말고사가 끝난 뒤 각각의 차례에 따른 파트 장과 조원들을 정하여, 친구들과 형식을 정했다. 각 분야별로 형식은 다르게 하기로 했고, 그 형식을 정하는 데도 많은 시간을 보냈다. 그 후로는 각 팀에 따라 각기 다른 임무를 맡아서 빠르게 글쓰기 작업을 진행했다. 각각의 파트 장들과 조원들은 서로 역할을 분담하며 글을 썼다.

글이 안 써질 때도 있었고 싫증날 때도 있었지만 우리는 부정적인 생각들을 즐거움으로 바꿔가며 글을 썼다. 그렇게 해야 참신한 글이 마음에서 우러나와, 세상과 소통할 수 있기 때문이었다. 그렇게 시간은 흘렀고 어느덧 7월 17일, 마무리를 하는 날이 다가왔다. 그날 열렸던 인디고 서원의 '제4회 정의로운 세상을 꿈꾸는 청소년, 세계와 소통하다' 행사에 참여한 뒤, 다 함께 모여서 글을 교정하고, 내용 수정을 하고, 아직 쓰지 못한 글은 마무리지었다.

우스갯소리로 "빨리 써라, 난 이만큼 했는데 넌 뭐하는데?"라고 하며 서로를 바라보며 웃기도 하고, "이거 이상하다. 이렇게 고치면 안 될까?"라며 서로에게 충고도 해주고, 자기 글이 마무리가 다 된 아이들은 "교정 볼 거 없냐?"

라며 서로 서로 도와주기도 했었다.

시간이 12시에 가까워질수록 우린 마음이 급해져서 표정도 무섭게, 말투도 날카롭게 바뀌어 갔다. 마음대로 되지 않아서 짜증도 나고, 몇 대 없는 컴퓨터를 서로 쓰겠다고 아우성을 치고. 어찌 되었든 다들 마음에, 손에 불이 나도록 움직였다. 그러니 어느덧 시계가 자정을 알렸다.

우리를 옆에서 지켜봐준 선배 두 명이 집에 가라고 계속 말을 해도 우리는 들은 체 만 체 우리 일에 몰두했다. 쓰고 난 지금, 생각해보면 그때 우리의 모습은 정말 반짝반짝 빛나는 별 같지 않았을까 하는 생각이 든다. 서로 그날의 알차고 보람 있었던 하루를 머리로 되새겨 보며 각자 집으로 발걸음을 옮겼다. 뿌듯한 마음으로 돌아갔는지는 물어보지 않았지만, 다들 그랬으리라 생각한다.

그날 이후로 '두빛나래' 라는 작은 공동체의 결속력은 더욱 막강해졌다. 이렇게 말하니까 우리가 꼭 '파워레인저' 가 된 듯하다. 이 프로젝트를 끝마치고 나서 가장 크게 느꼈던 점은 한 사람의 조그마한 노력도 뭉치면 어떠한 일이든 해낼 수 있다는 것이다. 우리는 평범한 고등학생으로 쉽게 가질 수 없는 기회를 아니, 특권을 누렸다고 생각한다. 그런 특권을 우리에게 주신 '아람샘' 께 다시 한번 감사의 말씀을 올린다.

하지만 이 특권을 누려야 할 자는 진정 우리와 같은 이 땅의 친구들이다. 그렇기에 이 귀한 권리를 공유하고자 이 프로젝트를 진행한 것이었고, 그런 생각이 일을 끝까지 마무리 할 수 있게 해주는 원동력이 되었다. 부디 우리의 깊은 뜻을 뿌리치지 말고 넓은 마음으로 받아들여주었으면 좋겠다. 열린 마음, 소통하려는 마음만이 이 땅에서 살아날 길이다. '입시' 라는 폭풍우 따윈 하나도 두렵지 않다. 우리는 이 책을 통해 우리와 뜻을 함께할, 정의로운 세상을 꿈꾸는 동지들이 나타날 것을 알기에.

이 땅의 모든 친구들과 함께
박나원

# 인디고 서원에서 행복한 책읽기

1판 1쇄 찍음 2007년 8월 28일
1판 1쇄 펴냄 2007년 9월 10일

**펴낸곳** 궁리출판

**지은이** 인디고 아이들
**펴낸이** 이갑수
**편집주간** 김현숙
**편집** 변효현
**디자인** 이현정, 전미혜
**영업** 백국현, 도진호
**관리** 김옥연

**등록** 1999. 3. 29. 제300-2004-162호
**주소** 110-043 서울특별시 종로구 통인동 31-4 우남빌딩 2층
**전화** 02-734-6591~3
**팩스** 02-734-6554
**E-mail** kungree@chol.com
**홈페이지** www.kungree.com

ⓒ 인디고 아이들, 2007. Printed in Seoul, Korea.

ISBN 978-89-5820-105-2    03300

값 12,000원

* 이 책은 2007년도 학술진흥재단 인문주간 예산을 일부 지원받아 출판되었습니다.
* 이 책의 인세는 네팔 타나후 지역의 학교 건립 및 학교 내 인디고 도서관 건립기금으로 쓰입니다.